Ediciones de Iberoamerica

Serie A: Historia y crítica de la literatura
Serie B: Lingüística
Serie C: Historia y Sociedad
Serie D: Bibliografías

Editado por
Mechthild Albert, Enrique García Santo-Tomás
Walther L. Bernecker, Aníbal González
Enrique García Santo-Tomás, Frauke Gewecke,
Aníbal González, Jürgen M. Meisel,
Klaus Meyer-Minnemann, Katharina Niemeyer

A: Historia y crítica de la literatura, 40

Herminia Gil Guerrero

Poética narrativa
de Jorge Luis Borges

Iberoamericana • Vervuert • 2008

Bibliographic information published by Die Deutsche Nationalbibliothek.
Die Deutsche Nationalbibliothek lists this publication in the Deutsche
Nationalbibliografie; detailed bibliographic data are available on the Internet at
http://dnb.ddb.de

© Iberoamericana, 2008
Amor de Dios, 1 – E-28014 Madrid
Tel.: +34 91 429 35 22
Fax: +34 91 429 53 97
info@iberoamericanalibros.com
www.ibero-americana.net

© Vervuert, 2008
Elisabethenstr. 3-9 – D-60594 Frankfurt am Main
Tel.: +49 69 597 46 17
Fax: +49 69 597 87 43
info@iberoamericanalibros.com
www.ibero-americana.net

ISBN 978-848489-398-1 (Iberoamericana)
ISBN 978-3-86527-419-9 (Vervuert)

Depósito Legal: S. 1.399-2008

Imagen de la cubierta: © Horst Michael Hanika

Cubierta: Michael Ackermann
Impreso en España por Gráficas Varona, S.A.

Este libro está impreso íntegramente en papel ecológico sin cloro.

Índice

6

Agradecimientos

Quiero agradecer en primer lugar a mi profesor Klaus Meyer-Minnemann quien, desde mi llegada a Alemania en 2003, apoyó en todo momento el proyecto y facilitó el desarrollo del mismo. La colaboración con él durante tres años fue intelectualmente muy enriquecedora e inolvidable.

Asimismo, a Inke Gunia (Universidad de Hamburgo) y Sabine Schlickers (Universidad de Bremen) por sus valiosas aportaciones. Este libro también está en deuda con Víctor Ruiz di Matteo (Universidad de Hamburgo) quien propuso buenas ideas y subsanó algunas erratas lingüísticas. Del mismo modo agradezco a Gisela Hubert (Universidad de Hamburgo) su ayuda en la búsqueda de la bibliografía.

Un lugar especial quiero reservar a mis padres, quienes pusieron en mis manos *el primer libro* que todavía conservo, e inculcaron en mí el amor a la literatura. Sin ellos —y sin la biblioteca familiar que con esfuerzo crearon— nada de esto hubiera sido posible.

A ti, Frederic, por tu compañía en el apasionante viaje por el laberinto borgiano.

Introducción

El presente estudio se propone dos objetivos diferentes. En primer lugar pretende contribuir en el proceso de definición de la poética narrativa de Jorge Luis Borges que los estudios críticos llevan haciendo desde hace aproximadamente cuarenta años, entendiéndose ésta como «la síntesis de procedimientos contractivos, de caracteres discursivos (estilísticos, estéticos, etc.) y de contenidos ideológicos propios de un conjunto de textos literarios cuyas regularidades y semejanzas permiten que sean remitidos a un modelo creativo más o menos coherente que se resume en la denominación autorial Borges» (Cuesta Abad 1995: 7). Para ello se analiza un corpus de relatos borgianos elaborados a lo largo de cuatro décadas entre 1935 y 1975. El acercamiento a estos relatos se lleva a cabo desde el ámbito histórico-literario y narratológico. En segundo lugar, junto a este intento de definición de la poética narrativa latente en la praxis cuentística del autor, nuestro estudio quiere dilucidar la poética narrativa de su *crítica practicante,* es decir, aquella que en un corpus de textos críticos Borges fue elaborando desde sus primeros trabajos como miembro del Ultraísmo hasta la década de los ochenta.

Los acercamientos científicos a la poética borgiana han tendido a una desatención del corpus crítico del autor a favor del corpus ficcional. Ello se debe, en primer lugar, a una cuestión que atañe a los materiales mismos. Los tres tomos compiladores de la labor crítica de Borges que Emecé publicó bajo los títulos: *Textos recobrados 1919-1929, Textos recobrados 1931-1955* y *Textos recobrados 1956-1986* son de reciente aparición. En concreto los dos últimos tomos se publicaron en 2002 y en 2003 respectivamente. A esta circunstancia se añade el carácter mismo de las reflexiones críticas de Borges que, como comentaremos en las páginas siguientes, se aleja de la práctica académica.

Nuestro trabajo presume que un acercamiento a los postulados estéticos operantes en la narrativa del autor sólo se completa a la luz de las reflexiones críticas de Borges, y se propone contestar las siguientes cuestiones: ¿es Borges un crítico literario en el sentido lato del término?, ¿es posible hablar de una poética de la narración coherente en el corpus crítico del autor?, ¿elaboró Borges esta poética narrativa desde la actividad crítica como marco de lectura para sus ficciones? Y, finalmente, ¿cuáles son los postulados estéticos constantes en la práctica narrativa del autor que permiten ser reunidos bajo la denominación de «poética narrativa de Jorge Luis Borges»?

Dotado de una estructurara binaria, en su «Primera parte» nuestro estudio responde a la cuestión sobre el carácter de Borges como crítico literario y se organizan sus reflexiones sobre la narrativa distinguiendo dos etapas fundamentales, reveladoras de una evolución en relación al concepto borgiano del hecho literario que avanza del inmanentismo al recepcionismo. La primera etapa que definimos de «inmanentista» abarca las primeras décadas de escritura borgiana hasta los años cuarenta aproximadamente. A partir de este momento se advierte una evolución hacia una concepción más recepcionista que focaliza al lector en la explicación del hecho literario entendiéndolo ahora como acto comunicativo y desprendiéndose de las fronteras de la exclusiva textualidad. Finalmente, dentro de esta «Primera parte», los postulados estéticos se contextualizan en el marco histórico-literario argentino.

El análisis de relatos representativos de las diferentes etapas narrativas del autor que hemos dividido en tres: narrativa inaugural (*Historia universal de la infamia*), narrativa de los años cuarenta y cincuenta (*Ficciones* y *El Aleph*), y la última intervención de Borges en el género cuento (*El informe de Brodie* 1970 y *El libro de arena* 1975) constituye el objetivo de la «Segunda parte». Este análisis se propone la dilucidación de los postulados estéticos que han trabajado en la elaboración de los relatos elegidos.

Por último resta mencionar los materiales que hemos usado para la investigación. En primer lugar las *Obras completas* de Jorge Luis Borges publicadas por la editorial Emecé en 1996 en las que se encuentran los libros de ensayo *Discusión* y *Otras inquisiciones*, y los volúmenes de textos críticos: *Prólogos con un prólogo de prólogos* (1975), *Textos cautivos* (1986) y *Biblioteca personal. Prólogos* (1988), así como el volumen de conferencias *Borges, oral* (1979). Entre las colecciones de cuentos: *Historia universal de la infamia* (1935), *Ficciones* (1944), *El Aleph* (1949), *El informe de Brodie* (1970) y *El libro de arena* (1975). Dos libros ensayísticos que Borges no permitió reeditar en las *Obras completas*, a decir, *Inquisiciones* (1925) y *Tamaño de mi esperanza* (1926) sirvieron asimismo de material fundamental para nuestro estudio.

De capital importancia han sido los tres tomos ya mencionados: *Textos recobrados 1919-1929*, *Textos recobrados 1931-1955* y *Textos recobrados 1956-1986* que han hecho posible un acceso más cómodo a los textos de Borges que hasta el momento se explayaban entre la maraña de los medios de difusión masiva.

Finalmente una misma utilidad la comparten los volúmenes que recogen las entrevistas que Borges concedió a lo largo de su carrera de escritor, entre los que merecen una mención especial: *Diálogos* con Osvaldo Ferrari (Barcelona: Seix Barral 1992), *Borges, sus días y su tiempo* con María Esther Vázquez (Buenos Aires: Javier Vergara Editor 1999), *El otro Borges. Entrevistas (1960-1986)* con Fernando Mateo (Buenos Aires: Equis 1997) y *Harto de los laberintos. Entrevista con César Fernández Moreno,* recopilada por Emir Rodríguez Monegal (Caracas: Monte Ávila Editores 1981/1991).

Primera parte

LA POÉTICA NARRATIVA EN LA CRÍTICA PRACTICANTE DE JORGE LUIS BORGES

1.
Borges como crítico literario

> Yo creí en un tiempo que la crítica era el análisis de los textos, idea bastante corriente en Francia. Ahora creo que no, creo que lo importante es ubicar al crítico como creador y a la crítica como un hecho creativo... Creo que lo importante es la ilusión que se produce detrás de los procedimientos (Borges, citado por Barei 1999: 15).

El propósito de nuestro estudio defiende, en cuanto a las propuestas poetológicas borgianas, dos postulados todavía en entredicho en el contexto de la crítica contemporánea dedicada a la obra de Jorge Luis Borges. En primer lugar porque al afirmar que Borges formuló una reflexión poetológica se está aceptando su calidad de crítico literario y, en segundo lugar, porque se reconoce que, como crítico, Borges planteó unos postulados poetológicos capaces de ser reunidos bajo la rúbrica de *Poética*.

No obstante, zonas de la crítica han negado y siguen negando o poniendo en cuestionamiento esta faceta de Borges. Un recorrido por las opiniones en torno a la catalogación de Borges como crítico literario puede evidenciar este hecho. Así, en el cuarto tomo de la *Historia de la literatura argentina* (1958-1960), cuya edición corrió a cargo de Rafael A. Arrieta, que incluye un apartado dedicado a la crítica argentina preparado por Roberto F. Giusti, se califica a Borges de ensayista y no de crítico:

> Algo más entrado el siglo, una culta pléyade de ensayistas, caracterizados por la extensión de su curiosidad intelectual, se han paseado por las diferentes literaturas con señoril dignidad. (...) Rafael Alberto Arrieta, Ricardo Sáenz Hayes, Victoria Ocampo y Jorge Luis Borges son nombres respetados en el género. (...) Agudísimo, ciertamente, Jorge Luis Borges (n. 1900), admirable cuentista y poeta original, insuperado en la alquimia casi mágica con que opera sobre las ideas, combinándolas de las maneras más peregrinas (Arrieta 1958-1960, IV: 495-496).

Diez años más tarde, entre 1967 y 1968, en una obra colectiva publicada por el Centro Editor de América Latina en fascículos y distribuida en quioscos de diarios y revistas bajo el título *Capítulo: Historia de la literatura argentina*, encontramos un apartado dedicado a la «Crítica moderna» (cuaderno n° 45, pp. 1057-1080) donde se omite toda mención a Borges[1]. Si bien se presentan tres grupos cronológicos en los que se divide la crítica argentina: el historicismo nacionalista de Ricardo Rojas, la crítica universitaria —en la que destaca el magisterio de Amado Alonso y la Estilística— y, finalmente, la crítica más contemporánea representada por los nombres de Noé Jitrik, Adolfo Prieto o David Viñas, no hay ninguna atención a la actividad crítica de nuestro escritor. Es en un apartado titulado «La crítica en diarios, periódicos y revistas» donde aparece Borges, entre la maraña de nombres citados, como autor que esporádicamente ha dado a conocer alguna opinión literaria (pp. 1068-1069) y como director o co-director de alguna de las muchas revistas citadas: *Ideas, Nosotros, Martín Fierro, Los pensadores, Sur*, etc.

Quizá menos asombroso, pero de igual manera sorprendente para los que vemos en las aportaciones críticas de Borges una reflexión poetológica coherente, son las opiniones de los que, si bien consideran a Borges como crítico, no lo es para ellos de manera «auténtica». Éste es el caso del primer trabajo dedicado a Borges como crítico que corrió a cargo de Adolfo Prieto en *Borges y la nueva generación* (Prieto 1954). En su estudio, sin duda meritorio por ser pionero en atender esta producción borgiana, Prieto llega a afirmar, *grosso modo*, que la crítica de Borges se aleja mucho de toda crítica literaria como género «valioso y positivo»:

> Bien es cierto que Borges rara vez ha corrido la aventura de la crítica con todas las precauciones y supuestos que ésta implica. Las numerosas notas que ha publicado hasta ahora son, en buena parte, comentarios circunstanciales de un lector hedonista (...) El lector hedonista que por uno u otro motivo no quiere renunciar al comentario de sus voluntarias lecturas, disfruta sobre el crítico auténtico de ciertas ventajas, aunque encalla fatalmente en una estrecha limitación (Prieto 1954: 33-34).

En el mismo estudio señala como ventaja del «crítico hedonista» o «critico impresionista» —como lo denomina igualmente— la posibilidad de realizar un análisis lateral de las obras frente al análisis total que todo «crítico objetivo» debe llevar a cabo para la organización de un juicio capaz de «explicar» la obra literaria. Frente a esto, el «crítico impresionista» analiza aquellos elementos que más le inte-

---

[1] La misma editorial publicó una segunda edición de la obra en 1980 con material nuevo y actualizado.

resa como lector y, en el caso de Borges, como creador que es. Este hecho desemboca, según Prieto, en una limitación, ya que mientras para el «crítico objetivo» la obra literaria es un fin, para el «crítico impresionista» se convierte en un medio.

El mérito de Prieto no radica exclusivamente en haber tomado como objeto de estudio esta ignorada y desatendida producción crítica de Borges, sino, del mismo modo, en haber puesto de relieve su característica más importante, vale decir, su alejamiento de lo que conocemos como «crítica académica». Este hecho, negativo para Prieto, dio como resultado un acercamiento a los textos críticos borgianos por parte de estudios críticos posteriores con parámetros diferentes. Entre ellos cabe señalar los trabajos fundamentales de Hart (1963), Rodríguez Monegal (1964), Genette (1964) o Alazraki (1970). Sin embargo, después de treinta años, la faceta crítica de Borges todavía es cuestionada en trabajos más recientes como Pastormerlo (1997 b), Barrenechea (1997 b), Sarlo (1997, 2001) o Piglia (1997, (2001)[2]. Si bien en todos ellos se acepta la denominación de crítico literario, todavía existe una necesidad de definir de qué tipo de crítica se trata aceptando la primera definición de Prieto como «no académica» y situándola siempre al margen de la crítica objetiva, sistemática, «auténtica». Así, el trabajo de Rodríguez Monegal partiendo de la teoría de T. S. Eliot sobre los diferentes tipos de críticos, califica a Borges de «crítico practicante» frente al «crítico puro», distinguiéndose de éste porque:

> Forma parte del grupo de escritores que no sólo producen una obra poética sino que encaran los problemas teóricos que tal producción supone. Estos escritores suelen anticipar en su crítica las soluciones que encuentran en su práctica. También (y ésta es la parte negativa) tienen una tendencia a desdeñar y hasta falsear todo lo que no sirve a su propia producción. Esto explicaría en parte la naturaleza muy idiosincrásica y hasta agresiva de una parte de la obra crítica de Borges, sobre todo en la época en que estaba construyendo su poética. También explicaría sus bruscos cambios de bando, cuando una posición crítica le parece estrecha o agotada (Rodríguez Monegal 1981/1991: 52).

---

[2] En los últimos diez años, sin embargo, el interés editorial hacia los escritos críticos borgianos ha aumentado considerablemente. Junto a los clásicos recopilatorios críticos: *Borges en Sur* (1931-1980) a cargo de la editorial Emecé, o *Borges en Revista Multicolor*, esta vez a cargo de la editorial Atlántida de Buenos Aires, han ido apareciendo posteriormente otros como *Textos cautivos (1986)* donde la editorial Emecé recogió algunos de los trabajos que Borges escribió para la revista *El Hogar* entre 1936 y 1940. De más reciente aparición son los tres volúmenes de *Textos recobrados 1919-1929, 1931-1955,* y *1956-1986* editados por Emecé en 1997, 2002 y 2003.

La idea desarrollada por Rodríguez Monegal sobre la funcionalidad que la crítica de Borges tuvo para su producción narrativa y lírica es retomada por Ricardo Piglia quien —tanto en una entrevista concedida a Pastormerlo (Piglia 1997) como cuatro años después (Piglia 2001)— insiste en que la intencionada mirada que Borges dirigió a escritores que en la época eran considerados como pertenecientes a una tradición menor, tales como Stevenson, Conrad, Kipling, Wells, frente a la tradición de Dostoievski, Thomas Mann o Proust, tenía como fin la creación de un espacio para sus propios textos:

> Esto es lo que llamo lectura estratégica: un crítico que constituye un espacio que permita descifrar de manera pertinente lo que escribe. Todo el trabajo de Borges como antólogo, como editor y como prologuista está encaminado en esta dirección (Piglia 2001: 155).

Beatriz Sarlo (1997) también se refiere a esta lectura estratégica como operación deliberada y artificiosa que nada tiene que ver con lo que Borges calificó de «juegos de un tímido» en el prólogo a *Historia universal de la infamia* de 1954. El corpus crítico borgiano significa para Sarlo un «acto de ocupación territorial que le permite instalar sus ficciones»:

> Para mí la crítica, junto con los relatos, constituyen la parte más densa de la obra de Borges, y al mismo tiempo creo que son los ensayos de los tres primeros libros los que marcan un territorio. Dicen: dentro de estos límites va a suceder lo nuevo en la literatura argentina. De ahí que sean tan disparatados esos primeros libros [...] Es la preparación, se podría decir, de un marco de lectura (Sarlo 1997: 38).

La crítica no universitaria y funcional de Borges estaría dotada de características que la constituyen como singular y única. En general, los estudiosos de esta parte de la producción borgiana han señalado unánimemente la subjetividad como rasgo fundamental. Para Emir Rodríguez Monegal (1964) se trata de un subjetivismo acompañado de arbitrariedad y tendencia falseadora y desdeñosa en lo que no sirve a su propia producción. Estudios más recientes (Pastormerlo 1997) la han visto como subjetiva, asistemática, digresiva, breve, simplificada y polémica. Para Barrenechea (1997 b) incluso se trata de un ejercicio crítico sin metodología aunque agudo en sus observaciones.

En nuestra opinión, los estudios hasta aquí señalados si bien han sido conscientes de un cierto desvío de la crítica borgiana del modelo, llamémosle imperante, no han abordado las reflexiones poetológicas que esta crítica borgiana propuso de manera decisiva. Las características que la crítica ha señalado pueden ser explicadas, a mi modo de ver, a partir de lo que Beatriz Sarlo (1997: 35-36) señala como fundamental, es decir, su carácter breve. Pero, si por un lado es cierto que la brevedad de la crítica borgiana trae como resultado una argumentación rápida, asistemática, simplificada, una crítica del detalle, de lo menor, etc., por otro lado, sin embargo, ésta deja analizarse como crítica portadora de una poética que ha gozado de una influencia inmensurable en el ámbito de la literatura no sólo argentina o hispanoamericana, sino universal.

En el corpus textual de la crítica borgiana es posible distinguir dos etapas diferentes en relación al interés genérico del autor, es decir, el interés de Borges como crítico por la poesía y la narrativa y, por otro lado, dentro ya de su poética narrativa, otras dos etapas en relación a la evolución del pensamiento borgiano al respecto.

Hasta finales de los años veinte Borges sentía un gran interés por la poesía, por los poetas y por los procedimientos de escritura poética, en especial por la metáfora. No sorprende en este sentido que esta etapa coincidiera con su producción poética. Son los años en los que aparecieron *Fervor de Buenos Aires* (1923), *Luna de enfrente* (1925) y *Cuaderno San Martín* (1929). En esta época, Borges lideraba el movimiento ultraísta en Argentina y su interés por la narrativa no dejaba de ser esporádico, en cuanto a la actividad crítica se refiere. Eran frecuentes sus artículos en la prensa referidos al género poético, así por ejemplo: «Lírica expresionista: Síntesis» de 1920, «Ultraísmo», «Manifiesto del Ultra», «Anatomía de mi Ultra», «La metáfora» y «La lírica argentina contemporánea» de 1921, o «La presencia de Buenos Aires en la poesía» de 1926, entre numerosos ejemplos. Abundantes fueron también las traducciones de fragmentos de lírica extranjera como «Adoradores de la luna» de E. R. Dodds, «Soñé toda la noche» de Henry Mond, o «Muerte súbita *(fragmento)*» de Conrad Aiken, aparecidas en la revista sevillana *Grecia* en 1920.

Al analizar sus primeros dos libros ensayísticos: *Inquisiciones* (1925) y *El tamaño de mi esperanza* (1926), observamos cómo los temas sobre los que reflexiona Borges son frecuentemente líricos, como por ejemplo en «Después de las imágenes», «Menoscabo y grandeza de Quevedo», «Examen de metáforas» en *Inquisiciones* o «El idioma infinito», «Palabrería para versos», «La adjetivación», «Ejercicio de análisis», «Examen de un soneto de Góngora», etc., en *El tamaño de mi esperanza*. La actividad crítica narrativa en esta primera etapa se redujo mayormente a la reseña de algún libro reciente como por ejemplo «Las nietas de Cleopatra» de Álvaro Melián Lafinur, publicada en *Valoraciones* en 1927, o «El alma de las cosas inanimadas» de Enrique González Muñón publicada en *Síntesis* en el mismo año, entre algunas otras.

La segunda etapa comienza en los años treinta produciéndose un cambio completo en sus objetivos como crítico. Empiezan a aparecer artículos, ensayos y reseñas referidos a la actividad narrativa y poco a poco se va formando en Borges un concepto de la narrativa que dio como resultado su producción en prosa de los años cuarenta. Entre los primeros artículos referidos a este ámbito de la narración hay que destacar «La supersticiosa ética del lector», «La postulación de la realidad» (*Azul* 1931) y «El arte narrativo y la magia» (*Sur* 1932), artículos que ya presentan una revisión profunda del género y que revisaremos en capítulos posteriores. Esta reflexión sobre la narrativa en general perdurará en su producción hasta el final, pudiendo ver en su obra una revisión de la narrativa universal de todos los tiempos. No obstante, Borges no abandonará nunca las reflexiones sobre el género lírico, pero, sin embargo, ocuparán un lugar menos importante en su producción. En relación a la evolución de sus postulados poetológicos dentro del marco de la narrativa se observan dos etapas diferenciadas. Una primera etapa que aproximadamente abarca desde los años veinte hasta los años cuarenta, donde Borges se interesa fundamentalmente por los procesos textuales de elaboración de la obra de arte y una segunda etapa desde los años cuarenta en adelante, donde se produce la focalización del lector en la poética narrativa borgiana. Dos etapas, éstas, a las que nos dedicaremos en las páginas siguientes.

2.
La narrativa en las reflexiones poetológicas borgianas hasta los años cuarenta: el legado de Edgar Allan Poe

> Would we but permit ourselves to look into our own souls,
> we should immediately there discover that under the sun
> there neither exists nor can exist any work more thoroughly
> dignified—more supremely noble than this very poem—this
> poem per se—this poem which is a poem and nothing
> more—this poem written solely for the poem's sake.
>
> Poe, «The poetic principle»

La reflexión narrativa borgiana desarrollada entre los años veinte y cuarenta puede definirse por un marcado carácter inmanentista. Hablar de inmanentismo *stricto sensu* en Borges es inusual si se piensa en la importancia que la crítica ha otorgado a la discusión metafísica en la producción ficcional del autor. Sin embargo, valga como punto de arranque para la discusión que nos ocupa el artículo «Elementos de preceptiva» publicado en *Sur* en 1933, en el que Borges define la literatura como hecho sintáctico: «La literatura es fundamentalmente un hecho sintáctico. Es accidental, lineal, esporádica y de lo más común» (*Borges en Sur 1931-1980*: 125).

La afirmación no es esporádica. Ya en 1920 Borges había publicado un artículo en la revista *Grecia* titulado «Al margen de la moderna estética» en el que se expresaba a favor de la concepción de las palabras «no como puentes para las ideas, sino como fines en sí» (*Textos recobrados 1919-1929*: 30-31). Esta postura inmanentista temprana se extiende incluso hasta 1941 en el prólogo a la *Antología poética argentina* realizada en colaboración con Silvina Ocampo y Adolfo Bioy Casares:

En 1831 observó Macaulay: «Hablar de gobiernos esencialmente protestantes o esencialmente cristianos es como hablar de repostería esencialmente protestante o de equitación esencialmente cristiana». No menos irrisorio es hablar de poetas de tal secta o de tal partido. Más importante que los temas de los poetas y que sus opiniones y convicciones es la estructura del poema: *sus efectos prosódicos y sintácticos*[1] (Borges 1941: 9-10).

El carácter inmanentista de su temprana poética puede entenderse como fruto de la orientación vanguardista de Borges, pero además, por la acusada influencia de la poética de Edgar Allan Poe, a quien nuestro autor leyó fervorosamente, y quien, como reconoció él mismo, desarrolló una poética de alto valor (*Textos recobrados 1931-1955*: 123)[2].

A lo largo de la obra crítica y ficcional de Borges son muchas las alusiones explícitas e implícitas al autor norteamericano al que llegará a reconocer como maestro del género policial[3]. Borges no sólo aplicará muchos de los principios

---

[1] Cursiva nuestra.

[2] La poética de Poe, por su parte, debe entenderse como evolución del Romanticismo inglés de influencia germánica. La teoría idealista de Kant tuvo gran repercusión en los escritores románticos, repercusión ésta que no sólo se vio reducida al ámbito germánico, sino que fue atendida también en el extranjero, sobre todo por escritores ingleses. Precisamente, Viñas Piquer (2002: 288) siguiendo a Wellek (1972), señala a Samuel Taylor Coleridge (1772-1834) como el importante mediador entre la crítica literaria germana y la crítica inglesa. La teoría poética de Coleridge es una teoría *ecléctica* que bebe de los postulados idealistas germánicos y que, al mismo tiempo, tiende a una concepción del arte como un producto consciente, la cual no deja descansar toda la responsabilidad de la creación poética en el genio, en los procesos no sujetos a la voluntad que tienen lugar en la mente del artista, sino que considera ésta como producto de la combinación de procesos inconscientes relacionados con la imaginación y conscientes relacionados con la razón, el trabajo técnico que todo autor debe llevar a cabo para conseguir una obra de calidad artística.

Para Coleridge, la esencia de la poesía reside en su *artificialidad* (Viñas Piquer 2002: 294), es decir, «en el poeta funciona con igual poder la imaginación y la razón, lo inconsciente y lo consciente, de manera que la reflexión y el conocimiento juegan un papel primordial en el proceso creativo» (Asensi Pérez 1998: 401).

Lo más interesante de la teoría poética de Coleridge para nuestro estudio es su visión inmanentista de la poesía, esto es, el descubrimiento de la «Lógica de la poesía» (Hegewicz 1975: 7) que heredará Poe.

[3] Así lo afirma Borges en la siguiente cita:

Podría decirse que hay dos hombres sin los cuales la literatura actual no sería lo que es; esos dos hombres son americanos y del siglo pasado: Walt Whitman —de él deriva lo que denominamos poesía civil, deriva Neruda, derivan tantas cosas, buenas o malas—; y Edgar Allan Poe, de quien deriva el simbolismo de Baudelaire, que fue discípulo suyo y le rezaba todas las noches. Derivan dos hechos que parecen muy lejanos y que sin embargo no lo son; son hechos afines. Deriva la idea de la literatura como un hecho intelectual y el relato policial. El primero —considerar la literatura como una operación de la mente, no del

constructivos poeianos a sus propios cuentos —como es el caso especialmente evidente de «La muerte y la brújula» o «Abenjacán el Bojarí, muerto en su laberinto»— sino que, como crítico, repetirá a veces casi textualmente lo que años antes Poe había señalado en ensayos como *The Philosophy of Composition* (1846) o *The Poetic Principle* (1850)[4] y en agudas reseñas como las dedicadas a *Twice-Told Tales* de Nathaniel Hawthorne (1842 y 1847) o a *Ballads and other Poems* de Henry Wadsworth Longfellow (1842)[5].

Antes de dedicarnos a los postulados poetológicos poeianos desarrollados análogamente por Borges, resta añadir en este breve preámbulo que ambos autores compartieron una misma concepción del ejercicio crítico. En el valioso estudio que Julio Cortázar dedica a la obra de Poe titulado «El poeta, el narrador y el crítico» que antecede a la traducción de los *Ensayos y Críticas*, el autor argentino advierte:

> En *Literatura de revistas*, Poe define la crítica como una obra de arte. Para él una reseña debe dar al lector un análisis y un juicio sobre el tema de que se ocupa, «y alguna cosa que vaya más allá». Consecuente con este criterio, aprovechará casi siempre la reseña (aunque sin tomarla nunca como mero pretexto) para insinuar o proponer principios literarios, enfoques del problema de la creación poética o narrativa, crítica de ideas y de principios (Cortázar 1956/1973: 53).

¿No se podría aplicar esta cita al caso borgiano? Recordemos, en cambio, a tenor de esta observación de Cortázar los comentarios de Rodríguez Monegal, Ricardo Piglia o Beatriz Sarlo al respecto (ver *supra*).

Tanto Poe como Borges rechazan la crítica elogiosa, halagadora que exagera los méritos y optan por un juicio crítico severo que les sirva de propia reflexión individual para enfrentarse al proceso creativo. Igualmente se observa un distanciamiento de la crítica imperante[6].

---

espíritu— es muy importante. El otro es mínimo, a pesar de haber inspirado a grandes escritores (pensamos en Stevenson, Dickens, Chesterton —el mejor heredero de Poe—). (...) la idea de que la poesía es una creación de la mente. Esto se opone a toda la tradición anterior, donde la poesía era una operación del espíritu (*O. C.* IV: 190-191).

[4] Publicado póstumamente en *Sartain's Union Magazine* en octubre de 1850.

[5] No debe extrañar que en un trabajo dedicado a la poética narrativa se traigan a colación dos ensayos de Poe dedicados a la poesía, pues, como el propio Julio Cortázar advirtió, su «doctrina poética» es extrapolada casi en su totalidad al ámbito de la narrativa (Cortázar 1956/1973: 33).

[6] Poe en su «Exordium to Critical Notices» publicado en el primer número de *Graham's Magazine* en 1842 aclara:

Poe se distancia de la crítica, llamémosla dogmática, a favor de una crítica concienzuda, concebida desde los márgenes como un arte basado en la naturaleza (*in natura*). Como resultado, Poe —como le ocurrirá también a Borges, sobre todo en sus primeros trabajos críticos marcados por cierto tono agresivo— se ganó diferentes enemistades en el ámbito literario[7]. Así lo reconoce del mismo modo Cortázar en el estudio que venimos citando:

> Poe regaló frases amables a algunas literatas de su tiempo, obrando por razones personales (...); con el resto del *genus irritabile* fue de una severidad que le enajenó las simpatías de los reseñados, pero salvó su obra de la mediocridad afable de su tiempo (Cortázar 1956/1973: 56).

Además de su común carácter marginal, independiente, los ejercicios críticos literarios de Poe y Borges lindan en ocasiones con la reflexión metafísica. El caso de Borges es quizá más extremo que el de Poe. Muestra de ello son ensayos como «La nadería de la personalidad» (*Proa* 1922), «La postulación de la realidad» (*Azul* 1931) o «El arte narrativo y la magia» (*Sur* 1932), donde la reflexión metafísica invade la literaria. Sin embargo, en Poe esta observación es igualmente comprobable. Recordemos su conocida reflexión sobre la finalidad de la poesía, esto es, la belleza, que explayó en las páginas de su ensayo *The Poetic Principle*[8].

Our views of literature in general having expanded, we begin to demand the use — to inquire into the offices and provinces of criticism — to regard it more as an art based immoveably in nature, less as a mere system of fluctuating and conventional dogmas. And, with the prevalence of these ideas, has arrived a distaste even to the home-dictation of the book-seller-*coteries*. If our editors are not as yet *all* independent of the will of a publisher, a majority of them scruple, at least, *to confess* a subservience, and enter into no positive combinations against the minority who despise and discard it. And this is a *very* great improvement of exceedingly late date (Poe 1842/1984: 1028).

[7] Valga como ejemplo el final de una de sus reseñas a *Twice-Told Tales* de Hawthorne publicada en noviembre de 1847 en *Godey's Lady's Book*: «Let him mend his pen, get a bottle of visible ink, come out from the Old Manse, cut Mr. Alcott, hang (if possible) the editor of *The Dial*, and throw out of the window to the pigs all his odd numbers of «The North American Review» (Poe 1847/1984: 587-588).

[8] «Un instinto inmortal, profundamente arraigado en el espíritu del hombre: tal es, claramente, el sentido de lo Bello. Es él quien contribuye a deleitarlo en las múltiples formas, sonidos, perfumes y sentimientos en medio de los cuales vive. Y así como el lirio se refleja en el lago, o los ojos de Amarilis en el espejo, así la mera repetición oral o escrita de esas formas, sonidos, colores, perfumes y sentimientos constituye una duplicada fuente de deleite. Pero esta mera repetición no es

Aclaradas las coincidencias existentes entre Poe y Borges en relación al concepto mismo de «crítica», interesa ahora detenernos en aquellos principios poetológicos narrativos que Poe desarrolló en sus escritos críticos y que revelan una concepción inmanentista de la obra de arte.

En su ensayo *The Philosophy of Composition* (1846), Poe arranca su reflexión con una declaración —en su opinión— irrefutable: «Resulta clarísimo que todo plan o argumento merecedor de ese nombre debe ser desarrollado hasta su des-

---

poesía. Aquel que se limite a cantar los suspiros, sonidos, perfumes, colores y sentimientos que lo acogen al igual que a todos los hombres, no alcanzará con ello a probar que merece tan divino título, por más ardiente que sea su entusiasmo o vívida y verdadera su descripción. Hay algo a la distancia que aún no le ha sido posible alcanzar. No nos ha mostrado todavía las cristalinas fuentes donde podremos saciar nuestra sed inextinguible. Esa sed es propia de la inmortalidad del hombre. Es a la vez consecuencia e indicación de su existencia perenne» (Traducción de Cortázar 1956/1973: 88), («An immortal instinct, deep within the spirit of man, is thus, plainly, a sense of the Beautiful. This it is which administers to his delight in the manifold forms, and sounds, and odours, and sentiments amid which he exists. And just as the lily is repeated in the lake, or the eyes of Amaryllis in the mirror, so is the mere oral or written repetition of these forms, and sounds, and colours, and odours, and sentiments, a duplicate source of delight. But this mere repetition is not poetry. He who shall simply sing, with however glowing enthusiasm, or with however vivid a truth of description, of the sights, and sounds, and odours, and colours, and sentiments, which greet *him* in common with all mankind — he, I say, has yet failed to prove his divine title. There is still a something in the distance which he has been unable to attain. We have still a thirst unquenchable, to allay which he has not shown us the crystal springs. This thirst belongs to the immortality of Man. It is at once a consequence and an indication of his perennial existence» Poe 1850/1984: 76-77).

La idea de la existencia de una «Belleza» trascendente a la que nos es imposible acceder a través de nuestros limitados medios cognoscitivos, y a la que el arte tiene acceso, se relaciona claramente con las doctrinas idealistas trascendentales. Si bien puede considerarse a Edgar Allan Poe como el primer escritor inmanentista de la literatura (Viñas Piquer 2002: 322), su poética está claramente influida por los legados del pensamiento idealista europeo, especialmente germánico, que escritores como Emerson o Longfellow introdujeron en Norteamérica (Cortázar 1956/1973: 50). Y es que realmente Poe se educó en un ambiente de gran influencia romántica (recordemos que todavía la conexión de Norteamérica con Europa a través de Inglaterra era muy fuerte) y sus obras acusan este influjo. La reflexión metafísica de Poe sobre la belleza trascendente que acabamos de citar se acerca al pensamiento de Schopenhauer para quien el arte es capaz de alcanzar un conocimiento superior al de la ciencia: «La experiencia estética se define [para Schopenhauer] entonces, como una transformación que permite al sujeto experimentar la visión de una realidad trascendente». Sin embargo, para Schopenhauer, como para Poe, el conocimiento de esta realidad vs. Belleza trascendente se produce de manera «borrosa», debido a las categorías de espacio, tiempo e individualidad que en todo sujeto funcionan como un «velo» (Sierra 1997: 27). Una imposibilidad del total conocimiento que supone, según Poe, una impaciente tristeza.

enlace antes de comenzar a escribir en detalle» (Traducción de Cortázar 1956/1973: 65)[9]. Para Borges, esta aserción constituye un «hecho indudable». Así lo reconoce en el prólogo a *Los nombres de la muerte* de María Esther Vázquez publicado en 1964:

> Edgar Allan Poe sostenía que todo cuento debe escribirse para el último párrafo o acaso para la última línea; esta exigencia puede ser una exageración, pero es la exageración o simplificación de un hecho indudable. Quiere decir que un prefijado desenlace debe ordenar las vicisitudes de la fábula (*O. C.* IV: 155).

La declaración de Poe encierra ya una disensión con respecto al idealismo romántico. Poe revaloriza el papel que en el proceso creativo desempeña el entendimiento como en cualquier otra ciencia. La obra artística no es —en su opinión— mero fruto del azar ni de la intuición, sino de un proceso de rigor lógico como el de un problema matemático:

> La mayoría de los escritores —y de los poetas en especial— prefieren dar a entender que componen bajo una especie de espléndido frenesí, una intuición extática, y se estremecerían a la idea de que el público echara una ojeada a lo que ocurre en bambalinas, a las laboriosas y vacilantes crudezas del pensamiento, a los verdaderos designios alcanzados sólo a último momento, a los innumerables vislumbres de ideas que no llegan a manifestarse, a las fantasías plenamente maduras que hay que descartar con desesperación por ingobernables, a las cautelosas selecciones y rechazos, a las penosas correcciones e interpolaciones; en una palabra, a los engranajes, a la maquinaria para los cambios de decorado, las escalas y las trampas, las plumas de gallo, el bermellón y los lunares postizos que, en el noventa y nueve por ciento de los casos, constituyen la utilería del *histrión* literario (Traducción de Cortázar 1956/1973: 66-67)[10].

---

[9] «Nothing is more clear than that every plot, worth the name, must be elaborated to its *dénouement* before any thing be attempted with the pen» (Poe 1846/1984: 13)

[10] «Most writers — poets in especial — prefer having it understood that they compose by a species of fine frenzy — an ecstatic intuition — and would positively shudder at letting the public take a peep behind the scenes, at the elaborate and vacillating crudities of thought — at the true purposes seized only at the last moment — at the innumerable glimpses of idea that arrived not at the maturity of full view — at the fully matured fancies discarded in despair as unmanageable — at the cautious selections and rejections — at the painful erasures and interpolations — in a word, at the wheels and pinions — the tackle for scene-shifting — the step-ladders and demon-traps — the cock's feathers, the red paint and the black patches, which, in ninety-nine cases out of the hundred, constitute the properties of the literary *histrio*» (Poe 1846/1984: 14).

La importancia del trabajo intelectual del escritor en el proceso creativo de la obra artística es reconocida por Borges en una entrevista que concedió a Osvaldo Ferrari y que éste recopiló en 1992 por petición de la editorial Seix Barral:

> Empieza por una suerte de revelación. Pero uso esa palabra de un modo modesto, no ambicioso. Es decir, de pronto sé que va a ocurrir algo y eso que va a ocurrir puede ser, en el caso de un cuento, el principio y el fin. (...) Es decir, algo me es dado, y luego ya intervengo yo, y quizá se echa todo a perder. En el caso de un cuento, por ejemplo, yo conozco el principio, el punto de partida, conozco el fin, conozco la meta. Pero luego tengo que descubrir, mediante mis muy limitados medios, qué sucede entre el principio y el fin. Y luego hay otros problemas a resolver; por ejemplo, si conviene que el hecho sea contado en primera persona o en tercera persona. Luego, hay que buscar la época (...) (Ferrari 1992: 31-32)[11].

La cita es sin duda reveladora si atendemos a las significativas confesiones poetológicas que ostenta. Comencemos por la primera oración: «Empieza por una suerte de revelación». Desde el comienzo Borges manifiesta su conformidad con la teoría del genio romántico: «algo me es dado». Pero luego combina como Poe, y su admirado Coleridge, la inspiración con el trabajo intelectual: «y luego ya intervengo yo». La intervención del artista consiste en resolver los problemas «técnicos» que surgen en la creación de un cuento, una vez que «el punto de partida» y «la meta» han sido determinados. Se trata, pues, de construir el engranaje de la obra, de atender a sus aspectos formales, claro está, subordinados a la historia, al *qué* del cuento.

Aceptado el gran papel que los procesos racionales del artista desarrollan en la creación literaria, ambos autores señalan los postulados poetológicos a tener en cuenta a la hora de comenzar el proceso creativo. Para Poe, todo autor que emprende la tarea de escribir debe atender a cuatro consideraciones fundamentales: la extensión, el efecto a conseguir, el tono y, finalmente, el estímulo artístico (Poe 1846). La primera consideración se convierte en *leitmotiv* en los trabajos críticos de ambos autores y determina el resto de consideraciones. Poe lamenta en una de sus reseñas a *Twice-Told Tales* de Hawthorne que la calidad de una obra se mida en función a su volumen:

---

[11] Esta cita es posterior al intervalo temporal que nos ocupa en este apartado: 1920-1940 aproximadamente. Sin embargo, fue éste un postulado al que Borges se mantuvo fiel a lo largo de su carrera escritor.

Durante largo tiempo ha habido un infundado y fatal prejuicio literario que nuestra época tendrá a su cargo aniquilar: la idea de que el mero volumen de una obra debe pesar considerablemente en nuestra estimación de sus méritos (Traducción de Cortázar 1956/1973: 132)[12].

Se muestra a favor de la brevedad e incluso llega a precisar la extensión que un poema o un cuento breve debe tener en función a la duración de su lectura por parte del lector[13]:

Si se me preguntara cuál es la mejor manera de que el más excelso genio despliegue sus posibilidades, me inclinaría sin vacilar por la composición de un poema rimado cuya duración no exceda de una hora de lectura. (...) Si se me pidiera que designara la clase de composición que, después del poema tal como lo he sugerido, llene mejor las demandas del genio, y le ofrezca el campo de acción más ventajoso, me produciría sin vacilar por el cuento en prosa tal como lo practica aquí Mr. Hawthorne. Aludo a la breve narración cuya lectura insume entre media hora y dos (Traducción de Cortázar 1956/1973: 134-135)[14].

Ambos autores, como consecuencia, ven en la novela un género problemático. Para Poe «como [la novela] no puede ser leída de una sola vez, se ve privada de la inmensa fuerza que se deriva de la totalidad (Traducción de Cortázar 1956/1973: 135)[15]. Su extensión rompe con cualquier unidad posible, sin embargo, el cuento breve «permite al autor desarrollar plenamente su propósito,

---

[12] There has long existed in literature a fatal and unfounded prejudice, which it will be the office of this age to overthrow — the idea that the mere bulk of a work must enter largely into our estimate of its merit (Poe 1847/1984: 583-584)

[13] Sin embargo, la brevedad no debe llevarse al extremo, ya que la obra de arte caería en lo epigramático y perdería todo el efecto: «Extreme brevety will degenerate into epigrammatism; but the sin of extreme length is even more unpardonable» (Poe 1842/1984: 572).

[14] «Were we bidden to say how the highest genius could be most advantageously employed for the best display of its own powers, we should answer, without hesitation — in the composition of a rhymed poem, not to exceed in length what might be perused in an hour. (...) Were we called upon however to designate that class of composition which, next to such a poem as we have suggested, should best fulfil the demands of high genius — should offer it the most advantageous field of exertion — we should unhesitatingly speak of the prose tale, as Mr. Hawthorne has here exemplified it. We allude to the short prose narrative, requiring from a half-hour to one or two hours in its perusal» (Poe 1842/1984: 571-572).

[15] «As it cannot be read at one sitting, it deprives itself, of course, of the immense force derivable from *totality*» (Poe 1842/1984: 572).

sea cual fuere. Durante la hora de lectura, el alma del lector está sometida a la voluntad de aquél» (Traducción de Cortázar 1956/1973: 135)[16].

Según Cortázar, la reflexión teórica de Poe fue llevada a la práctica, convirtiéndole en el «primero en aplicar sistemáticamente (y no sólo por azar de la intuición, como los cuentistas de su tiempo) este criterio que en el fondo es un criterio de economía, de estructura funcional» (Cortázar 1956/1973: 36). Frente a esta postura, el panorama literario estaba dominado por una literatura difusa, por un neoclasicismo que «invitaba a explayar ideas e ingenio so pretexto de cualquier tema, multiplicando las digresiones, y la influencia romántica inducía a efusiones incontroladas y carentes de toda vertebración» (Cortázar 1956/1973: 36-37).

En lo que se refiere a la dicotomía *novela vs. cuento, poema*, Poe y Borges llegan a una misma conclusión. Al respecto Piglia señala que el logro fundamental de Borges consistió en la redefinición del lugar de la narración:

Considerar que la narración no depende exclusivamente de la novela, que la narración está relacionada con formas prenovelísticas, las formas orales con las cuales él conecta su poética, que encuentra su borde en la obra de Stevenson, de Conrad, de Wells y en los géneros. A partir de esta defensa de la narración, enfrenta a la novela como no narrativa. Es una posición crítica extraordinaria en relación con los debates tradicionales sobre la novela y solamente eso hubiera justificado la existencia de un crítico (Piglia 2001: 154).

Poe ya había llegado a la misma conclusión. Sobre este punto de la poética poeiana es interesante el artículo del formalista ruso Eichenbaum, titulado «Sobre la teoría de la prosa» (Eichenbaum 1925/2004: 147-158). En este artículo, Eichenbaum se propone corroborar la teoría del norteamericano al afirmar que novela y cuento son formas totalmente extrañas.

Frente al sincretismo de la novela, el cuento es una forma fundamental, elemental, i bien no primitiva. El origen de la novela es la historia, el relato de viajes; el cuento, por el contrario, procede de la anécdota. Todo en el cuento tiende a la conclusión: «El cuento debe lanzarse con impetuosidad, como un proyectil lanzado desde un avión para golpear con su punta y con todas las fuerzas el objetivo propuesto» (Eichenbaum 1925/2004: 151). Por el contrario, la

---

[16] «In the brief tale, however, the author is enabled to carry out the fulness of his intention, be it what it may. During the hour of perusal, the soul of the reader is at the writer's control» (Poe 1842/1984: 572)

novela está dotada, salvo escasas excepciones, de una falsa conclusión, un epílogo que no propone nada inesperado, ya que el papel primordial en la novela lo
llevan a cabo otros factores:

> la técnica utilizada para demorar la acción, para combinar y soldar los elementos he-
> terogéneos, la habilidad para desarrollar y ligar los episodios, para crear centros de
> interés diferentes, para conducir las intrigas paralelas, etc. (Eichenbaum 1925/2004:
> 151).

Borges comparte la idea de Poe —aclarada por Eichenbaum— al considerar
como problema central de la novela el problema de la *causalidad*. En numerosas
ocasiones insistió en este hecho, como por ejemplo en la reseña de 1933 apare-
cida en *Crítica* a *45 días y treinta marineros* de Norah Lange:

> El problema central de la novela es la causalidad. Si faltan pormenores circunstan-
> ciales, todo parece irreal; si abundan (como en las novelas de Bove, o en el *Huckle-
> berry Finn* de Mark Twain) recelamos de esa documentada verdad y sus detalles fe-
> hacientes. La solución es ésta: Inventar pormenores tan verosímiles que parezcan
> inevitables, o tan dramáticos que el lector los prefiera a la discusión (*Textos recobra-
> dos 1931-1955*: 77).

Asimismo, ambos autores coinciden en señalar el acercamiento entre los géneros cuento y poesía frente a la novela: «El cuento —agrega Eichenbaum co-
rroborando a Poe— es lo que más se aproxima al tipo ideal que es el poema: desempeña el mismo papel que el poema pero en su propio campo, el de la prosa»
(Eichenbaum 1925/2004: 154).

Para Poe tanto el poema como el cuento tienen un objetivo común: crear «la
unidad de efecto o impresión», algo imposible, en el caso de la novela, por su
larga extensión. La misma opinión reaparece en Borges quien, al igual que el
formalista, reformula la propuesta del norteamericano:

> Y tengo la impresión de que una novela extensa es no sólo excesiva para el lector, que
> no puede leerla de una sola vez, sino para el autor también. Todo esto vendría a ser
> una repetición de lo que dijo Poe: There is no such thing as a long poem, un poema
> largo no es más que una sucesión de poemas cortos, y que la emoción estética exigía
> una lectura. Creo que el cuento puede darnos esa emoción. La novela, en cambio,
> nos da una serie de emociones, y nos deja solamente su recuerdo. (...) El cuento,

como el poema breve, puede darnos una sensación de plenitud continuamente (Borges citado por Veres 2003: s. p.)[17].

Para conseguir este objetivo cada una de las decisiones del escritor debe estar supeditada a la consecución del efecto prefijado con anterioridad. Así lo aclara Poe en su reseña a los cuentos de Hawthorne:

> Un hábil artista literario ha construido un relato. Si es prudente, no habrá elaborado sus pensamientos para ubicar los incidentes, sino que, después de concebir cuidadosamente cierto *efecto* único y singular, inventará los incidentes, combinándolos de la manera que mejor lo ayude a lograr el efecto preconcebido. Si su primera frase no tiende ya a la producción de dicho efecto, quiere decir que ha fracasado en el primer paso. No debería haber una sola palabra en toda la composición cuya tendencia, directa o indirecta, no se aplicara al designio preestablecido (Traducción de Cortázar 1956/1973: 135-136)[18].

---

[17] A pesar de su «disgusto» por todos estos problemas que la novela le presenta como autor, como crítico literario Borges supo apreciar algunas obras del género. Señalemos como ejemplo su admiración por *La invención de Morel* de Bioy Casares, a quien le atribuye la invención de un «género nuevo»: «la obra de imaginación razonada». A diferencia de la novela psicológica, Bioy Casares desarrolla una novela de peripecias que frente a la pretensión de ser informe y realista, como tiene por objetivo la novela psicológica, presenta rigor intrínseco y es un objeto artificial que no sufre ninguna parte injustificada.

Admirador de ciertas novelas como *La invención de Morel* llegó incluso a ofrecer una definición de la «buena novela» en un artículo de 1935 que apareció en *La prensa* de Buenos Aires titulado «La vuelta de Martín Fierro» recogido posteriormente en *Textos recobrados 1931-1955*:

> (...) una novela es buena en razón directa del interés que la unicidad de sus caracteres inspira al autor y en razón inversa de los propósitos intelectuales o sentimentales que la dirigen (...) los ejecutores más gloriosos de la novela —Cervantes, Defoe, Conrad, Dostoievski, Flaubert— parecen haber sido más observadores que pensadores, más enamorados de lo concreto que algebristas y músicos de lo general (*Textos recobrados 1931-1955*: 127-128).

[18] «A skilful literary artist has constructed a tale. If wise, he has not fashioned his thoughts to accommodate his incidents, but having conceived, with deliberate care, a certain unique or single *effect* to be wrought out, he then invents such incidents — he then combines such events as may best aid him in establishing this preconceived effect. If his very initial sentence tend not to the outbringing of this effect, then he has failed in his first step. In the whole composition there should be no word written, of which the tendency, direct or indirect, is not to the one pre-established design» (Poe 1842/1984: 572).

La concisión es, en opinión de Borges, otra característica en común que la poesía y el cuento comparten frente a la novela. Así lo advierte Borges en su entrevista recogida en *El otro Borges. Entrevistas 1960-1986* (Mateo 1997: 46):

> En toda novela se pone mucho de relleno, en el cuento no. Es un género más estricto, de mayor rigor. Tampoco creo que pueda haber un gran poema largo. Además a las cuarenta páginas creería que no vale nada y abandonaría (...).

La predilección por el género cuento y el a veces tajante rechazo hacia la novela fue justificada por Borges con diferentes argumentos. Así, por ejemplo, lo achacó, humildemente, a su haraganería. Este argumento se constata en una entrevista que concedió a César Fernández Moreno, que apareció en la revista *Mundo Nuevo* (Nº 18, París, diciembre 1967) y que se recogió más tarde en *Borges por él mismo* (Rodríguez Monegal 1981/1991: 214):

> ¿No ha pensado usted nunca, o no ha soñado con escribir una novela y no un cuento? —No, nunca. —¿Por qué? —Porque no podría hacerlo. Soy un haragán. Una novela necesita muchos ripios, como es natural. Si ya hay demasiados ripios en tres páginas mías, en trescientas no habrá otra cosa que ripios.

En la misma entrevista encontramos otra justificación, su ceguera: «Tengo que hacer trabajos breves: como los borradores tienen que ser mentales...» Sin embargo, parece que es sólo una justificación parcial, puesto que tampoco lo hizo mientras aún conservaba su vista. Asimismo, la identificación que los lectores suelen hacer con los protagonistas de las novelas es otro aspecto que desagradó a Borges, como aclaró en una conversación recogida en *El otro Borges. Entrevistas*:

> Yo he sido un devoto de Baudelaire. Podría citar indefinida y casi infinitamente *Les fleurs du mal*. Y luego me he apartado de él porque he sentido —quizá mi ascendencia protestante tenga algo que ver— que era un escritor que me hacía mal, que era un escritor muy preocupado de su destino personal, de su ventura o desventura personal. Y ésa es la razón de que yo me aparte de la novela. Creo que los lectores de novelas tienden a identificarse con los protagonistas y finalmente se ven a sí mismos como héroes de novela (Mateo 1997: 17).

De entre todas estas afirmaciones es posible destacar una serie de elementos o condiciones del cuento, fundamentales para Poe y Borges que la novela no cumple: la concisión, el rigor, y la necesidad de los elementos: «cada pormenor existe en función del argumento general» (*Textos recobrados 1931-1955*: 207). Los requisitos mencionados se oponen totalmente a la extensión, sobreabundancia y a lo ripioso de la novela. Junto a esto, la perdurabilidad del cuento frente a la novela, la sensación de plenitud que produce en el lector y los intereses diferentes que posee cada género: «En la novela prototípica interesan los caracteres, en el cuento, los hechos» (*Textos recobrados 1931-1955*: 208).

A pesar de este común rechazo de Poe y Borges ante la novela y la consecuente predilección por el poema y el cuento a tenor del postulado poetológico de la brevedad, los escritores disienten ligeramente en el modo de concebir dicho postulado. La cuestión de la brevedad en Poe traspasa —paradójicamente— las fronteras de la pura textualidad y se instala en el ámbito de la recepción, en la lectura del texto que lleva a cabo el lector. Poe considera primordial que el lector pueda realizar dicha lectura de un poema o un cuento breve de una sola vez para que se produzca en él el efecto buscado.

En el caso de Borges, la cuestión de la brevedad atañe más al texto mismo. Borges entiende dicha brevedad como la consecuencia del postulado aristotélico de la necesidad[19]. Decididamente hay en Borges una actitud de evitar cualquier ripio textual. Como consecuencia, Borges experimentará con diferentes técnicas narrativas como el resumen o comentario. Sus cuentos están repletos de resúmenes de obras procedentes del mundo extratextual fáctico o de obras ficticias. La crítica ha querido explicar esta tendencia en Borges a través de su gusto por las enciclopedias, de las que fue un frecuente lector. Sin embargo, lejos de un caprichoso gusto, se trata más bien de un recurso necesario para alcanzar el objetivo de «narrar» lo absolutamente necesario. Así lo explica en el prólogo a *El jardín de senderos que se bifurcan* (1942):

> Desvarío laborioso y empobrecedor el de componer vastos libros; el de explayar en quinientas páginas una idea cuya perfecta exposición oral cabe en pocos minutos. Mejor procedimiento es simular que esos libros ya existen y ofrecer un resumen, un comentario (...) Más razonable, más inepto, más haragán, he preferido la escritura de notas sobre libros imaginarios (*O. C.* I: 429).

---

[19] Como Aristóteles afirma en el capítulo XV de su *Poética*, tanto en los caracteres como en la trama, todo debe ser necesario y verosímil:

Y además, en los caracteres, lo mismo que en la trama de los hechos, hay que buscar siempre lo necesario y verosímil, de modo que sea necesario o verosímil que tal personaje diga o haga tal cosa y que sea necesario o verosímil que tal hecho suceda después de tal otro (*Poética* XV: 72).

Otra técnica discursiva de la que se vale Borges para ser breve es la alusión. Sobre este punto existen algunos trabajos interesantes como el de Ronald J. Christ (1969)[20]. Para Christ, la alusión es una característica de la escritura de Borges. Sus obras están repletas de alusiones a sus propias obras y a otras ajenas en notas, prólogos, epílogos, entendiendo la literatura como sistema. El Aleph funciona de este modo como símbolo de su escritura:

> El Aleph que evocamos es un punto único que contiene todos los otros, por eso la obra literaria que aspira a la condición del Aleph debe ser breve y unificada, pero debe al mismo tiempo anunciar variedad ontológica (Christ 1969: 34)[21].

La técnica de la alusión le permite establecer relaciones sin tener que ser prolijo pero obliga al lector, por otro lado, a ingresar en un sistema de conexiones que dificultan la lectura «aislada»:

> Sus historias son alusiones a otras historias, sus personajes son alusiones a otros personajes y sus vidas son alusiones a otras vidas. En este particular artefacto literario, a la misma vez familiar y simple, encontramos la clave de su obra (Christ 1969: 35)[22].

Esta preferencia por la alusión frente a la representación detallada ya fue manifestada por Borges en el prólogo a su biografía «apócrifa» sobre Evaristo Carriego:

> (...) adivino que mencionar «calle Honduras» y abandonarse a la repercusión casual de ese nombre, es método menos falible —y más descansado— que definirlo con prolijidad (O. C. I: 103).

Asimismo, el imperativo de la brevedad justifica el gusto de Borges por la narración frente a la descripción. Esto fue, precisamente, lo que admiró del *Martín Fierro* de Hernández:

---

[20] Véase asimismo Olea Franco (1993) al respecto.

[21] «The Aleph, we recall, is a single point containing all others; therefore, the literary work which aspires to the condition of the Aleph must itself be brief and unified but must also announce ontological variety» (Christ 1969: 34).

[22] «His stories are allusions to other stories, his characters are allusions to other characters, and their lives are allusions to other lives. In this single literary device, at once familiar and simple, we find a key to his work» (Christ 1969: 35).

¿Qué fin se proponía Hernández? Uno, limitadísimo: la historia del destino de Martín Fierro, referida por éste. No intuimos los hechos, sino al paisano Martín Fierro contándolos. De ahí que la omisión, o atenuación del color local sea típica de Hernández. No especifica día y noche, el pelo de los caballos: afectación que en nuestra literatura de ganaderos tiene correlación con la británica de especificar los aparejos, los derroteros y las maniobras, en su literatura del mar, pampa de los ingleses. No silencia la realidad, pero sólo se refiere a ella en función del carácter del héroe. (...) Así, los muchos bailes que necesariamente figuran en su relato no son nunca descritos (*O. C.* I: 181-182).

Dicho gusto por la narración frente a la descripción lo compartió del mismo modo Poe, quien entiende el cuento como puro acaecimiento. El escritor debe favorecer la narración frente a la descripción exhaustiva, y cada línea debe estar en función de las necesidades del argumento. Se evitarán por tanto todo tipo de ripios, fundamentales en la novela, donde prima lo psicológico, precisamente por la extensión de la misma. Así lo aclara Cortázar en el trabajo que venimos citando:

Comprendió que la eficacia de un cuento depende de *su intensidad como acaecimiento puro*, es decir, que todo comentario al acaecimiento en sí (y que en forma de descripciones preparatorias, diálogos marginales, consideraciones a posteriori alimentan el cuerpo de una novela y de un mal cuento) debe ser radicalmente suprimido. Cada palabra debe confluir, concurrir al acaecimiento, a *la cosa que ocurre*, y esta cosa que ocurre debe ser sólo acaecimiento y no alegoría (como en muchos cuentos de Hawthorne, por ejemplo) o pretexto para generalizaciones psicológicas, éticas o didácticas. Un cuento es una máquina literaria de crear interés (Cortázar 1956/1973: 34-35).

En opinión de Poe, para crear interés es necesario ser original. El concepto poeiano de la originalidad es sin duda uno de los aportes de su poética más interesantes. Como afinadamente observa Julio Cortázar, Poe concibe la originalidad absoluta como *método* «acentuado la originalidad de efecto literario sobre la originalidad puramente temática» (Cortázar 1956/1973: 59). Este hecho se deja ver en otra reseña a *Twice-Told Tale* de Hawthorne, esta vez publicada en *Godey's Lady's Book* en noviembre de 1847:

Por cierto que yo podría coincidir con la vaga opinión de que ser original equivale a ser impopular siempre que mi concepto de la originalidad fuera el que, para mi sorpresa, poseen muchos con derecho a ser considerados críticos. El amor a las meras palabras lo ha llevado a limitar la originalidad literaria a la metafísica. Sólo consideran originales en las letras las combinaciones absolutamente nuevas de pensamiento, de incidentes, etc.» (Traducción de Cortázar 1956/1973: 128)[23.]

Ser original requiere —en opinión de Poe— un arduo proceso de elaboración que nada tiene que ver con conceptos como inspiración, impulso o intuición:

> El hecho reside en que la originalidad (salvo en inteligencias de extraordinario relieve) no es en absoluto una cuestión de impulso o intuición, como suponen algunos. En general, no se la consigue sin buscarla laboriosamente, y aunque constituye uno de los méritos positivos más elevados, exige menos invención que negación (Traducción de Cortázar 1956/1973: 74)[24].

El cuento —como el poema— debe sorprender al lector no tanto por el tema como por un nuevo modo de decir. Así lo explica Poe en el comentario a su famosa composición «The Raven»:

> Ahora bien, tomados separadamente, cada uno de esos versos ya ha sido empleado con anterioridad, y lo que *El Cuervo* tiene de original lo debe a su *combinación en la estrofa*, pues jamás se había intentado nada que se pareciera ni remotamente a esta combinación. Su efecto se ve reforzado por otros efectos insólitos, algunos de ellos por completo novedosos, y que derivan de una explicación más extensa de los principios de la rima y la aliteración (Traducción de Cortázar 1956/1973: 74)[25].

---

[23] «With the vague opinion that to be original is to be unpopular, I could, indeed, agree, were I to adopt an understanding of originality which, to my surprise, I have known adopted by many who have a right to be called critical. They have limited, in a love for mere words, the literary to the metaphysical originality. They regard as original in letters, only such combinations of thought, of incident, and so forth, as are, in fact, absolutely novel» (Poe 1847/1984: 580).

[24] «The fact is, originality (unless in minds of very unusual force) is by no means a matter, as some suppose, of impulse or intuition. In general, to be found, it must be elaborately sought, and although a positive merit of the highest class, demands in its attainment less of invention than negation» (Poe 1846/1984: 20-21).

[25] «Now, each of these lines, taken individually, has been employed before, and what originality the 'Raven' has, is in their *combination into stanza*; nothing even remotely approaching this combination has ever been attempted. The effect of this originality of combination is aided by other unusual, and some altogether novel effects, arising from an extension of the application of the principles of rhyme, and alliteration» (Poe 1846/1984: 21).

El concepto de originalidad borgiano muestra una gran similitud con la propuesta de Poe. Borges descree de la originalidad temática. En su muy citado ensayo «La esfera de Pascal» afirma: «Quizá la historia universal es la historia de unas cuantas metáforas» (*O. C.* II: 14). Este postulado borgiano es llevado a su aplicación más extrema en *Historia universal de la infamia* (1935), en cuyo prólogo de 1935 se reconoce la influencia de Stevenson, Chesterton, algunos filmes de Von Sternberg y «cierta biografía» de Evaristo Carriego. Incluso Borges llega a afirmar que en relación a su sección «Etcétera» no tiene «otro derecho sobre ellos que los de traductor y lector» (*O. C.* I: 89).

En realidad, desde sus primeros trabajos críticos —todavía en la trinchera ultraísta— Borges señala la necesidad ineludible de variar en el modo de decir para conmover al lector. Para Borges es necesario desanquilosar el arte. El concepto del *des-anquilosamiento* borgiano se acerca a los términos de *extrañamiento* y *desautomatización* que paralelamente se desarrollan en el seno del Formalismo ruso[26]. El acercamiento en este punto entre ambas poéticas puede ser explicado por la influencia que el pensamiento de Poe ejerció en el de Borges y al mismo tiempo en el de algunos formalistas como es el caso más que explícito de Boris Eichenbaum (*Cfr.* Eichenbaum 1925)[27].

---

[26] *Cfr.* Fine (2000).

[27] Otra nueva coincidencia entre la poética narrativa de Borges y la poética formalista se deja ver en la concepción de la literatura como «sistema». J. Tinianov introduce en la crítica rusa una concepción sistemática de la obra literaria que puede ser aclarada en sus artículos «La noción de construcción» de 1923 y «Sobre la evolución literaria» de 1927. En ellos aparecen los conceptos de *sistema* y *construcción* que la Escuela de Praga traducirá como *estructura*. Según Tinianov, la concepción de las obras literarias, así como de la literatura misma como *sistema*, es condición indispensable, para la construcción de una ciencia literaria. La obra literaria se constituye de una serie de elementos que se encuentran en «correlación mutua y en interacción». La posibilidad de un elemento del sistema de entrar en correlación con otros elementos del mismo, es denominada por Tinianov «función constructiva». A su vez, un elemento puede entrar en relación simultáneamente con otros elementos de otras obras-sistemas, lo que es denominado por el crítico como «función autónoma» o con otros elementos del mismo sistema: «función sinónima».

Como resultado, la poética formalista, que analiza el texto literario como *sistema* inserto en otro *sistema* superior, se opone a una poética mimética que hace depender la literatura de la realidad fáctica o fenoménica. La ciencia del texto formalista no se quiere detener en la representación de la realidad en la obra literaria, sino en el *artificio* que hace que nos fijemos en el mensaje mismo y no en lo que transmite. Podemos así hablar de la evolución, a partir de la escuela rusa, de una *poética mimética* a una *poética del artificio*.

No es casual que el primer número de la segunda época de *Proa* incluyera una traducción de Borges del texto de Herwarth Walden «Cubismo, Expresionismo, Futurismo» (*Textos recobrados 1919-1929*:

Desde esta perspectiva, podemos completar el valioso comentario de Rodríguez Monegal, quien acertadamente advierte:

> Un instinto muy certero de las reglas de la producción poética y el conocimiento de las poéticas clásicas y del neoclasicismo francés, lo acercan [a Borges] a una escuela con la que no tiene otros puntos de contacto, el formalismo ruso. Por su cuenta, y sin haber leído nunca a Jakobson o a Eichenbaum, a Chklovsky o a Tinianov, Borges habrá de elaborar una poética más cercana de la de esos formalistas que de la practicada en el mundo hispánico de su tiempo. De ahí que, cuando en Francia descubran tardíamente el formalismo, también descubran las sorprendentes similitudes que la crítica de Borges tiene con aquella fecunda escuela (Rodríguez Monegal 1981/1991: 53).

Si bien un estudio comparativo minucioso de sendas poéticas excede el objetivo de este trabajo, hemos de corroborar, sin embargo, que la advertencia de Rodríguez Monegal es del todo fundada. En relación a la teoría de la desautomatización formalista y del desanquilosamiento borgiana, en ambos casos se persigue el «extrañamiento» del lector —terminología formalista— para prever la «automatización» del mismo. La tarea fundamental del escritor consistirá tanto para los formalistas como para Borges —así como para Poe—, en dificultar

---

193-195). Dicho artículo coincide casi textualmente con la propuesta de Tinianov y su concepto de la obra artística como *sistema*, aunque en este caso en lo referido al arte plástico:

> Los expresionistas renuncian al remedo de impresiones del mundo aparencial. Después de tantos siglos, vuelven a descubrir la esencia del arte. El cuadro es un organismo, cuyas partes están compuestas de diversas formas cromáticas. Sólo rigen la composición las relaciones artísticamente lógicas de estas formas cromáticas. El cuadro se compone regladamente. Esas reglas de arte no están dictadas por el artista o por el teórico, sino por la superficie. Cada movimiento debe ser esforzado mediante otro movimiento en dirección inversa. Estas correlaciones rítmicas son la vida del cuadro. El cuadro es un organismo limitado por el espacio. Un organismo está compuesto sólo de partes orgánicas. (...) La importancia de una obra artística no estriba en que ésta sea interpretable. Tampoco, en que deje de serlo. La interpretación es un hecho ajeno. No atañe a la obra artística, que es un organismo autónomo en sí. La expresión del arte es un efecto. El efecto se opera por una percepción sensoria. Su interpretación subjetiva denomínase alma (*Textos recobrados 1919-1929*: 193-194).

Como Tinianov en la crítica, Borges aboga en la práctica literaria por el concepto de *intertextualidad* y la *alusión* como fenómenos inevitables en la literatura por tratarse ésta de un sistema cuyos elementos, las obras literarias, establecen relaciones constantes entre ellas. Ambas propuestas pueden entenderse, por otro lado, como la prehistoria del concepto de *intertextualidad* concreto desarrollado primeramente por J. Kristeva (1969).

los procedimientos formales de la obra artística, con el fin de sorprender al lector, extrañarle.

La tarea de sorprender constantemente al lector contemporáneo fue, según Borges, una tarea difícil, pues éste conoce a la perfección los diferentes artificios literarios y por tanto es un tipo de lector «cuya atención conviene retener, cuyas previsiones hay que frustrar, delicadamente, cuyas reacciones hay que gobernar y que presentir, cuya amistad es necesaria, cuya complicidad es preciosa» (*Borges en Sur 1931-1980*: 272).

Borges, en su etapa ultraísta, insistió en varias ocasiones en la necesidad de desanquilosar el arte. Así, en una proclama publicada en el primer número de *Prisma* en 1921 y más tarde en *Ultra* en 1922 afirma:

> Nosotros los ultraístas en esta época de mercachifles que exhiben corazones disecados i plasman el rostro en carnavales de muecas— queremos desanquilosar el arte. Lícito i envidiable como cualquier otro placer es el que motivan las palabras eficazmente trabadas, mas hai que convenir en lo absurdo de honrar los que le venden, traficando con flacas ñoñerías i trampas antiquísimas. Nuestro arte quiere superar esas martingalas de siempre i descubrir facetas insospechadas al mundo (*Textos recobrados 1919-1929*: 123).

La urgencia de renovación de los métodos del lirismo contemporáneo fue objeto de reflexión en su artículo titulado «Ultraísmo», publicado en Buenos Aires por *El Diario Español* en octubre de 1921. Allí Borges critica al rubenianismo el ser un arte estancado en «una especie de juego de palabras que baraja las sempiternas naderías ornamentales del cisne, la fronda, la lira y los pajes (...)» Del mismo modo critica a los novecentistas y sencillistas, cuya música del verso es el «beleño que amodorra al lector y, en su vaivén de hamaca, le venda los ojos ante el absoluto nihilismo, ante la vaciedad plenaria de las zarandajas con que engaritan su intelecto». Frente a ellos se impone el Ultraísmo cuyos versos desbordan «emoción viviente» debido a que es un arte que quiere ver con ojos nuevos (*Textos recobrados 1919-1929*: 108-111). Dos meses más tarde aparecerá otro artículo bajo el mismo título en la revista *Nosotros* que insistirá nuevamente en dicho anquilosamiento:

> La belleza rubeniana es ya una cosa madurada y colmada, semejante a la belleza de un lienzo antiguo, cumplida y eficaz en la limitación de sus métodos y en nuestra aquiescencia al dejarnos herir por sus previstos recursos; pero por eso mismo, es una cosa acabada, concluida, anonadada. Ya sabemos que manejando palabras crepuscu-

lares, apuntaciones de colores y evocaciones versallescas o helénicas se logran determinados efectos, y es porfía desatinada e inútil seguir haciendo eternamente la prueba (*Textos recobrados 1919-1929*: 126).

Los procedimientos que este movimiento vanguardista propone para desanquilosar el arte no recaen en cuestiones temáticas, sino en procedimientos constructivos, en el artificio y, en concreto, en la metáfora. Un ejemplo claro de esta propuesta se presenta en el mismo artículo citado anteriormente:

> Esquematizada, la presente actitud del Ultraísmo es resumible en los principios que siguen: 1. Reducción de la lírica a su elemento primordial: la metáfora. 2. Tachadura de las frases medianeras, los nexos, y los adjetivos inútiles. 3. Abolición de los trebejos ornamentales, el confesionalismo, la circunstanciación, las prédicas y la nebulosidad rebuscada. 4. Síntesis de dos o más imágenes en una, que ensancha de ese modo su facultad de sugerencia (*Textos recobrados 1919-1929*: 128).

Del mismo modo, una vez abandonada la estética ultraísta e interesado por la narrativa, a partir de los años treinta, Borges reflexionó sobre los diferentes procedimientos narrativos capaces de extrañar al lector y desautomatizar así su lectura. Consideraba al lector contemporáneo como crítico conocedor de los artificios a la perfección y por ello elaboró una serie de «astucias» para frustrar sus expectativas:

> Ya que el lector de nuestro tiempo es también un crítico, un hombre que conoce, y prevé, los artificios literarios, el cuento deberá constar de dos argumentos; uno, falso, que vagamente se indica, y otro, el auténtico, que se mantendrá secreto hasta el fin (*O. C.* IV: 155).

Como último aspecto común entre las poéticas de Poe y Borges del que nos ocuparemos en lo que a esta concepción inmanentista de la obra de arte se refiere, cabe destacar el postulado de la autonomía del arte: el antididactismo.

El rechazo de Poe ante la didáctica en literatura es categórico. Quizá el escrito más revelador al respecto lo constituya una de sus reseñas a *Ballads and other Poems* de Longfellow publicada en marzo de 1842 en *Graham's Magazine*. Duramente, Poe aclara que en la tendencia a lo didáctico radica el fracaso de la obra de Longfellow. Algunos aciertos indudables, se deben, según Poe, a un hecho accidental:

Por mucho que admiremos el talento de Mr. Longfellow, vemos con toda claridad sus múltiples errores nacidos de la afectación y la imitación. Su habilidad artística es grande, y alto su idealismo. Pero su concepción de las *finalidades* de la poesía es *por completo errónea*, como lo probaremos alguna vez, por lo menos a nuestra satisfacción. Su didáctica está por completo *fuera de lugar*. Ha escrito brillantes poemas... por accidente; vale decir, toda vez que permitió que su genio sobrepasa [*sic*] sus hábitos convencionales de pensar, hábitos derivados de sus estudios germánicos. No pretendemos sostener que un sentido moral y didáctico no pueda ser empleado como *corriente subterránea* de una tesis poética; pero sí que no es posible colocarlo tan importunamente a la vista, como en la mayoría de sus composiciones...» (Traducción de Cortázar 1956/1973: 113)[28].

---

[28] «Much as we admire the genius of Mr. Longfellow, we are fully sensible of his many errors of affectation and imitation. His artistical skill is great, and his ideality high. But his conception of the *aims* of poesy *is all wrong*; and this we shall prove at some future day — to our own satisfaction, at least. His didactics are all *out of place*. He has written brilliant poems — by accident; that is to say when permitting his genius to get the better of his conventional habit of thinking — a habit deduced from German study. We do not mean to say that a didactic moral may not be well made the *under-current* of a poetical thesis; but that it can never be well put so obtrusively forth, as in the majority of his compositions» (Poe 1842/1984: 682-683).

Un mes más tarde, en abril de 1842, en otra reseña a *Ballads and Other Poems* publicada igualmente en *Graham's Magazine*, Poe vuelve a insistir en este hecho:

Hemos dicho que la concepción de Mr. Longfellow acerca de las *finalidades* de la poesía es errónea, y que así, al obrar con desventaja, daña gravemente su altísimo talento. Cabe preguntar ahora: ¿Cuáles son sus ideas sobre las finalidades de la musa, según se deducen de la tendencia general de sus poemas? Inmediatamente se advertirá que, imbuido del espíritu propio de la lírica alemana (y de la manera más convencional), considera esencial inculcar alguna *consecuencia moral*. Repetimos que esto se refiere tan sólo a la tendencia *general* de sus composiciones, pues hay en su obra algunas magníficas excepciones, toda vez que, accidentalmente, ha permitido que su genio superara sus prejuicios convencionales. El didactismo, empero, es el *tono* dominante de su poesía. Su invención, sus imágenes, todos sus recursos están sometidos a la elucidación de algún punto o puntos (pero por lo general uno solo) que el poeta considera una *verdad* (Traducción de Cortázar 1956/1973: 113-114). («We have said that Mr. Longfellow's conception of the *aims* of poesy is erroneous; and that thus, laboring at a disadvantage, he does violent wrong to his own high powers; and now the question is, what *are* his ideas of the aims of the Muse, as we gather these ideas from the *general* tendency of his poems? It will be at once evident that, imbued with the peculiar spirit of German song (a pure conventionality), he regards the inculcation of a *moral* as essential. Here we find it necessary to repeat that we have reference only to the *general* tendency of his compositions; for there are some magnificent exceptions, where, as if by accident, he has permitted his genius to get the better of his conventional prejudice. But didacticism is the prevalent *tone* of

Poe insiste constantemente en que la finalidad de la poesía es la contemplación de la belleza, finalidad ajena a todo conocimiento de la verdad. Esta aserción coincide nuevamente con lo que ya había señalado el pensamiento idealista en relación a la obra artística en general. Es decir, que el arte es extraño a todo fin moral, la belleza de un objeto artístico se halla en sí mismo, sin prestar servicio a ninguna otra causa, desatendiendo así el lastre ético y metafísico que lo determinaba desde Platón y Aristóteles.

La «herejía de lo didáctico» como Poe lo denomina en *The Poetic Principle*, debe mucho —en su opinión— al panorama literario norteamericano y, en concreto, bostoniano, ante el cual quiere tomar distancia con su crítica[29]:

> Aludo a la herejía de lo *Didáctico*. Se ha supuesto, tácita y confesadamente, en forma directa e indirecta, que la finalidad de toda Poesía es la Verdad. Cada poema, se afirma, debería inculcar una moraleja, y el mérito poético de la obra habrá de juzgarse conforme a aquélla. Nosotros, los norteamericanos, hemos patrocinado tan feliz idea, y los bostonianos, muy en especial, la hemos llevado a su completo desarrollo. Nos hemos metido en la cabeza que escribir un poema simplemente por el poema mismo, y reconocer que ésa era nuestra intención, significa confesar una falta total de dignidad poética y de fuerza (Traducción de Cortázar 1956/1973: 86-87)[30].

En el caso del cuento, Poe es menos explícito al respecto. Sin embargo, una nota de Julio Cortázar a su trabajo dedicado a Poe «El poeta, el narrador y el crítico» aclara este hecho:

---

his song. His invention, his imagery, his all, is made subservient to the elucidation of some one or more points (but rarely of more than one) which he looks upon as *truth*» (Poe 1842/1984: 683-684).

[29] Al respecto señala Wellek (1972/1991: 212-213):

Poe reafirma la autonomía de la creación artística y tan resueltamente que se acerca muchísimo a la doctrina del arte por el arte. De hecho tuvo que enfrentarse con el sofocante didactismo de su tiempo y de país. Él inventó la célebre expresión de «la herejía de la didáctica» y creyó lo más natural del mundo escribir «un poema por puro amor al poema».

[30] «I allude to the heresy of *The Didactic*. It has been assumed, tacitly and avowedly, directly and indirectly, that the ultimate object of all Poetry is Truth. Every poem, it is said, should inculcate a moral; and by this moral is the poetical merit of the work to be adjudged. We Americans, especially, have patronised this happy idea; and we Bostonians, very especially, have developed it in full. We have taken it into our heads that to write a poem simply for the poem´s sake, and to acknowledge such to have been our design, would be to confess ourselves radically wanting in the true Poetic dignity and force (...)» (Poe 1850/1984: 75).

Las tres acepciones de la palabra *cuento*, según Julio Casares, son: «Relación de un suceso. / Narración, de palabra o por escrito, de un suceso falso. / Fábula que se cuenta a los muchachos para divertirlos.» Poe engloba los tres sentidos en su creación: El suceso a relatar es lo que importa; el suceso es falso; el relato tiene sólo una finalidad hedónica (1956/1973: 35).

Borges compartió —una vez más— esta idea de Poe, rechaza cualquier dependencia del arte de la moral o de la política y aboga por una arte autónomo. Como crítico fue consecuente con este principio. Esto se deja ver claramente en su reseña a *El buque* de Francisco Luis Bernández publicada en la revista *Obra* en 1936[31]:

> El defecto del «Buque» —¿y qué poema de ochocientos versos no adolece de alguno?— es la naturaleza didáctica, para no decir escolar, de la revelación que le es deparada al autor. Hay estrofas que son nociones elementales de teología, versificadas (*Textos recobrados 1931-1955*: 135).

En el ámbito de la práctica cuentística Borges llevará hasta las últimas consecuencias este postulado. Desde *Historia universal de la infamia* hasta los últimos cuentos de los años setenta se multiplican los ejemplos antimoralizantes, antididácticos encarnados a veces por personajes de moral cuestionable (véase al respecto nuestra «Segunda parte»).

En función de lo expuesto, se hace evidente la gran deuda que la temprana poética narrativa de Borges contrajo con la poética tendencialmente inmanentista de Edgar Allan Poe. Sin embargo, existen diversos comentarios del autor que contradicen esta concepción inmanentista de la literatura. Así, por ejemplo, en 1931, en su ensayo «La supersticiosa ética del lector», Borges lamenta que los lectores supersticiosos:

> entiend[a]n por estilo no la eficacia o la ineficacia de una página, sino las habilidades aparentes del escritor: sus comparaciones, su acústica, los episodios de su puntuación y de su sintaxis. Son indiferentes a la propia convicción o propia emoción: buscan tecniquerías (la palabra es de Miguel de Unamuno) que les informarán si lo escrito tiene el derecho o no de agradarles (*O.C.* I: 202).

---

[31] *Obra, Revista Mensual Ilustrada*, Buenos Aires, año I, Nº 2, enero 1936.

Incluso más adelante afirma categóricamente: «la pasión del tema tratado manda en el escritor, y eso es todo» (*O.C.* I: 204). ¿Cómo entender entonces esta contradicción? No debemos olvidar que Borges fue acusado frecuentemente por la crítica de ser, precisamente, un autor que confería demasiada importancia a la técnica[32]: «demasiado artificial, demasiado literario, demasiado interesado por la forma, alejado de la vida, puramente verbal, sin sustancia» (Piglia 2001: 160).

Para resolver este conflicto se ha de ver en la actitud crítica de Borges —según Piglia—, una posición de contraataque. Defendiendo lo que él no hace, consigue neutralizar a los críticos. Se trata, por tanto, de una crítica estratégica, es decir, Borges, en ocasiones, construye un espacio como crítico que da las bases para el desciframiento de su obra con la esperanza de salvarla de las acusaciones mencionadas, que sin duda le perjudicaron[33]. Así, observa Piglia:

> La literatura no es pura «tecniquería», dice, porque por supuesto Borges era demasiado inteligente como para no prever la réplica, pero de todas maneras veamos cómo están construidos los textos (Piglia 1997: 26).

Contradicción estratégica o pura contradicción, de lo que no cabe ninguna duda es que Borges consideró de gran valor la poética de Edgar Allan Poe. En sus propias palabras: «Juzgo (...) la validez del método analítico ejercido por Poe» (*Textos recobrados 1931-1955*: 123). No obstante, para ser justos hay que

---

[32] Como prueba Olea Franco (1993), a Borges le criticaron numerosas ocasiones al respecto. Cuando Enrique Anderson Imbert fue encuestado por la revista *Megáfono* en 1933 sobre Borges, afirmó que «a los libros de Borges les faltaba vida porque estaban muertos aun antes de nacer». Esta crítica fue una constante en la carrera del escritor, pues, como recoge igualmente Olea Franco (1993: 275), en los años cincuenta un grupo de escritores miembros de la «*nueva generación*», calificaron la literatura borgiana en términos tales como «deshumanizada, bizantina, intelectual y fría». Un ejemplo posterior aparece en la *Historia de la literatura argentina* de Arrieta en cuyo tercer tomo, dedicado al ensayo argentino, se define a Borges como «escritor terriblemente cerebral» (Arrieta 1959, t. IV: 496).

[33] Borges insiste en este hecho en una carta a Sureda en abril de 1925, citada por Irma Zangara en el epílogo «Primera década del Borges escritor» que preparó e incluyó en *Textos recobrados 1919-1929*:

> Ando buscando la manera de salir de esta media-nombradía en que estoy metido, de esta media-fama de literato a quien los otros literatos lo leen, pero que no llega hasta el público. Estoy volviendo a una llaneza criolla en el decir y a un vocabulario austero, sin lujos [...] (*Textos recobrados 1919-1929*: 424).

aclarar que esta afirmación es a continuación matizada: «Sin embargo, que no se alarmen con exceso los nebulosos *amateurs* del misterio: el problema central de la creación está por resolver». Es decir, una propuesta inmanentista no resuelve el problema central de toda creación. En ella tienen lugar otros procesos a los que Borges irá aludiendo y a los que nos dedicaremos en las páginas que siguen a continuación, esto es: *el problema de la recepción.*

3.
Del inmanentismo al recepcionismo:
la focalización del lector en la poética borgiana
a partir de los años cuarenta

> La doctrina romántica de una Musa que inspira a los poetas fue la que profesaron los clásicos; la doctrina clásica del poema como una operación de la inteligencia fue enunciada por un romántico, Poe, hacia 1846. El hecho es paradójico. Fuera de unos casos aislados de inspiración onírica (...) es evidente que ambas doctrinas tienen su parte de verdad, salvo que corresponden a distintas etapas del proceso (Borges *O.C.* III: 77).

La poética narrativa de Jorge Luis Borges fuera de todo carácter estático fue evolucionando a lo largo de su carrera de escritor. Si hasta finales de los años treinta la crítica borgiana se interesa fundamentalmente por el análisis de los procesos constructivos de la obra de arte, a partir de este momento, y coincidiendo con el comienzo de su producción narrativa, se produce un *cambio de paradigma* en el seno mismo de esta actividad crítica, un cambio de paradigma que sustituye —siguiendo la terminología de R. Holub— «la hora del texto» por la «hora del lector» (Holub 1984: 3).

En este sentido Borges anticipa de algún modo el camino que habría de recorrer la crítica literaria desde una ciencia interesada por el procedimiento artístico-verbal del mensaje, de tradición formalista y estructuralista, hacia una ciencia interesada por el *hecho literario* entendido como *hecho comunicativo* en el que el lector acaba desarrollando un papel fundamental[1]. Y es que realmente esta evolución en la poética borgiana que hemos querido denominar «del inmanentismo al recepcionismo» tiene como resultado principal, si bien no único, *la focalización del lector* en el proceso de elaboración del *hecho estético*.

Sin embargo, este cambio de perspectiva en Borges de los problemas de la composición a la focalización del lector no es tan abrupto como pudiera parecer.

---

[1] *Cfr*. Blüher (1986).

El interés del maestro Poe por los mecanismos de la composición artística ya contó con una clara orientación hacia el efecto de la obra en el receptor, en detrimento de la focalización del autor/productor practicada por el planteamiento del «psicologismo» decimonónico. Como veremos, de Poe a la estética de la recepción el paso es breve. Es necesario advertir, además, que esta evolución no fue progresiva, sino que durante algunos años Borges crítico se contradice a sí mismo, hasta adoptar finalmente una actitud coherente en relación a sus postulados recepcionistas de su poética.

De hecho, si en «La supersticiosa ética del lector», de 1931, Borges ya critica a aquellos «que entienden por estilo no la eficacia de una página sino las habilidades aparentes de su escritor», paradójicamente, en 1941 en el prólogo a la *Antología poética argentina* realizada en colaboración con Silvina Ocampo y Adolfo Bioy Casares, Borges afirma que «[m]ás importante que los temas de los poetas y que sus opiniones y convicciones es la estructura del poema: *sus efectos prosódicos y sintácticos*[2] (Borges 1941: 9-10). Declaración ésta posterior a la elaboración de un cuento como «Pierre Menard, autor del *Quijote*» publicado en la revista *Sur* en 1939, donde se define la creación como un proceso intersticial entre *poiesis* y *hermeneusis*, enfocando al lector en la propia creación del hecho literario.

Como vemos, hasta 1941 Borges sigue situado en el *umbral* del cambio de paradigma al que nos referimos anteriormente. A veces interesado como crítico en el procedimiento artístico-verbal del mensaje mismo, frente a la intervención de la emisión o recepción en la actividad estética, otras veces señalando la insuficiencia de este análisis. Tan sólo una década más tarde Borges crítico cruza el umbral hacia posturas recepcionistas y sustituye la «hora del texto» por la «hora del lector» como podemos apreciar en «Nota sobre (hacia) Bernard Shaw», incluido en *Otras inquisiciones*:

> (...) un libro es más que una estructura verbal, o que una serie de estructuras verbales; es el diálogo que entabla con su lector y la entonación que impone a su voz y las cambiantes y durables imágenes que deja en su memoria (...) La literatura no es agotable, por la suficiente y simple razón de que un solo libro no lo es. El libro no es un ente incomunicado: es una relación, es un eje de innumerables relaciones. Una literatura difiere de otra, ulterior o anterior, menos por el texto que por la manera de ser leída: si me fuera otorgado leer cualquier página actual —ésta, por ejemplo— como la leerán el año 2000, yo sabría cómo será la literatura del año 2000 (*O.C.* II: 125).

---

[2] Cursiva nuestra.

Es decir, el juicio crítico capaz de definir una obra literaria no depende a partir de este momento de «tales o cuales méritos» formales, sino de la lectura que el lector hace de él. Ante tal afirmación cabe preguntarse ¿cómo se produce el cambio de paradigma en la crítica borgiana?, ¿cuáles son los motivos responsables de este cambio? Estas son las preguntas que intentaremos esclarecer en las páginas que siguen.

3.1. El fracaso del legado vanguardista en la práctica y crítica literarias

El legado inmanentista que la influencia de Poe, así como la vanguardia, dejó en la poética borgiana fue perdiendo fuerza en la reflexión poetológica de Borges crítico a partir de los años cuarenta. Esta misma situación la encontramos en el ámbito de la crítica literaria que se desarrollaba paralelamente. Si en las primeras décadas del siglo XX se configura en la crítica literaria una concepción inmanentista de la obra de arte —recordemos las investigaciones formalistas que desarrollaron el Círculo Lingüístico de Moscú entre los que se encontraban R. Jakobson o B. Tomachevski, o la Sociedad para el Estudios de la Lengua Poética (Opojaz), como antecedentes del Estructuralismo de la Escuela de Praga—; a partir de los años treinta, y en el seno mismo del Estructuralismo, comienza a redefinirse la literatura hasta ser considerada como *hecho semiótico*. Como veremos, esta aportación del estructuralista J. Mukařovsky presentada en su trabajo de 1934 «El arte como hecho semiológico»[3] es de capital importancia, ya que define la obra literaria como «un signo, una estructura y un valor» (1934/1977: 35):

> (...) el estudio objetivo del fenómeno artístico tiene que juzgar la obra de arte como un signo que está constituido por el símbolo sensorial, creado por el artista, por «la significación» (= objeto estético) que se encuentra en la consciencia colectiva, y por la relación respecto a la cosa designada, relación que se refiere al contexto general de fenómenos sociales. El segundo de estos componentes contiene la propia estructura de la obra (Mukařovsky 1934/1977: 37).

Es decir, «[la] obra literaria tiene la naturaleza de un *signo*, que está construida de *forma estructural* y que tiene un valor que, como tal, puede ser determinado y sopesado» a partir del proceso de la recepción (Acosta Gómez 1989: 103).

---

[3] Trabajaremos con la versión castellana recogida en G. Gili (ed.) (1977): *Escritos de estética y semiótica del arte*. Barcelona: Gustavo Gili, D. L.

El gran paso llevado a cabo por J. Mukařovsky contaba con precedentes importantes, vale decir, las aportaciones del lingüista F. de Saussure y del filósofo C. S. Peirce considerados como cofundadores de la semiótica[4] —entendida ésta como la ciencia autónoma de los signos— y de la *pragmática* en cuanto a la consideración de la *teoría de los signos* de Peirce también como una *teoría de la comunicación* (Santaella 2001).

Si desde ambas aportaciones se concibe la obra literaria como un conjunto de signos, sin embargo, la aportación de F. de Saussure sigue inmersa en un contexto inmanentista al descomponer el *signo* en *significante* y *significado* y por tanto ignorando la producción y recepción del mismo.

Es de mayor interés para nuestro estudio sobre la poética borgiana la *teoría del signo* propuesta por C. S. Peirce, pues es a partir de este momento cuando se produce el cambio de paradigma de una ciencia literaria interesada por el procedimiento artístico-verbal del mensaje exclusivamente (incluso aunque se entienda como *signo* en el caso de F. de Saussure) hacia una ciencia literaria interesada por la obra literaria como sistema comunicativo entre el *emisor*, el *receptor* a través de un *mensaje* elaborado mediante un *código* conocido previamente a la producción.

Borges desarrolló de igual modo una concepción semiótica de la literatura. Entiende el lenguaje como un sistema de signos que contiene en sí mismo todo un pasado compartido sin el cual sería imposible la comunicación[5], y la literatura como una derivación del lenguaje.

El paralelo entre la crítica borgiana y el desarrollo de la semiótica es evidente, pero ¿conoció Borges los avances que la teoría de la literatura conseguía en el momento que él desarrolló su propia tesis semiótica? Es imposible responder a esta pregunta porque para ello deberíamos contar con una lista cronológica de las lecturas realizadas por nuestro escritor, hecho lamentablemente imposible[6].

---

[4] Hemos optado por el término semiótica frente al de semiología siguiendo la tendencia actual en los estudios críticos. No ha de olvidarse, sin embargo, que ambos términos nacieron en contextos muy diferentes: filosófico y anglosajón el primero y lingüístico y europeo continental el segundo. Ambos críticos se desconocieron y sus teorías dieron lugar a estudios muy diferentes que sólo hoy tienden a unirse (Asensi Pérez 2003: 602-604).

[5] El narrador de «El Aleph», incluido en *El Aleph* (1949), afirma: «todo lenguaje es un alfabeto de símbolos cuyo ejercicio presupone un pasado que los interlocutores comparten» (*O.C.* I: 624). Por su parte, el narrador de «El Congreso», incluido en *El libro de arena* (1975) añade: «Las palabras son símbolos que postulan una memoria compartida» (*O.C.* III: 31).

[6] Cabe mencionar brevemente que Argentina ha ocupado un lugar privilegiado en la recepción de C. S. Peirce en el mundo hispánico. Fue en este país donde en los años setenta se publicaron las

Los nombres de Saussure o de Peirce no aparecen en su obra y sin embargo sus propuestas establecen claras semejanzas.

La más temprana reflexión de Borges sobre el papel del receptor/lector en el hecho literario es de 1938 en una reseña a *Introduction à la Poétique* de Paul Valéry. En esta reseña Borges atiende la concepción recepcionista del hecho literario que Valéry aquí presenta: «las obras del espíritu sólo existen en acto, y que ese acto presupone evidentemente un lector o un espectador» (*O.C.* IV: 368). Borges advierte que la poética de Valéry es una poética de transición entre la visión inmanentista y recepcionista del arte, como ocurrió antes con Edgar Allan Poe[7] y después con el propio Borges[8]. De hecho, Borges presenta en su reseña las dos convicciones tan opuestas y contradictorias que conviven en la poética valeriana: «La literatura es y no puede ser otra cosa que una especie de extensión y de aplicación de ciertas propiedades del lenguaje». Para Borges la contradicción es evidente:

> Una parece reducir la literatura a las combinaciones que permite un vocabulario determinado; la otra declara que el efecto de esas combinaciones varía según cada nuevo lector. La primera establece un número elevado pero finito de obras posibles; la segunda, un número de obras indeterminado, creciente. La segunda admite que el tiempo y sus incomprensiones y distracciones colaboran con el poeta muerto (*O. C.* IV: 368).

El esclarecedor estudio de K. A. Blüher (1986) señala a Valéry y a Borges como los autores que en el ámbito de la *crítica practicante* anticiparon «de modo sorprendente posiciones claves de las teorías semiótico-estructuralistas contemporáneas» (1986: 447). La influencia de Valéry en Borges es evidente si atendemos a las frecuentes referencias al autor francés en el corpus crítico borgiano a finales de los años treinta[9]. Pero si, coincidiendo con Blüher, los principios de la

---

primeras traducciones al castellano. Desde este momento se inició una «conexión efectiva de Peirce con la filosofía desarrollada en y desde Argentina a lo largo del siglo XX, hoy todavía sin investigar» (*cfr.* Nubiola 2003).

[7] Recuérdese lo se dijo sobre el concepto del *efecto* en Poe, para lo cual es necesario una lectura sin interrupciones por parte del lector de un poema o cuento determinado (ver *supra*).

[8] Cabe señalar un paralelo entre las tres poéticas explícitas mencionadas. La poética de Poe, Valéry y Borges comparten un momento de evolución centrado en una crítica inmanentista del arte que poco a poco va tendiendo a la incorporación de la recepción en la explicación del *hecho estético*.

[9] *Cfr.* Prólogo a Paul Valéry (1932): *El cementerio marino.* Buenos Aires: Les Editions Schillinger. [Fechado el 23 noviembre 1931. Recogido en *Prólogos.* Buenos Aires: Torres Agüero, 1975].

crítica literaria de Borges pueden ser explicados sin recurrir a la tesis de una influencia de Valéry, las más que evidentes concomitancias entre ambas poéticas
—a las que nos referiremos a continuación— fruto de las lecturas que Borges
hizo de la obra crítica de Valéry así como de sus conversaciones con Ricardo
Güiraldes cuando editaban conjuntamente la revista *Proa*, servirán de ayuda
para la comprensión de este cambio de paradigma que se produjo en la reflexión
poetológica de nuestro autor.

3.2. BORGES Y VALÉRY: LA OBRA LITERARIA COMO HECHO SEMIOLÓGICO

Según Blüher (1986) la primera coincidencia entre ambas reflexiones poetológicas radica justamente en la concepción misma de *estética*. En ambos casos
encontramos una «negación a admitir una teorización sistemática y totalizante
de los fenómenos estéticos» (1986:450). Ambos consideran como válida la estética de base práctica, oponiéndose a la abstracción de la crítica tradicional. Es
significativo a este respecto el texto crítico «Elementos de preceptiva»:

> Una la validez de la disciplina retórica, siempre que la practiquen sin vaguedad; otra,
> la imposibilidad final de una estética. Si no hay palabra en vano, si una milonga de
> almacén es un orbe de atracciones y repulsiones ¿cómo dilucidar ese *tide of pomp,*
> *that beats upon the high shore of this world*: las 1056 páginas en cuarto menor atribui-
> das a Shakespeare? ¿Cómo juzgar en serio a quienes las juzgan en masa, sin otro mé-
> todo que una maravillosa emisión de aterrorizados elogios, y sin examinar una línea?
> (*Borges en Sur 1931-1980*:124).

A nivel más particular, las semejanzas entre las reflexiones poetológicas de
ambos autores se pueden resumir teniendo en cuenta, como ya hemos señalado
en el caso de Borges, la *concepción semiótica* de la obra literaria.

Según Blüher, la concepción semiótica de la estética literaria de Valéry establece lazos comunes con la semiótica de Peirce. En ambos casos, Valéry y Peirce,

---

«Paul Valéry». En *El Hogar*. Buenos Aires, 22 enero, 1937. [Recogido en *Textos cautivos*. Buenos
Aires: Tusquets, 1986. «Un libro sobre Paul Valéry». En *El Hogar*. Buenos Aires, 9 julio. 1937. [Re-
cogido en *Textos cautivos*. Buenos Aires: Tusquets, 1986.] «Introduction à la Poétique, de Paul Valéry». En *El Hogar*, Buenos Aires, 10 junio, 1938. [Recogido en *Textos cautivos*. Buenos Aires: Tusquets, 1986.] «Valéry como símbolo». En *Sur*, nº 132, Buenos Aires, octubre, 1945, pp. 30-32.
[Recogido en *Otras inquisiciones*. Buenos Aires: Sur, 1952.]

encontramos una *teoría de los signos* que «está concebida como una semiótica de la comunicación, que tiene en cuenta explícitamente los factores que intervienen en la transmisión de los signos y que se inserta en una teoría del acto y del comportamiento humano» (Blüher 1986: 453).

Frente a la teoría de los signos de F. de Saussure que distingue entre *significante* y *significado*, la teoría de Valéry, como la de Peirce, es triádica. En los diferentes modos semióticos de comunicación que presenta en sus *Cahiers*[10], Valéry distingue siempre entre tres elementos *émetteur-signe-récepteur* (1986: 454). Pero, «el acento de su estética comunicativa está puesto sobre las relaciones entre signos y recipiente (oyentes y lectores), es decir, sobre los problemas de la recepción literaria» (1986: 454).

Llegamos así a otro punto de contacto entre ambos autores, ya que si bien Borges, como Valéry —y éste como Peirce— considera la obra literaria como un modo de comunicación donde confluyen tres elementos: *escritor-texto-lector*, la comunicación que tiene lugar en el *hecho estético* se centra para Borges, fundamentalmente, en los dos últimos elementos al considerar al primero como mero «escribiente que no hace más que reescribir en nuevas combinaciones lo que preexiste en las tradiciones de lo escrito (...)» (1986: 455).

La concepción borgiana del escritor como mero *escribiente* tiene como base la distinción que Borges quiere ver entre el hombre y el sujeto creador. Borges aboga por el carácter impersonal del acto de escritura desde el comienzo de su crítica. Así, en su ensayo incluido en *Inquisiciones* «La nadería de la personalidad», se propone demostrar, no sin ironía, la inexistencia del yo y «levantar una estética hostil al psicologismo» decimonónico:

> Sus escritores antes propendieron a patentizar su personalidad que a levantar una obra; sentencia que también es aplicable a quienes hoy, en turba caudalosa y aplaudida, aprovechan los fáciles rescoldos de sus hogueras. Pero mi empeño no está en fustigar a unos ni a otros, sino en considerar la vía crucis por donde se encaminan fatalmente los idólatras de su yo (Borges 1925/1994: 99).

Si bien el esquema semiótico de Valéry y Borges cuenta con una misma estructura triádica como el de Peirce, éste hace descansar la comunicación entre los dos últimos elementos.

---

[10] Los *Cahiers* de Valéry recogen lo más importante de su pensamiento, escritos diariamente entre 1894 y 1945.

En este sentido las poéticas de Valéry y Borges no sólo anticipan la concepción semiótica de la obra de arte como un sistema de signos y, como vimos, un sistema comunicativo a través de la lectura que el lector hace del texto producido por el emisor, sino que se adelantan, a su vez, a las aportaciones de la Escuela de Constanza y la Estética de la recepción, que centra su interés del mismo modo en los dos últimos elementos del modelo semiótico valeriano: *signe-récepteur* y borgiano: *texto-lector*.

3.3. EL RECEPCIONISMO DE LA POÉTICA BORGIANA A LA LUZ DE LOS POSTULADOS CRÍTICOS DE LA ESTÉTICA DE LA RECEPCIÓN

> Un libro es una cosa entre las cosas, un volumen perdido entre los volúmenes que pueblan el indiferente universo, hasta que da con su lector, con el hombre destinado a sus símbolos. Ocurre entonces la emoción singular llamada belleza, ese misterio hermoso que no descifra ni la psicología ni la retórica (Borges *O. C.* IV: 449).

En el prólogo a *Obra poética 1923-1964*, partiendo de la propuesta metafísica de Berkeley, Borges define su propia estética de la recepción, que según él podría llamarse «estética de Berkeley, no porque la haya profesado el metafísico irlandés (...) sino porque aplica a las letras el argumento que éste aplicó a la realidad»:

> El sabor de la manzana (declara Berkeley) está en el contacto de la fruta con el paladar, no en la fruta misma; análogamente (diría yo) la poesía está en *el comercio del poema con el lector*, no en la serie de símbolos que registran las páginas de un libro. Lo esencial es el hecho estético, el *thrill*, la *modificación física* que suscita cada lectura. Esto acaso no es nuevo, pero a mis años las novedades importan menos que la verdad (Borges 1972: 11).

Esta cita corrobora el planteamiento semiótico-comunicativo de Borges que explicábamos en el apartado anterior, según el cual el hecho estético tiene lugar en el «comercio» entre el texto y el lector. En su prólogo de 1962 titulado *Prosa y poesía de Almafuerte*, Borges retoma esta idea e insiste en la modificación física que del contacto con el texto experimenta el lector[11]:

---

[11] Cabe señalar un antecedente temprano de este pensamiento en la fragmentaria poética narrativa de Macedonio Fernández, quien con otras palabras ya había advertido este hecho:

Hasta esa noche el lenguaje no había sido otra cosa para mí que un medio de comunicación, un mecanismo cotidiano de signos; los versos de Almafuerte que Evaristo Carriego nos recitó me revelaron que podía ser también una música, una pasión y un sueño. Housman ha escrito que la poesía es algo que sentimos físicamente, con la carne y la sangre; debo a Almafuerte mi primera experiencia de esa curiosa fiebre mágica (*O.C.* IV: 15).

Diversos estudios críticos han señalado los vínculos que estas reflexiones establecen con las investigaciones llevadas a cabo en los años setenta por la Escuela de Constanza en el marco de la Estética de la Recepción. Amerita subrayar el caso destacado de Rodríguez Monegal, quien no dudó en señalar que «la reciente escuela alemana que se funda a partir de los trabajos de Jauß y otros colegas y tiene como fundamento una poética de la recepción podría reclamar a Borges como uno de sus patrones» (Rodríguez Monegal 1981/1991: 58).

Aunque, efectivamente, Borges se adelanta a algunos de los planteamientos de la Estética de la Recepción, en realidad su propuesta, fuera de todo carácter científico, carece de cualquier objetivo historicista, fundamental en la vertiente de la *Rezeptionsgeschichte* desarrollada por Hans Robert Jauß[12]. Además, ésta goza de un carácter sumamente lúdico que dificulta a todas luces una comparación científica objetiva.

Sin embargo, y a pesar de vislumbrar cierto peligro en el hecho de comparar una teoría literaria con una propuesta de un *crítico practicante*, creemos oportuno abarcar las reflexiones de Borges desde este contexto científico debido a que términos por todos conocidos como el de «*Erwartungshorizont*» o «*ästhetische Distanz*», así como conceptos como el de la «pluralidad significativa» pueden sernos de mucha utilidad en nuestra labor de esclarecer la vaga y abstracta propuesta borgiana.

De la misma manera que Borges (*Textos recobrados 1931-1955*: 123), Jauß advierte que los principios del Formalismo ruso, que más tarde desarrolló el Es-

---

La Prosa busca, pues, mediante la palabra escrita, que tiene el privilegio de hallarse exenta de toda impureza de sensorialidad, la obtención de estados de ánimo de tipo emocional, es decir ni activos ni representativos, o sea la ley estética, cumplida sólo con la palabra escrita, de que el instrumento o medio de un arte no debe tener intrínsecamente, en sí mismo, ningún agrado (...) (1974: 245).

[12] Hans Robert Jauß desarrolló y difundió esta vertiente en el texto programático presentado en su clase inaugural en 1967 en la Universidad de Constanza titulado «Literaturgeschichte als Provokation der Literaturwissenschaft», que en 1970 elaboró como texto definitivo.

tructuralismo «no consiguieron resolver de manera satisfactoria las tareas enco-mendadas a la crítica literaria» (Acosta Gómez 1989: 101), y decide explorar nuevos caminos para la plena satisfacción de una crítica literaria moderna. Así, en su lección «Literaturgeschichte als Provokation der Literaturwissenschaft», revisada en 1970, Jauß expone siete tesis que se enfrentan totalmente a con-ceptos como *autonomía* o *estatismo* que dominaban en la ciencia literaria con-temporánea. Frente a esta situación, propone una historia de la literatura in-comprensible sin la presencia *activa* del lector en el centro de la misma. La primera tesis señala la necesidad de acabar con la idea del objetivismo histórico de que existen unos hechos no afectados por el diálogo activo entre autor-tex-to-lector:

> Una renovación de la historia de la literatura requiere la eliminación de los prejuicios del objetivismo histórico y la fundamentación de la estética tradicional de la pro-ducción y de la presentación en una estética de la recepción y del efecto. La histori-cidad de la literatura no se basa en una relación establecida *post festum* de «hechos li-terarios», sino en la previa experiencia de la obra literaria por sus lectores. Esta relación dialógica es también el primer hecho primario para la historia de la literatu-ra. Ya que el historiador de la literatura debe convertirse siempre él mismo de nuevo en lector antes de comprender y clasificar una obra, dicho de otro modo: antes de que pueda fundamentar su propio juicio en la consciencia de su punto de vistaactual en la sucesión histórica de los lectores (Jauß 1976: 166)[13].

En segundo lugar, Jauß señala como noción clave la de «horizonte de expec-tativas» (*Erwartungshorizont*):

> El análisis de la experiencia literaria del lector se sustrae al amenazador psicologismo cuando describe la recepción y el efecto de una obra en el sistema de relación objeti-vable de las expectaciones que para cada obra, en el momento histórico de su apari-ción, nace de la comprensión previa del género, de la forma y de la temática de obras

---

[13] «Eine Erneuerung der Literaturgeschichte erfordert, die Vorurteile des historischen Objekti-vismus abzubauen und die traditionelle Produktions —und Darstellungästhetik zu fundieren. Die Geschichtlichkeit der Literatur beruht nicht auf einem *post festum* erstellten Zusammenhang 'lite-rarischer Fakten', sondern auf der vorgängigen Erfahrung des literarischen Werkes durch seine Le-ser. Dieses dialogische Verhältnis ist auch die primäre Gegebenheit für die Literaturgeschichte. Denn der Literaturhistoriker muß selbst immer erst wieder zum Leser werden, bevor er ein Werk verstehen und einordnen, anders gesagt: sein eigenes Urteil im Bewußtsein seines gegenwärtigen Standorts in der historischen Reihe der Leser begründen kann» (Jauß 1970/1979: 171).

anteriormente conocidas y de la oposición entre lenguaje poético y lenguaje práctico (Jauß 1976: 169)[14].

Todo lector que se enfrenta a un texto lo hace «cargado» de una serie de expectativas que le predisponen previamente a adoptar una actitud concreta ante dicho texto. El *Erwartungshorizont* está determinado, en primer lugar, por el *género literario*. El lector que conoce el género bajo el que se le presenta la obra adoptará inmediatamente ciertas expectativas. En segundo lugar el *Erwartungshorizont* dependerá de la *relación* que el lector establezca entre la obra que se dispone a leer y otras obras de la tradición literaria, y, por último, de la oposición entre lenguaje poético y lenguaje referencial. La diferencia entre el horizonte de expectativas (*Erwartungshorizont*) y la forma concreta de la obra es denominada por Jauß «distancia estética». Dicha distancia permite que puedan producirse modificaciones del horizonte de expectativas:

> El horizonte de expectación de tal modo reconstructible de una obra hace posible el determinar su carácter artístico en la índole y en el grado de su acción sobre un público presupuesto. Si denominamos distancia estética a la distancia existente entre el previo horizonte de expectación y la aparición de una nueva obra cuya aceptación puede tener como consecuencia un «cambio de horizonte» debido a la negación de experiencias familiares o por la concienciación de experiencias expresadas por primera vez, entonces esta distancia estética puede objetivarse históricamente en el espectro de las reacciones del público y del juicio de la crítica (Jauß 1976: 174)[15].

La obra literaria, según Jauß, puede frustrar la predisposición del lector basada en el *horizonte de expectativas* adoptado previamente por el lector, o puede

---

[14] «Die Analyse der literarischen Erfahrung des Lesers entgeht dann dem drohenden Psychologismus, wenn sie Aufnahme und Wirkung eines Werks in dem objektivierbaren Bezugssystem der Erwartungen beschreibt, das sich für jedes Werk im historischen Augenblick seines Erscheinens aus dem Vorverständnis der Gattung, aus der Form und Thematik zuvor bekannter Werke und aus dem Gegensatz von poetischer und praktischer Sprache ergibt» (Jauß 1970/1979: 173-174).

[15] «Der so rekonstruierbare Erwartungshorizont eines Werkes ermöglicht es, seinen Kunstcharakter an der Art und dem Grad seiner Wirkung auf ein vorausgesetztes Publikum zu bestimmen. Bezeichnet man den Abstand zwischen dem vorgegebenen Erwartungshorizont und der Erscheinung eines neuen Werkes, dessen Aufnahme durch Negierung vertrauter oder Bewußtmachung erstmalig ausgesprochener Erfahrungen einen 'Horizontwandel' zur Folge haben kann, als ästhetische Distanz, so läßt sich diese am Spektrum der Reaktionen des Publikums und des Urteils der Kritik» (Jauß 1970/1979: 177).

cumplir con ella. Cuando la frustra puede deberse a dos motivos diferentes. Por un lado a que la calidad de la obra ha fracasado y por tanto el lector queda decepcionado pues no se ha cumplido lo que buscaba. Pongamos como ejemplo las quejas de Borges a las novelas policiales que multiplican los personajes y que no ofrecen al lector la posibilidad de adivinar al asesino, pues al final resulta que no se había mencionado su nombre en toda la obra. Éste es un caso de fracaso de la predisposición del lector basada en el *horizonte de expectativas*. Por otro lado puede ocurrir que la obra artística supere el horizonte de expectativas produciendo novedades que el lector no podía prever[16].

Como se puede deducir de lo anteriormente expuesto, el concepto de *horizonte de expectativas* de Jauß supone el descrédito en la «monosignificación» de la obra literaria, ya que en cada momento histórico «se hará de ellas una nueva lectura» (Viñas Piquer 2002: 503). La pregunta que podría plantear esta teoría es si existen tantos *horizontes de expectativas* como diferentes lectores. Jauß pretende demostrar que existe un único horizonte de expectativas en un momento dado, ya que pensar que existen tantos horizontes de expectativas como lectores anularía el valor de toda apreciación histórica, o mejor dicho, la haría imposible. Para ello se apoya en la noción de «género literario»:

> El lector, ante una obra literaria, lo primero que hace es inscribirla en un género determinado y, por tanto, ajustarla a un sistema de convenciones al que se somete tanto la estructura como el estilo, el tema, etc. Así, su horizonte de expectativas estará determinado por el conocimiento que tenga de los rasgos del género literario al que la obra pertenece. El género literario, pues, garantiza la existencia de un único horizonte de expectativas para cada obra, porque todos los lectores tienen que ajustar su lectura a los rasgos del género (Viñas Piquer 2002: 506).

Una vez revisado el concepto de «*Erwartungshorizont*», podemos acercarnos al concepto borgiano de la «actitud a priori» que si bien establece fuertes vínculos con el término de Jauß, por otro lado se distingue en varios aspectos.

Como Jauß, Borges entiende que cuando un lector se acerca por primera vez a un texto lo hace desde una actitud específica determinada en alto grado por el género literario en el que dicho texto se inscribe, así como por otros factores como las conexiones que el lector hace con otras lecturas anteriores y por el lenguaje mismo. Así lo expresa en su conferencia «El cuento policial» recogida más tarde en *Borges, oral*:

---

[16] Esta tesis de Jauß establece claras concomitancias con la Teoría de la desautomatización del Formalismo y con la del *desanquilosamiento* borgiana (ver *supra*).

Hay un tipo de lector actual, el lector de ficciones policiales. Ese lector ha sido —ese lector se encuentra en todos los países del mundo y se cuenta por millones— engendrado por Edgar Allan Poe. Vamos a suponer que no existe ese lector, o supongamos algo quizá más interesante; que se trata de una persona lejana de nosotros. Puede ser un persa, un malayo, un rústico, un niño, *una persona a quien le dicen que el Quijote es una novela policial*[17]; vamos a suponer que ese hipotético personaje haya leído novelas policiales y empiece a leer el *Quijote*. Entonces, ¿qué lee?

«En un lugar de la Mancha de cuyo nombre no quiero acordarme, no hace mucho tiempo que vivía un hidalgo...» y ya ese lector está lleno de sospechas, porque el lector de novelas policiales es un lector que lee con incredulidad, con suspicacias, una suspicacia especial. Por ejemplo, si lee: «En un lugar de la Mancha...», desde luego supone que aquello no sucedió en la Mancha. Luego: «...de cuyo nombre no quiero acordarme...», ¿por qué no quiso acordarse Cervantes? Porque sin duda Cervantes era el asesino, el culpable. Luego «...no hace mucho tiempo...», posiblemente lo que suceda no será tan aterrador como el futuro (*O.C.* IV: 189-190).

La cita es reveladora en cuanto a lo particular del concepto borgiano. Efectivamente, como en el caso del *«Erwartungshorizont»*, el género literario al que pertenece la obra artística va a determinar la actitud del lector frente al texto. Sin embargo, si bien la cuestión del género es inherente al texto para Jauß, Borges desfigura esta concepción y reflexiona sobre la posibilidad de que un lector «a quien le dicen que el *Quijote* es una novela policial» pueda leer el texto de Cervantes como novela policial.

Es decir, Borges propone que un mismo texto pueda pertenecer a diferentes géneros literarios si es leído desde diferentes actitudes *a priori*. Obsérvese en este sentido el importante papel que en este planteamiento goza la *voluntad individual* del lector (frente a la *necesaria colectividad* en el planteamiento de Jauß para poder construir una historia de la literatura) ya sea por que «alguien le dice» al lector o porque el lector decide voluntariamente hacerlo. Como consecuencia, frente al único y colectivo horizonte de expectativas que un grupo de lectores de un determinado momento histórico comparte en la propuesta de Jauß, en el planteamiento de Borges existen tantas actitudes *a priori* como lectores. Todo radica en concebir la cuestión del género literario como inherente o no al texto.

En su primera obra narrativa, *Historia universal de la infamia* (1935), Borges lleva a la práctica este postulado estético. En la tercera y última sección, titulada «Etcétera», el autor incluye una versión de un fragmento de la *Arcana Coelestia*

---

[17] Cursiva nuestra.

de Swedenborg, una obra teológica contextualizada ahora en una sección de «relatos de magia», lo que definitivamente afecta a la actitud *a priori* de los lectores, quienes lo leen como perteneciente al género de lo fantástico.

Del mismo modo que Jauß, Borges descree de la monosignificación del texto literario y defiende la pluralidad interpretativa debido, en parte, al paso del tiempo. Si por un lado un libro es un ente inmortal, su significado se modifica a lo largo de las generaciones de lectores, puesto que sus experiencias como lectores intervienen en la lectura o descodificación de la obra. Pero la pluralidad interpretativa no sólo reside en la evolución del lector, sino del lenguaje mismo. Así, en la reseña a *Introduction à la Poétique* de Paul Valéry, que comentamos a tenor de la definición de la obra de arte como *hecho semiológico* llevada a cabo por Valéry y Borges, y en relación a la afirmación de Valéry: «las obras del espíritu sólo existen en acto, y ese acto presupone evidentemente un lector o un espectador», Borges afirma:

> (...) el tiempo y sus incomprensiones y distracciones colaboran con el poeta muerto. (No sé de un ejemplo mejor que el erguido verso de Cervantes: *¡Vive Dios, que me espanta esta grandeza!* Cuando lo redactaron, vive Dios era interjección tan barata como caramba, y espantar valía por asombrar. Yo sospecho que sus contemporáneos lo sentirían así: *¡Vieran lo que me asombra este aparato!* o cosa vecina. Nosotros lo vemos firme y garifo. El tiempo —amigo de Cervantes— ha sabido corregirle las pruebas.) (*O. C.* IV: 368-369).

Aunque el texto literario permanece «textualmente» intacto, el sentido ha cambiando debido a que el lenguaje definible para Borges como *sistema de signos* va evolucionando con el paso del tiempo. El lenguaje es un sistema comunicativo, en el que el signo lingüístico y su referente se encuentran en una relación de arbitrariedad[18].

Esta relación puede subvertirse y variar debido al *desvío* que en ocasiones se produce en la práctica lingüística. Un ejemplo del mencionado *desvío* lo mues-

---

[18] Borges insistió en sus reflexiones críticas frecuentemente en este hecho. Es quizá «Palabrería para versos» uno de los ensayos más significativos y rotundos de Borges al respecto, en el cual asegura:

> (...) no hay semejanza alguna entre el redondel amarillo que ahora está alzándose con claridad sobre el paredón de la Recoleta, y la tajadita rosada que vi en el cielo de la plaza de Mayo, hace muchas noches. Todo sustantivo es abreviatura. En lugar de contar frío, filoso, hiriente, inquebrantable, brillador, puntiagudo, enunciamos puñal; en sustitución de alejamiento del sol y profesión de sombra, decimos atardecer (...) Insisto sobre el carácter

tra el propio Borges en la cita anteriormente mencionada: en la actualidad, el significado en tiempos de Cervantes del signo lingüístico «espantar» ha evolucionado arbitrariamente en lo que en la actualidad recoge el signo lingüístico «asombrar».

Un nuevo ejemplo de la evolución de lenguaje lo ofrece Borges en su ensayo «Nota sobre (hacia) Bernard Shaw» incluido en *Otras inquisiciones:*

> (...) las palabras *amica silentia lunae* significan ahora la luna íntima, silenciosa y luciente, y en la *Eneida* significaron el interlunio, la oscuridad que permitió a los griegos entrar en la ciudadela de Troya (...) (*O.C.* II: 125).

Junto a la evolución del lenguaje el proceso hermenéutico se constituye por la evolución del lector, quien arrastrando siempre unas experiencias de lectura, inmerso en una época histórica, y dotado, como consecuencia, de una actitud *a priori,* se enfrenta continuamente con ojos nuevos al *sistema literatura*. En este

---

inventivo que hay en cualquier lenguaje, y lo hago con intención. La lengua es edificadora de realidades. Las diversas disciplinas de la inteligencia han agenciado mundos propios y poseen un vocabulario privativo para detallarlos (Borges 1926/1994: 47).

Esta misma falta de vínculo entre la realidad y el lenguaje la desarrolló Borges en su ensayo posterior «El idioma analítico de John Wilkins», donde atribuye dicha característica a todo sistema que tiene como pretensión la clasificación del universo. Al comienzo del ensayo Borges afirma: «todos los idiomas del mundo (...) son igualmente inexpresivos». A continuación presenta la teoría de Wilkins sobre un idioma universal en el que «cada palabra se define a sí misma», del que se desprende todo un intento de captar la realidad a través del lenguaje por medio de un sistema complicadísimo que «dividió el universo en cuarenta categorías o géneros, subdivisibles luego en diferencias, subdivisibles a su vez en especies. Asignó a cada género un monosílabo de dos letras; a cada diferencia, una consonante; a cada especie, una vocal». Tras calificar dicho sistema de ingenioso, afirma escépticamente: «no hay clasificación del universo que no sea arbitraria y conjetural. La razón es muy simple: no sabemos que cosa es el universo» (*O.C.* II: 84-86).

Un nuevo ejemplo lo ofrece el ensayo «Historia de los ecos de un nombre» (*O. C.* II: 128). En este ensayo, Borges se propone como primer objetivo recorrer las diferentes interpretaciones que a lo largo de la historia se han hecho sobre la respuesta que Dios dio a Moisés, recogida en el Éxodo: «Soy El Que Soy». Si por un lado se plantea una vez más la discusión sobre la existencia de la identidad, por otro lado, Borges aprovecha la oportunidad, como es habitual, para introducir una digresión sobre otro tema que le preocupa: la arbitrariedad entre el signo lingüístico y sus referentes. Para ello trae a colación los diferentes pensamientos mágicos o primitivos que creyeron en el hábito mental de relacionar el nombre con la realidad que éste designaba, hábito, según Borges, analizado y fustigado por Mauthner y como se puede advertir tras la lectura del ensayo, también por él mismo. En relación a este punto, es interesante y muy esclarecedor el trabajo de Echavarría (2006).

sentido son significativas las palabras de Borges de su conferencia titulada «El libro», concedida el 24 de mayo de 1978 y recogida en *Borges, oral*:

> ¿Qué es un libro si no lo abrimos? Es simplemente un cubo de papel y cuero, con hojas; pero si lo leemos ocurre algo raro, creo que cambia cada vez. Heráclito dijo (lo he repetido demasiadas veces) que nadie baja dos veces al mismo río. Nadie baja dos veces al mismo río porque las aguas cambian, pero lo más terrible es que nosotros somos no menos fluidos que el río. Cada vez que leemos un libro, el libro ha cambiado, la connotación de las palabras es otra. Además, los libros están cargados de pasado.
>
> He hablado en contra de la crítica y voy a desdecirme (pero qué importa desdecirme). *Hamlet* no es exactamente el *Hamlet* que Shakespeare concibió a principios del siglo XVII, *Hamlet* es el *Hamlet* de Coleridge, de Goethe y de Bradley. *Hamlet* ha sido renacido. Lo mismo pasa con el *Quijote*. Igual sucede con Lugones y Martínez Estrada, el *Martín Fierro* no es el mismo. Los lectores han ido enriqueciendo el libro.
>
> Si leemos un libro antiguo es como si leyéramos todo el tiempo que ha transcurrido desde el día en que fue escrito y nosotros. Por eso conviene mantener el culto del libro. El libro puede estar lleno de erratas, podemos no estar de acuerdo con las opiniones del autor, pero todavía conserva algo sagrado, algo divino, no con respeto supersticioso, pero sí con el deseo de encontrar felicidad, de encontrar sabiduría (*O. C.* IV: 171).

En la práctica ficcional, Borges desarrolla esta propuesta en su relato «Pierre Menard, autor del *Quijote*». Amerita destacar el famoso fragmento en el que dos citas literalmente idénticas, una supuestamente extraída del *Quijote* de Menard y otra procedente del texto cervantino, son cotejadas por el amigo y comentarista de la obra de Menard quien cree reconocer importantes diferencias. Al final del relato el narrador afirma lúdicamente:

> Menard (acaso sin quererlo) ha enriquecido mediante una técnica nueva el arte detenido y rudimentario de la lectura: la técnica del anacronismo deliberado y de las atribuciones erróneas. Esa técnica de aplicación infinita nos insta a recorrer la *Odisea* como si fuera posterior a la *Eneida* y el libro *Le jardin du Centaure* de Madame Henri Bachelier como si fuera de Madame Henri Bachelier. Esa técnica puebla de aventura los libros más calmosos. Atribuir a Louis Ferdinand Céline o a James Joyce la *Imitación de Cristo* ¿no es una suficiente renovación de esos tenues avisos espirituales? (*O.C.* I: 450).

Con la revisión del concepto de «actitud *a priori*» de Borges a la luz del «*Erwartungshorizont*» de Jauß, hemos podido elucidar la radicalidad de la propuesta borgiana que se apoya en un concepto mismo de lectura de carácter lúdico y demiúrgico. El lector puede lúdicamente crear la obra literaria dotándola de nuevos significados a partir de una actitud *a priori* que es, frente al concepto de Jauß, individual, voluntaria y libre. En este contexto, los términos «leer» y «escribir» se convierten en sinónimos.

4.
Las reflexiones poetológicas borgianas en el contexto argentino

> Los críticos que leen a partir de la pregunta: «¿qué hizo Borges, al escribir su literatura, con la literatura argentina?», lo leen de esa manera porque saben, o suponen, que la historia de la literatura argentina, tal como la concebimos hoy, es una invención a la que Borges contribuyó más que nadie. Si quitáramos imaginariamente a Borges de esa historia, no sólo quedaría el gran hueco de su obra sino que se produciría una larga serie de cambios, muchos de ellos anteriores a 1920, el momento en que comenzó a publicar sus textos (Pastormerlo 1997: 15).

Con su llegada a Buenos Aires en 1921, Borges comenzó a actuar en la literatura de su país desde los medios de difusión masiva. Desde los márgenes[1], intentó desplazar las estéticas dominantes del momento y, para ello, hizo uso de su eficaz producción crítica. Después de la fundación de la revista mural *Prisma* que alcanzó dos números —diciembre de 1921 y marzo de 1922—, la dirección de la revista *Nosotros* pidió a Borges su colaboración, y a partir de ese momento, éste logró introducirse en el panorama intelectual literario de la época bajo la rúbrica de la llamada «nueva generación», generación encabezada por él mismo. Es así como Borges inició un proceso de reinstauración de una nueva tradición literaria, a lo que nos dedicaremos enseguida[2].

---

[1] Calificar hoy a Jorge Luis Borges como escritor situado en los márgenes, las orillas, los límites, se ha convertido en tópico de la crítica literaria dedicada a la obra de Jorge Luis Borges. Los estudios de Beatriz Sarlo (1995) y Olea Franco (1993) son una muestra de ello. Ambos estudios utilizaron estos calificativos para conceptuar la obra borgiana como una obra a caballo entre lo cosmopolita y lo nacional, la tradición y la vanguardia.

[2] Sergio Pastormerlo ya señaló la importancia de la crítica de Borges en el desarrollo de la literatura argentina:

> No es posible explicar el lugar que ocupa Borges en la historia de la literatura argentina sin considerar sus apropiaciones, sus manifiestos, sus polémicas literarias, los efectos de sus textos críticos y de sus trabajos editoriales en la formación de un nuevo público, su reordenamiento

4.1. ¿BORGES ANTI-TRADICIONALISTA?

En «Página sobre la lírica de hoy», artículo publicado en la revista *Nosotros* en 1927, Borges afirma abiertamente: «No creo tampoco en la tradición. Esa palabra está con reverencia en muchos discursos y es atacada en otros. Sin embargo, yo creo que es tan indigna de sumisiones como de ultrajes» (*Textos recobrados 1919-1929*: 314). A pesar de esta negativa al concepto de tradición creemos, no obstante, que sería más acertado afirmar que más que descreer de la tradición, como afirma en este artículo, Borges descreyó de la tradición dominante.

Cuando Jorge Luis Borges llegó a Buenos Aires en 1921 dos estéticas dominaban el panorama literario. Por un lado, los últimos coletazos del Modernismo representado por la figura de Leopoldo Lugones y su obra *Los crepúsculos del jardín* de 1905, por ejemplo, y, por otro lado, la llamada «generación intermedia» (C. Fernández Moreno 1959). Escritores liderados por Leopoldo Lugones y su *Lunario sentimental* de 1909, Güiraldes y *El cencerro de Cristal* de 1915 y *Las iniciales del misal* de Baldomero Fernández Moreno, publicado el mismo año (C. Fernández Moreno 1959).

Si para César Fernández Moreno esta producción literaria fue el germen de lo que más tarde se conoció como vanguardia, en el momento en que Borges llegó a Argentina estos autores representaban para él una tradición muerta[3]: por un lado, los últimos días del Rubenianismo en el caso de Lugones, y por otro,

---

de las tradiciones y las jerarquías, su participación en debates fundamentales para nuestra literatura como los de «El idioma de los argentinos» o «El escritor argentino y la tradición». Tenemos buenas razones para leer los textos de Borges, y especialmente sus textos críticos, como intervenciones estratégicas (Pastormerlo 1997: 24).

[3] Recordemos igualmente las afirmaciones de Borges, décadas posteriores, sobre la influencia que Leopoldo Lugones ejerció en los autores vanguardistas (*O. C.* IV: 261). Es conocida la relación ambigua que existió entre ambos escritores. Al comienzo de su carrera de crítico, Borges admiró a Lugones hasta que éste hizo una crítica pública a la «nueva estética» que Borges representaba (Olea Franco 1993: 125). A partir de este momento, Borges le dirige una crítica que mucho tiene de violenta e insultante como podemos ver en «Leopoldo Lugones, *Romancero*» (*El tamaño de mi esperanza*) y burlesca, «Romancillo, cuasi romance del 'Roman-cero' a la izquierda» (*Textos recobrados: 1919-29*: 246). Esta relación cambia radicalmente con la muerte del que se convirtió finalmente en «maestro» de Borges. Así, en 1938, Borges escribió un artículo para la revista *Sur* elogiando al poeta muerto «Leopoldo Lugones». Este cambio se hará extremo en la dedicatoria de *El hacedor* (1960): «A Leopoldo Lugones», donde finalmente Borges, a modo de encuentro onírico con el escritor muerto, le reconoce como maestro:

una tendencia contraria de la que igualmente Borges se propuso distanciar: el Sencillismo iniciado por B. Fernández Moreno en 1915, precisamente, que se extendió hasta 1925.

Modernismo y Sencillismo componían, pues, el panorama literario y fue éste el que Borges se propuso desplazar de la literatura argentina. Este intento de desplazamiento apareció ya en sus primeros escritos sobre el Ultraísmo cuando Borges todavía residía en España. Sirva de ejemplo su artículo «Al margen de la moderna estética» publicado en la revista sevillana *Grecia* en 1920[4]:

> Queremos ver con ojos nuevos. Por eso olvidamos la fastuosa fantasmagoría mitológica, que en toda hembra lúbrica quiere visualizar una faunesa y ante las formidables selvas del mar, inevitablemente nos sugiere, con lívida sonrisa encubridora, la visión lamentable de Afrodita surgiendo de un Mediterráneo de añil ante un coro de obligados tritones... (*Textos recobrados 1919-1929*: 31).

Nueve meses más tarde, en una réplica a un artículo de L'Auca de L'Illot incluido en *L'Ignorancia*, que pretendía explicar el arte ultraísta, Borges se manifiesta, en este caso, contra la estética realista y responde en los siguientes términos:

> Nuestro arte no es individualista. Nuestro arte no es autobiográfico. Nosotros no queremos reflejar la realidad tangible. Nos elevamos sobre ella hacia otra realidad del espíritu, siempre evolucionando: como ya demostró el poeta de vanguardia Jacobo Sureda (*Textos recobrados 1919-1929*: 70).

Antimodernismo y antirrealismo serán, a partir de este momento, los constantes parámetros para la definición de su propia estética. Estética, ésta, que tan sólo unos meses después de su llegada a su ciudad natal, se vio impresa y colgada, a modo de revista mural, en las paredes de Buenos Aires. Y es que el primer número de la revista *Prisma*, redactado entre noviembre y diciembre de 1921,

---

Estas reflexiones me dejan en la puerta de su despacho. Entro; cambiamos unas cuantas convencionales y cordiales palabras y le doy este libro. Si no me engaño, usted no me malquería, Lugones, y le hubiera gustado que le gustara algún trabajo mío. Ello no ocurrió nunca, pero esta vez usted vuelve las páginas y lee con aprobación algún verso, acaso porque en él ha reconocido su propia voz, acaso porque la práctica deficiente le importa menos que la sana teoría (...) (*O. C.* II: 157).

[4] *Grecia*, Sevilla, año 3, Nº 39, 31 de enero de 1920.

contenía, como era de esperar, una «Proclama» firmada por Guillermo de Torre, Guillermo Juan, Eduardo González Lanuza y por el mismo Jorge Luis Borges. En ella se insistió en el desapego que su arte hacía de ambas estéticas:

> En su forma más evidente y automática, el juego de entrelazar palabras campea en esa entablillada nadería que es la literatura actual. Los poetas sólo se ocupan de cambiar de sitio los cachivaches ornamentales que los rubenianos heredaron de Góngora —las rosas, los cisnes, los faunos, los dioses griegos, los paisajes ecuánimes i enjardinados— i engarzar millonariamente los flojos adjetivos *inefable, divino, azul, misterioso*. Cuánta socarronería i cuánta mentira en ese manosear de ineficaces i desdibujadas palabras, cuánto miedo altanero de adentrarse verdaderamente en las cosas, cuánta impotencia en esa vanagloria de símbolos ajenos! Mientras tanto los demás líricos, aquellos que no ostentan el tatuaje azul rubeniano, ejercen un anecdotismo gárrulo, i fomentan penas rimables que barnizadas de visualidades oportunas venderán después con un gesto de amaestrada sencillez i de espontaneidad prevista (*Textos recobrados 1919-1929*: 122).

Casi simultáneamente apareció en la revista *Nosotros* un artículo titulado «Ultraísmo», que pretendió, una vez más, explicar su «novísima estética». Como el propio Borges reconoció con posterioridad, tan sólo las paredes supieron de la aparición de la revista mural *Prisma*, si bien, ésta le sirvió como trampolín a las colaboraciones en *Nosotros*. Por tanto, se puede considerar este artículo como el primer manifiesto ultraísta de Jorge Luis Borges que se dio a conocer en los círculos literarios de Buenos Aires, atentos a las publicaciones de *Nosotros*. En él vuelven a aparecer las mismas ideas, define la tradición modernista como estética que «se halla a las once y tres cuartos de su vida, con las pruebas terminadas para esqueleto», y alude, del mismo modo, a la «generación intermedia», siguiendo la denominación que C. Fernández Moreno ofrece en su artículo para la *Historia de la literatura argentina* de Arrieta:

> Antes de comenzar la explicación de la novísima estética, conviene desentrañar la hechura del rubenianismo y anecdotismo vigentes, que los poetas ultraístas nos proponemos llevar de calles y abolir. Y no hablo del clasicismo, pues el concepto que de la lírica tuvieron la mayoría de los clásicos (...) no campea hoy en parte alguna. En lo que al rubenianismo atañe, puedo señalar desde ya un hecho significativo. Los iniciales compañeros de gesta de Rubén van despojando su labor de las habituales topificaciones que signan esa tendencia, y realizando aisladamente obras desemejantes. Juan Ramón Jiménez propende así a una suerte de psicologismo confesional y abreviado; Valle-Inclán gesticula su incredulidad jubilosa en versos pirueteros; Lugones

se olvida de Laforgue y las metáforas formales para encaminarse a los paisajes sumisos; Pérez de Ayala ensancha en su prosa recia y palpable la tradición de Quevedo, y el cantor de *La Tierra de Alvargonzález* se ha encastillado en un severo silencio (*Textos recobrados 1919-29*: 126).

Como consecuencia del tedio que la estética modernista, «con las pruebas terminadas para esqueleto», supuso en las generaciones jóvenes, apareció la tendencia sencillista-realista que Borges critica con semejante dureza:

> Por cierto, muchos poetas jóvenes que aseméjanse inicialmente a los ultraístas en su tedio común ante la cerrazón rubeniana, han hecho bando aparte, intentando rejuvenecer la lírica mediante las anécdotas rimadas y el desaliño experto. Me refiero a los sencillistas que tienden a buscar poesía en lo común y corriente, y a tachar de su vocabulario toda palabra prestigiosa. Pero éstos se equivocan también (*Textos recobrados 1919-29*: 127).

Pues, aunque ambas estéticas, Sencillismo y Ultraísmo reaccionan contra el Modernismo, sus puntos de partida son muy diferentes. Mientras que el Sencillismo aboga por temas localistas, a través de un lenguaje cotidiano, los ultraístas, de por sí cosmopolitas, aspiran a una poesía centrada en imágenes que tienden a lo nuevo y universal y, por tanto, trascienden la realidad cotidiana.

Se puede decir, *grosso modo*, que la oposición a la estética modernista y sencillista fue el único nexo de unión importante, además de su interés por las imágenes, que compartieron los jóvenes que integraban esta nueva estética, de la que Borges se separó muy tempranamente[5]. Así lo demuestra el estudio sobre el Ultraísmo que en 1930 llevó a cabo Néstor Ibarra, donde éste se ve obligado no sólo a diferenciar entre seis diferentes tipos de ultraísmo: «Los tiernos», «Los romanticistas», «Los obscuristas», «El ultraísmo abaratado de los reporters» y «Los humoristas»; sino que incluso llega a hablar de «Ultraístas inclasificados» (Ibarra 1930).

4.2. Tradición y vanguardia

En el caso argentino, este afán universalista, cosmopolita, propio de las vanguardias europeas de donde procedía la fe ultraísta del cono sur hispanoameri-

---

[5] Véase su artículo «Después de las imágenes» incluido en *Inquisiciones* (1925).

cano, se conjugó con la búsqueda de una identidad nacional. Surge así en el seno del Ultraísmo argentino una versión criollista que se denominó «Martin-fierrismo», en honor a la revista *Martín Fierro* donde estos jóvenes publicaban. El criollismo de los *martinfierristas* fue, en un primer momento, un punto de unión con la Generación del Centenario. Tras las connotaciones negativas que el concepto criollo había adoptado a partir del proceso liberal y la concepción sarmientina de *civilización vs. barbarie*[6], la Generación del Centenario propone una redefinición del concepto *criollo* como lo específicamente nacional, argentino[7]. Era necesario definir la identidad argentina, y para ello se vuelve la mirada a un pasado que se recuerda con nostalgia. La figura del gaucho y el espacio de la pampa se convierten ahora en mitos de la argentinidad.

Tan sólo una década más tarde, el regreso a la patria supone en Borges una misma necesidad de definir la identidad de su escritura. En sus ensayos de los años veinte recogidos fundamentalmente en *Inquisiciones* y *El tamaño de mi esperanza* la búsqueda de una tradición criolla para su quehacer literario se hace manifiesta. Sin embargo, a pesar de esta tendencia criollista compartida por ambas generaciones —la del Centenario y la Ultraísta o Generación del 24 representada fundamentalmente por nuestro escritor—, el criollismo de Borges vuelve a adoptar nuevas significaciones. Borges lleva a cabo un proceso de modernización de lo criollo en una nueva versión que consigue encerrar en sí misma la dicotomía *tradición vs. vanguardia*.

Este proceso de redefinición ya se encuentra en el ensayo «El tamaño de mi esperanza» de la obra homónima de 1926, donde Borges comienza con un rechazo a la tendencia europeísta argentina:

> A los criollos les quiero hablar: a los hombres que en esta tierra se sienten vivir y morir, no a los que creen que el sol y la luna están en Europa. Tierra de desterrados natos es ésta, de nostalgiosos de lo lejano y lo ajeno: ellos son los gringos de veras, autorícelo o no su sangre, y con ellos no habla mi pluma. Quiero conversar con los otros, con los muchachos querenciosos y nuestros que no le achican la realidá a este país. Mi argumento de hoy es la patria: lo que hay en ella de presente, de pasado y de

---

[6] «Sarmiento (norteamericanizado indio bravo, gran odiador y desentendedor de lo criollo) nos europeizó con su fe de hombre recién venido a la cultura y que espera milagros de ella» (Borges 1926/1994: 12).

[7] Véase Olea Franco (1993: 77-116) para un recorrido por la historia del concepto «criollo» desde su origen en los *Comentarios reales* del Inca Garcilaso de la Vega hasta su revalorización en los años de la Vanguardia.

venidero. Y conste que lo venidero nunca se anima a ser presente del todo sin antes ensayarse y que este ensayo es la esperanza. ¡Bendita seas, esperanza, memoria del futuro, olorcito de lo por venir, palote de Dios! (Borges 1926/1994: 11).

Este primer párrafo de su ensayo ya redefine el concepto de *criollo* que se va a desligar de connotaciones genéticas «ellos son los gringos de veras, autorícelo o no su sangre». Frente al *gringo* que siente nostalgia por lo «lejano y lo ajeno», el *criollo* se interesa por su patria, por «lo que hay en ella de presente, de pasado y de venidero». Esta nueva especificación aparta a Borges del tipo de criollismo cultivado por la Generación del Centenario, un criollismo nostálgico que está obligado a mirar al pasado para encontrar su identidad, en un ser argentino desaparecido: el gaucho. Este distanciamiento del europeísmo así como del mal entendido criollismo vuelve a ser declarado en el mismo ensayo:

> No quiero ni progresismo ni criollismo en la acepción corriente de esas palabras. El primero es someternos a ser casi norteamericanos o casi europeos, un tesonero ser casi otros; el segundo, que antes fue palabra de acción (burla del jinete a los chapetones, pifia de los muy de a caballo a los muy de a pie), hoy es palabra de nostalgia (apetencia floja del campo, viaraza de sentirse un poco Moreira). No cabe gran fervor en ninguno de ellos y lo siento por el criollismo. Es verdá que de ensancharle la significación a esa voz —hoy suele equivaler a un mero *gauchismo*— sería tal vez más ajustada a mi empresa. Criollismo, pues, pero un criollismo que sea conversador del mundo y del yo, de Dios y de la muerte. A ver si alguien me ayuda a buscarlo (1926/1994: 14).

Borges rechaza un criollismo basado en el color local y la nostalgia, y reivindica una tendencia universalista, un criollismo «que sea conversador del mundo y del yo, de Dios y de la muerte»[8]. Frente a un criollismo que podemos definir de rural, presente en los frutos literarios del Centenario, Borges propone un criollismo urbano, para él todavía sin cultivar:

> Aquí no se ha engendrado ninguna idea que se parezca a mi Buenos Aires, a este mi Buenos Aires innumerable que es cariño de árboles en Belgrano y dulzura larga en Almagro y desganada sorna orillera en Palermo y mucho cielo en Villa Ortúzar y proceridá taciturna en las Cinco Esquinas y querencia de ponientes en Villa Urquiza y redondel de pampa en Saavedra (1926/1994: 13).

---

[8] «Tomar lo contingente por lo esencial es oscuridá que engendra la muerte y en ella están los que, a fuerza de color local, piensan levantar arte criollo» (Borges 1926/1994: 83).

Esta nueva definición de un criollismo urbano reaparece en el ensayo «La pampa y el suburbio son dioses» incluido del mismo modo en *El tamaño de mi esperanza*. Al espacio mítico de la pampa presente en el criollismo de finales del siglo XIX y los primeros años del XX, va a añadirse en el nuevo criollismo encabezado por Borges el espacio del arrabal, de las orillas, un espacio que encuentra su símbolo humano en el compadrito, el malevo frente al gaucho, y al que Borges canta en sus poemas:

> Ricardo Güiraldes, primer decoro de nuestras letras, le está rezando al llano; yo —si Dios mejora sus horas— voy a cantarlo al arrabal por tercera vez, con voz mejor aconsejada de gracia que anteriormente[9] (1926/1994: 25).

El nuevo espacio urbano que caracterizará a partir de este momento la nueva tendencia criollista es asociado por Borges a su precursor Evaristo Carriego en el ensayo «Carriego y el sentido del arrabal»: «las palabras arrabal y Carriego son ya sinónimos de una misma visión» (1926/1994: 28). Este espacio está habitado por un nuevo ser criollo, el compadrito, al que Borges define como:

> Hombres de boca soez que se pasaban las horas detrás de un silbido o de un cigarrillo y cuyos distintivos eran la melena escarpada y el pañuelo de seda y los zapatos empinados y el caminar quebrándose y la mirada atropelladora (1926/1994: 27).

Como se puede observar, el criollismo borgiano se urbaniza y universaliza debido a la influencia vanguardista y su tendencia modernizadora. Este hecho explica la admiración de Borges como crítico literario por la tendencia nativista de Silva Valdés e Ipuche, tendencia resumible en la mezcla de lo gauchesco y lo vanguardista; en una nueva manera de decir lo criollo que tiende a lo universal y que se desprende de la nostalgia y del excesivo color local. Así se observa en sus ensayos de *Inquisiciones* «La criolledad en Ipuche» e «Interpretación de Silva Valdés».

La tendencia criollista en la crítica borgiana desaparece totalmente en las décadas posteriores. Una vez más encontramos dos tendencias totalmente opuestas en la poética practicante de nuestro autor. Olvidando conscientemente sus primeros ensayos de *Inquisiciones* y *El tamaño de mi esperanza* (que prohibió incluir en sus *Obras completas*), Borges se contradice con respecto a su crítica a Sar-

---

[9] Borges anuncia su poemario *Cuaderno San Martín* de 1929 que sigue el criollismo urbano que inició con *Fervor de Buenos Aires* (1923) y *Luna de enfrente* (1925).

miento y su reivindicación criollista. Si en la década de los años veinte se puede hablar en Borges de una tendencia antiliberal, antiprogresista (Olea Franco 1993: 96)[10], en décadas posteriores, fundamentalmente en los años setenta, esta tendencia desaparece por completo. En los diferentes prólogos dedicados a materia criolla redactados por Borges en su mayoría en los años veinte y recogidos más tarde en *Prólogos con un prólogo de prólogos* (*O.C.* IV: 11-160) la defensa de la tarea europeizadora de Sarmiento se convierte en una reflexión constante. Así, en el prólogo de Borges a *El matrero* de 1970 afirma:

> En lo que se refiere a nosotros, pienso que nuestra historia sería otra, y sería mejor, si hubiéramos elegido, a partir de este siglo, el *Facundo* y no el *Martín Fierro* (*O.C.* IV: 105).

Esta observación sobre la historia argentina, aparentemente perjudicada por haber convertido a Martín Fierro en mito de la identidad nacional se repite textualmente en otros prólogos como en el prólogo a *Recuerdos de provincia* y *Facundo* de Sarmiento de 1974:

> Sarmiento sigue formulando la alternativa: civilización o barbarie. Ya se sabe la elección de los argentinos. Si en lugar de canonizar el *Martín Fierro*, hubiéramos canonizado el *Facundo*, otra sería nuestra historia y mejor (*O.C.* IV: 124)[11].
> No diré que el Facundo es el primer libro argentino; las afirmaciones categóricas no son caminos de convicción sino de polémica. Diré que si lo hubiéramos canonizado como nuestro libro ejemplar, otra sería nuestra historia y mejor *(O. C.* IV: 129).

Borges parece situarse ahora en una posición progresista, liberal que lamenta las consecuencias históricas del proceso de identificación nacional que impulsó la Generación del Centenario, y —no hay que olvidarlo— él mismo. Sin embargo, Borges no se hace responsable de esta situación y vuelve a culpar a Leopoldo Lugones por ello, como era costumbre en la etapa ultraísta:

---

[10] Según Olea Franco (1993: 96):

(...) el discurso de Borges se ubica dentro de la más pura tradición antiliberal, para la que el término «progreso» adquiere exclusivamente connotaciones negativas. Al rechazar todos los resultados de la modernización de Argentina impulsada por los liberales, Borges asume una postura abiertamente antimoderna que coincide con numerosos movimientos nacionalistas y antimodernos del periodo en diferentes latitudes.

[11] Si bien el prólogo fue publicado en 1944 por la editorial Emecé, la cita que hemos presentado forma parte de la posdata que Borges agregó en 1974.

El *Martín Fierro* es un libro muy bien escrito y muy mal leído. Hernández lo escribió para mostrar que el Ministerio de la Guerra —uso la nomenclatura de la época— hacía del gaucho un desertor y un traidor; Lugones exaltó ese desventurado a paladín y lo propuso como arquetipo. Ahora padecemos las consecuencias (*O. C.* IV: 93).

4.3. BORGES Y EL CANON

4.3.1. *Canonización y descanonización*

Antes de atender la importancia que Jorge Luis Borges desempeñó en la configuración del canon argentino posterior al Centenario de 1910, queremos dedicar un espacio breve a la definición del término que nos ocupa.

Una definición actual del mismo, si bien muy general, la ofrece la entrada «Kanon» en el *Historisches Wörterbuch der Rhetorik* compilado por Gert Ueding:

> El término «canónico» señala en consecuencia la pertenencia a un grupo de textos que, por diferentes motivos de legitimación, tiene un estatus especial y es clásico o autoritativo. En oposición a este grupo, otros textos se convierten en tabú o se marginan al considerarse apócrifos[12].

El concepto de *canon* se relaciona estrechamente con el de *tradición*, pues el primero trabaja en el aseguramiento del segundo: «La formación de un canon sirve para el aseguramiento de una tradición»[13]. Este aseguramiento de la tradición «depende en igual medida de individuos o instituciones»[14].

En el caso de Argentina, la discusión sobre el canon estuvo presente en la mayoría de las discusiones intelectuales desde el Centenario. Revistas como *Nosotros* o *Sur*, entre otras muchas, fueron de gran importancia en los procesos de canonización y descanonización de algunas obras y autores. Los intelectuales argentinos que estaban en el poder de las instituciones universitarias y culturales

---

[12] «Der moderne Begriff 'Kanonisch' bezeichnet dementsprechend die Zugehörigkeit zu einer Textgruppe, die aufgrund verschiedener Legitimationsgründe Sonderstatus hat und klassisch oder autoritativ ist. Im Gegensatz zu dieser Gruppe werden andere Texte als apokryph tabuisiert oder marginalisiert» (Asper 1998: 869).

[13] «Die Ausbildung eines Kanons dient der Sicherung einer Tradition» (Asper 1998: 867).

[14] «Kanon-Bildung hängt an Individuen und Institutionen gleichermaßen» (Asper 1998: 867).

llevaron a cabo la consagración de obras que reforzaban la identidad argentina. El primer libro canonizado fue el *Martín Fierro* de Hernández, al que Ricardo Rojas y Leopoldo Lugones compararon con el *Mío Cid* o la *Chanson de Roland*. Lugones se propuso elegir un texto que además de su importancia literaria, tuviera un valor patriótico instrumental y expresara la vida heroica de la raza o las esencias argentinas amenazadas por la inmigración.

Con la llegada de Borges y del Ultraísmo a Argentina en 1921, se produce un proceso de negación del canon literario existente. Si bien Borges, como autor vanguardista, se enfrentó aparentemente al concepto mismo de canon, no es menos cierto que ese enfrentamiento supuso, en esos años, una reformulación del mismo. Frente a Ricardo Rojas, Leopoldo Lugones y Manuel Gálvez, Borges intenta incluir en la tradición otros autores como Evaristo Carriego, Macedonio Fernández o Ricardo Güiraldes.

La reorganización del canon llevó a Borges algo más que una década. Si en 1923, (año en que Ricardo Rojas se hace con el Premio Nacional de Literatura por su *Historia*), la revista *Nosotros*, a tenor de una encuesta a los escritores menores de treinta años sobre sus referencias literarias, consigue la respuesta «oficialmente correcta», esto es: Ricardo Rojas, Leopoldo Lugones, Artur Capdevila, Baldomero Fernández Moreno y Enrique Banchs, por otro lado, esta revista servía de mediador para la nueva juventud ultraísta, que en manifiestos y proclamas intentaban derribar, precisamente, la hegemonía de dichos autores. Y es que, como advirtió Silvia N. Barei (1999: 31) «la sola mención en el espacio literario de una revista de tirada masiva implica[ba] una consagración institucional» que Borges consiguió.

La diferencia entre el canon establecido y el emergente borgiano de los años veinte no sólo se encuentra en los autores elegidos, sino en los requisitos de la elección. Frente a la intención de crear una identidad nacional que se escondía tras el canon propuesto por el Centenario, envuelto por una pose erudita, Borges propone un requisito del gusto, personal, para éste. Un canon hedónico, como él mismo lo llama, que consigue situar, desde los márgenes de lo individual, lo subjetivo en el centro de la literatura argentina. Así lo afirma en su artículo de 1928 «La inútil discusión de Boedo y Florida»:

> Yo propondría una diversa valoración, ciertamente nada infalible o novedosa, pero que puede sernos auxiliar esta vez, visto que en todas las demás nos servimos de ella. Hablo de la valoración hedónica o emotiva: la que declara nuestra y estética a toda manifestación producida en esta República que sepa emocionarnos. Consideramos esa lisonjera suposición: la literatura argentina; no el examen de materiales para su

historia, allegado convenientemente por Rojas en ocho volúmenes más extensos que la totalidad de esa misma literatura, sino el rimero de páginas que se salvan. Acuden en seguida, en orden sumariamente cronológico: «El matadero», de Esteban Echeverría; el «Facundo», de Sarmiento; el «Fausto», de Estanislao del Campo; el «Martín Fierro», de Hernández; los varios «Santos Vega»; buena parte de las páginas de Mansilla; otras de Ramos Mejía en su tan precisamente novelesco estudio de Rosas; «Don Segundo Sombra»; Carriego. Estoy seguro que deben añadirse otros nombres a los que este repentizado censo de gustos acaba de proponer, pero creo también que ninguno de los recordados en él puede ser omitido (*Textos recobrados 1919-1929*: 367).

Esta reinstauración de un canon hedónico fue realizada a través de revistas como *Sur* o *El Hogar,* que funcionaron de medio fundamental y principal de los procesos canonizadores borgianos. Tras la desaparición de la revista *Nosotros,* (que como señalamos sirvió de puerta de ingreso para Borges a los debates y polémicas literarias), se produjo el relevo de la llamada «generación intermedia» a la «nueva generación» situada en los márgenes de la crítica no académica (la mayoría de los integrantes no contaba con certificación académica) y a partir de ahora reunida en torno a la nueva revista.

La revista *Sur,* cuyo primer número vio la luz en 1931, puso su mirada desde el comienzo en las literaturas extranjeras: europeas y americanas, distanciándose del proyecto nacionalista del Centenario[15]. Con la presencia numerosa de traducciones, *Sur* se convirtió en lugar de acceso a obras tales como *Orlando* de Virginia Wolf, *Contrapunto* de Aldous Huxley, o *¿Qué es metafísica?* de Martin Heidegger, por citar tan sólo algunos ejemplos.

Como decíamos, el criterio de publicación se basó en un criterio hedónico que como Eduardo Romero advierte, estuvo muy influido por las preferencias literarias de Jorge Luis Borges, por su negación al realismo, naturalismo y cos-

---

[15] Borges rechazó en diferentes ocasiones la defensa de un arte «nacional», es decir, se opuso al nacionalismo literario de moda en la época. Recordemos su conocida clase dictada en el Colegio Libre de Estudios Superiores alrededor del año 1942, que más tarde se recogió bajo el título: «El escritor argentino y la tradición» y se incorporó en ediciones posteriores anacrónicamente en *Discusión* (1932):

La idea de que la poesía argentina debe abundar en rasgos diferenciales argentinos y en color local argentino me parece una equivocación. Si nos preguntan qué libro es más argentino, el *Martín Fierro* o los sonetos de *La urna* de Enrique Banchs, no hay ninguna razón para decir que es más argentino el primero. Se dirá que en *La urna* de Banchs no está el paisaje argentino, la topografía argentina, la botánica argentina, la zoología argentina; sin embargo, hay otras condiciones argentinas en *La urna* (*O. C.* I: 269).

tumbrismo, por un gusto por la novela policial de enigma británica y una general actitud escéptica (Barei 1999: 34). Sin embargo, no sólo sus participaciones en *Sur* le sirvieron a Borges para el establecimiento de un canon hedonista, sino que también y sobre todo se valió de un *pseudogénero*: la antología.

El concepto de *canon* como el de *antología* implica la idea de escoger, seleccionar. Borges fue muy del gusto de este «género» que le permitía «hedónicamente» organizar su propio canon. Baste traer a colación los siguientes títulos para comprobar este hecho: *Antología clásica de la literatura argentina* de 1937 en colaboración con Pedro Henríquez Ureña, *Antología poética argentina* de 1941 y *Antología de la literatura fantástica* de 1940, ambas realizadas junto con Silvina Ocampo y Adolfo Bioy Casares, y otros posteriores como *Los mejores cuentos policiales* en colaboración con Bioy Casares en dos volúmenes de 1943 y 1951, respectivamente; *Antología personal* de 1961 o *Nueva antología personal* de 1968.

Las reflexiones de Borges sobre este género comparten muchas similitudes con las que su admirado amigo Alfonso Reyes señaló en su artículo de 1930 «Teoría de la antología», publicado en *La Prensa* de Buenos Aires el 23 de febrero de 1938. Para Reyes, toda antología es «el resultado de un concepto sobre una historia literaria» y como consecuencia puede «marcar hitos de las grandes controversias críticas, sea que las provoque o que aparezcan como su consecuencia». Esta posibilidad de la antología la comparten, según Reyes, las revistas literarias de escuela o grupo como la revista *Martín Fierro* de Buenos Aires, «índice de una nueva generación» (Reyes 1930/1962: 138).

Dentro de este género, existen dos tipos diferentes, la antología donde prima el gusto subjetivo, personal del coleccionista, y aquella donde el criterio histórico, objetivo es el que domina. Frente a la objetividad de la segunda, la primera puede «alcanzar casi la temperatura de una creación, como lo sería una antología de buenos versos aislados»[16].

Esta misma clasificación es adoptada por Borges, «en principio», en el prólogo a la *Antología poética argentina* de 1941. No sin ironía Borges diferencia entre dos tipos de antología posibles: la objetiva o científica y la subjetiva o hedónica. Sin embargo, bajo la ironía de su discurso se desprende la idea de que sólo la antología subjetiva es posible:

---

[16] Es lo que ocurre con la *Antología de la literatura fantástica* realizada por Borges, Silvina Ocampo y Bioy Casares.

Teóricamente hay dos antologías posibles. La primera —rigurosamente objetiva, científica— estaría gobernada por el propósito de cierta enciclopedia china que pobló once mil cien volúmenes: comprendería todas las obras de todos los autores. (Esa «antología» ya existe: en tomos de diverso formato, en diversos lugares del planeta, en diversas épocas.) La segunda —estrictamente hedónica, subjetiva— constaría de aquellos memorabilia que los compiladores admiran con plenitud: no habría, tal vez, muchas composiciones enteras; habría resúmenes, excertas, fragmentos... En la realidad, toda antología es una fusión de esos dos arquetipos. En algunas prima el criterio hedónico; en otras, el histórico (Borges 1941: 7).

Pues bien, a continuación Borges señala qué tipo de antología es la que esta reflexión prologa. Significativamente señala haber querido prescindir de sus preferencias (y las de sus colaboradores):

Para la nuestra, hemos optado por el siguiente método. En lo que se refiere a los poetas representados, hemos querido prescindir de nuestras preferencias: el índice registra todos los nombres que una curiosidad razonable puede buscar. Alguna firma podrá no ser familiar al lector; el examen de las piezas correspondientes la justifica; más importante nos parece la ausencia de exclusiones imperdonables. Salvo en el caso de ciertos poetas mayores —Almafuerte, Lugones, Banchs, Capdevila, Ezequiel Martínez Estrada, Fernández Monero—, figuran tres (o dos) composiciones de cada autor. (...) El orden de la obra es el cronológico. Los autores se ordenan según la fecha de publicación de su primer libro (Borges 1941: 7-8).

Si atendemos a los nombres del índice alfabético comprobamos que se trata de una antología bastante «objetiva». Borges no cae en la tentación de ignorar a autores como Ricardo Rojas, Rafael Alberto Arrieta o Alfonsina Storni, a los que hará duras críticas en otros lugares y que, sin embargo, forman parte de esta antología. No obstante, no todo podía quedar así, pues, si por un lado en el prólogo se manifiesta la intención de llevar a cabo una antología, digamos, justa con la historia, por otro, y aquí aparece el Borges lúdico, se plantea en el prólogo una «antología de esta antología» (Borges 1941: 10). Es decir, si bien la antología presenta una gama de autores al margen de sus preferencias, Borges y sus colaboradores no han podido evitar expresar éstas en su prólogo. Se plantea de este modo una guía de lectura basada en sus preferencias totalmente subjetivas, que esta vez sí, ignora la tradición modernista y sencillista:

He mencionado, en el decurso de este prólogo, algunos nombres; quiero asimismo enumerar (antología de esta antología) los siguientes poemas: *Aulo Gelio*, de Capdevila; *Walt Whitman*, de Martínez Estrada; *Circuncisión*, de Grünberg; *Poema para ser grabado en un disco de fonógrafo*, de González Lanuza; *Luz de provincia*, de Mastronardi; *Espléndida marea de lágrimas*, de Petit de Murat; *Chanson sur deux patries*, de Gloria Alcorta; *Enumeración de la patria* de Silvina Ocampo (Borges 1941: 10)[17].

No podemos olvidar, por último, cómo el intento de manipulación del canon se extendió a su propia obra. Borges fue incluso antólogo de sí mismo, seleccionando la parte de su obra que debía ser canonizada. La primera antología que hizo de sí mismo fue la *Antología personal* de 1961 en cuyo prólogo afirma:

> Mis preferencias han dictado este libro. Quiero ser juzgado por él, justificado o reprobado por él, no por determinados ejercicios de excesivo y apócrifo color local que andan por las antologías y que no puedo recordar sin rubor. Al orden cronológico he preferido el de «simpatías y diferencias». He comprobado así, una vez más, mi pobreza fundamental; *Las ruinas circulares*, que datan de 1939, prefiguran *El Golem o Ajedrez*, que son casi de hoy. Esta pobreza no me abate, ya que me da una ilusión de continuidad (Borges 1961: 7).

El prólogo aclara la intención de esta *Antología*: un intento de rectificación de los procesos canonizadores llevados a cabo por otras antologías de su propia obra. Este procedimiento se repite en su *Nueva antología personal* de 1968. En esta ocasión, Borges parece seguir la argumentación del prólogo a la *Antología poética argentina* de 1941, comentado anteriormente. Como afirmaba en 1941, vuelve a repetir que toda antología es subjetiva, hedónica, «nadie puede compilar una antología que sea mucho más que un museo de sus *simpatías y diferencias*», pero ahora se atisba una posibilidad de realizarla, si bien no por una persona, por un ente metafísico, el tiempo:

> Pero el Tiempo acaba por editar antologías admirables. Lo que un hombre no puede hacer, las generaciones lo hacen. Los infolios de Calderón dejan de abrumarnos y perduran los límpidos tercetos del Anónimo Sevillano; nueve o diez páginas de Coleridge borran la gloriosa obra de Byron (y el resto de la obra de Coleridge) (Borges 1968/1980: 7).

---

[17] La autoinclusión de uno de los antólogos en la propia antología fue frecuente en estos autores. Véase la *Antología de la literatura fantástica* (1940) donde apareció «Tlön, Uqbar, Orbis Tertius» o la antología policial *Los mejores cuentos policiales I y II* (1962) seleccionada por Borges y Bioy Casares donde aparece «La muerte y la brújula».

Es decir, el tiempo, y la resistencia de las obras al mismo, es lo que configura el canon hedónico del lector universal. Característica destacada del mismo modo por la teoría del canon: «Los textos históricos están presentes en el canon de manera atemporal. Por tanto, la característica determinante de canonicidad es la resistencia al tiempo que también puede describirse como constituyente de lo clásico»[18] (Asper 1998: 870).

Como podemos ver, para Borges toda antología se ve afectada siempre en mayor o menor medida por la subjetividad del antólogo. Dicha subjetividad no es siempre inocente, como hemos señalado, y puede responder a intenciones premeditadas de inclusión o exclusión de ciertos autores para conseguir fines concretos, en el caso de Borges, el de construir una nueva tradición.

4.3.2. *La deconstrucción del canon*

Si en los años veinte y treinta la labor crítica de Borges trabaja siguiendo, entre otras, una motivación hedónica, creyendo en el valor intrínseco de la obra literaria, una nueva situación caracteriza sus reflexiones sobre el tema desde los años cuarenta en adelante, contribuyendo al proceso de deconstrucción del canon que, paralelamente, se producía en el panorama literario occidental.

A partir de este momento, la canonización de una obra literaria tiene que ver para Borges no con el valor de la obra misma, sino con la lectura que se hace de ella. Esta idea fue presentada por Borges en sus dos artículos dedicados a los clásicos entre los que median veinticinco años: «No importa el mérito esencial de las obras canonizadas; importan la nobleza y el número de los problemas que suscitan» («Sobre los clásicos», *Sur* 1941), «Clásico no es un libro que necesariamente posee tales o cuales méritos» («Sobre los clásicos», *Sur* 1966). Borges comprueba en ambos artículos que los clásicos poseen el requisito de la intemporalidad a pesar de los cambios de gusto:

> Clásico es aquel libro que una nación o un grupo de naciones o el largo tiempo han decidido leer como si en sus páginas todo fuera deliberado, fatal, profundo como el cosmos y capaz de interpretaciones sin término (*O.C.* II: 151).

---

[18] «Im Kanon sind historische Texte zeitlos präsent. Bestimmendes Merkmal von Kanonizität ist also Zeitresistenz, die sich auch als Konstituens des Klassischen beschreiben läßt» (Asper 1998: 870).

Estamos ante un nuevo ejemplo en Borges de definición de un concepto literario donde el papel del lector desempeña un lugar fundamental. Existen, de este modo, tantos cánones posibles como lectores posibles:

> Yo, que me he resignado a poner en duda la indefinida perduración de Voltaire o de Shakespeare, creo (esta tarde de uno de los últimos días de 1965) en la de Schopenhauer y en la de Berkeley (*O.C.* II: 151).

Resta señalar, a modo de coda, que si bien hay en el Borges de los años cuarenta en adelante un descreimiento del valor intrínseco de la obra literaria que permita un canon posible, no hemos de olvidar que en este momento Borges seguía preparando antologías como la *Antología de la literatura fantástica* de 1940, continuando con su criterio hedónico, e intentando la revaloración de ciertos autores y géneros marginales en la literatura argentina, como el cuento fantástico y policial.

4.3.3. *De la marginación a la centralidad*

4.3.3.1. El género fantástico

El género fantástico y policial son un ejemplo paradigmático de las operaciones canonizadoras y descanonizadoras realizadas por la obra crítica borgiana. Refiriéndonos en primer lugar al terreno de lo fantástico, Borges reivindicó el género en un momento donde éste se consideraba menor. Un género de prestigio dudoso en una época con tendencia al realismo y al compromiso con la realidad política y social que vivía Argentina, frente a la que este género se distanciaba[19].

En 1940 apareció la polémica *Antología de la literatura fantástica* realizada por Silvina Ocampo, Borges y Bioy Casares. Sin temor a la crítica, incluyó textos de los propios antólogos, tanto en su primera edición de 1940 («Tlön, Uqbar, Orbis Tertius» de Borges), como en la segunda de 1965 («El calamar opta por su tinta» de Bioy, «Odín» de Borges y Delia Ingenieros en colaboración, y «La expiación» de Silvina Ocampo).

---

[19] La década de 1930-1940 supone, según Barei (1999: 21), un hito fundamental en la historia argentina contemporánea con el golpe militar del 30 de septiembre de 1930. Este golpe inició una costumbre militar «con vastas consecuencias en el campo político-cultural argentino» y supuso un hito en el proceso cultural que se venía desarrollando desde principios del siglo.

Además de su evidente intención promocional, la *Antología* se presentó bajo dos claras intenciones. Por un lado la reivindicación de este género, si no olvidado, marginado, y por otro lado la reformulación de la concepción de la literatura fantástica difundida en la cultura argentina de la época.

No nos referiremos al prólogo, firmado únicamente por Bioy, —a pesar de ser evidente la participación de los otros dos antólogos— por considerar las propuestas que allí aparecen incongruentes con la selección llevada a cabo (véase Annick Louis 2001). Más nos interesa la selección de los textos realizada por los antólogos, que supuso una gran revolución para la crítica contemporánea y que llegó a desconcertar tanto a cultores como a detractores. Ejemplo de ello lo muestra la siguiente carta de Roger Caillois dirigida a Victoria Ocampo el 7 de abril de 1941:

> He visto la Antología Borges-Adolfito-Silvina: es desconcertante desde cualquier punto de vista. Hasta ahora, Alemania era considerado el país por excelencia de la literatura fantástica: no hay, por decirlo así, ningún alemán (Kafka es judío y checo) en la Antología. ¿Tal vez un olvido? En cuanto a poner a Swedenborg, es increíble: nunca tuvo la intención de escribir literatura fantástica. Y si uno se ocupa de la literatura fantástica involuntaria, entonces puede empezarse con la Biblia y algunas otras obras del mismo tipo, bastante importantes. No encuentro tampoco que sea muy correcto el haber puesto a M. L. D. y a Borges mismo. Por lo común, el que hace una antología evita incluirse en ella[20].

Esta crítica de Roger Caillois presenta claramente el proceso canonizador y descanonizador llevado a cabo en la *Antología*. Me referiré brevemente a modo de ejemplo a la presencia de «Un teólogo en la muerte» de Swedenborg extraído de su obra *Arcana Coelestia* (1749), presencia criticada por Caillois, por tratarse de la obra de un místico sueco sin ninguna intención de escribir literatura fantástica[21].

La *Antología* transforma así un fragmento de la *Arcana Coelestia* (1749 ss.), obra teológica, en cuento fantástico, gracias al marco en el que aparece. Con esta

---

[20] La carta de Caillois se cita en Louis (2001: 416).

[21] Es interesante esta inclusión pues son evidentes las semejanzas entre esta narración y las narraciones fantásticas borgianas posteriores que toman de la religión las posibilidades estéticas que ésta ofrece. Sirva de ejemplo «Las ruinas circulares», donde una doctrina budista ha valido al autor como material fantástico de su cuento. La filosofía, la religión, interesan a Borges como materiales para la literatura fantástica. Recordemos que para Borges la Biblia es una maravillosa obra de género fantástico y Dios, su máxima creación. Cabe citar al respecto el epílogo a *Otras inquisiciones*, de 1952:

presencia de Swedenborg en la *Antología* se deconstruye el concepto mismo de literatura fantástica al depender éste del marco de lectura en el que aparece. «Un teólogo en la muerte» es, pues, cuento fantástico en el momento que es leído bajo esas expectativas de lectura.

La *Antología* se aparta así, con la selección de sus textos, de las postulaciones fantásticas clásicas, teniendo repercusiones en el cultivo posterior del género tanto en Argentina como en Hispanoamérica. Estas repercusiones son evidentes si atendemos a la segunda edición realizada en 1965. En esta ocasión, nuevos autores hispanoamericanos y argentinos se incluyen ahora y ofrecen nuevos ejemplos de este género «reciente». Ejemplos que, como ya advirtió Louis (2001: 419), «enfatizan el desarrollo y la difusión, en Hispanoamérica, de una literatura fantástica de características específicas, fuertemente marcada por la primera edición».

Significativamente, si por un lado la crítica dedicada al género fantástico en Argentina, reconoce del mismo modo esta innegable repercusión de la *Antología de la literatura fantástica* de 1940, el propio Borges intentó en numerosas ocasiones restarle mérito a este trabajo antológico. De este modo, en una entrevista concedida a Oswaldo Ferrari, y recogida más tarde en *Diálogos*, afirma:

> Pero felizmente para nuestra América y para la lengua española Lugones publicó en el año 1905 *Las fuerzas extrañas*, que es un libro de deliberados cuentos fantásticos. Y suele olvidarse a Lugones y se supone que nuestra generación... bueno digamos que Bioy Casares, Silvina Ocampo y yo, iniciamos ese tipo de literatura; y que eso cundió y dio escritores tan ilustres como García Márquez o como Cortázar. Pero no, ya que realmente...Sí, habría que mencionar a Lugones; es decir, se tiende a ser injusto con Lugones ya que siempre se lo juzga por su última posición política: el fascismo (Ferrari 1992: 108).

Esta aparente contradicción con respecto a los años veinte puede ser explicable, ya que si en aquella década a Borges le interesaba descanonizar la tradición existente, y con ella a Leopoldo Lugones, a partir de 1938 se señala discípulo del

---

Dos tendencias he descubierto, al corregir las pruebas, en los misceláneos trabajos de este volumen. Una, a estimar las ideas religiosas o filosóficas por su valor estético y aun por lo que encierran de singular y de maravilloso. Esto es, quizá, indicio de un escepticismo esencial. Otra, a presuponer (y a verificar) que el número de fábulas o de metáforas de que es capaz la imaginación de los hombres es limitado, pero que esas contadas invenciones pueden ser todo para todos, como el Apóstol (*O. C.* II: 153).

argentino e intenta situarlo en el canon literario. Así, estratégicamente, Borges logra situarse igualmente en el centro de la tradición por ser continuador directo de ésta.

Por este motivo son frecuentes sus artículos y conferencias a partir de los años cuarenta donde se refiere a su maestro argentino como el gran inaugurador del género fantástico en el Río de la Plata[22]. Pero lo que es indudable es que sin la crítica de Borges y su tarea de antólogo quizá la obra de Lugones hubiera caído en el olvido en un tiempo donde la estética dominante tendía hacia el realismo. De hecho, se puede decir que tras la publicación en 1906 de *Las fuerzas extrañas* de Lugones, *Viaje a través de la estirpe y otras narraciones* de Carlos Octavio Bunge, publicado en 1908 y *Borderland* en 1909 de Atilio Chiappori (donde apareció el cuento fantástico «La interlocutora»), hasta la aparición de *Cuentos fatales* en 1924, este género fue prácticamente ignorado durante casi dos décadas. A partir de este momento aparecieron algunos títulos, que si bien en ocasiones lindaban en los límites entre lo fantástico y lo psicológico, se insertaban en la tradición inaugurada por Lugones, tales como *El desierto* de Horacio Quiroga o *Cristales (cuentos fantásticos),* de Mario Flores, ambos de 1924; entre algunos otros ejemplos más o menos cercanos al género como *Espantapájaros* de Oliverio Girondo de 1932, *Romance de un gaucho* de Benito Lynch de 1933 o *Más allá* de Horacio Quiroga de 1935.

Pero será la *Antología de la literatura fantástica* la que siente las bases del género diferenciando claramente entre cuento psicológico y fantástico que anteriormente encontramos unidos como en el claro ejemplo de los cuentos quiroguianos. Así, en 1941 aparece *El jardín de senderos que se bifurcan*; en 1943, *El hombre de la lluvia y otros cuentos* de Horacio Ponce de León; en 1944, *Martita Ofelia y otros cuentos de fantasmas* de Jerónimo del Rey y en 1948, *Autobiografía de Irene* de Silvina Ocampo.

---

[22] Paula Speck (1976) sitúa a Leopoldo Lugones en el inicio del género y destaca los elementos de la ficción lugoniana que pervivieron en la tradición posterior. Así, en el caso de Borges, señala los temas típicamente borgianos que ya se encuentran en las ficciones lugonianas: «la anulación del tiempo o del espacio; las sociedades secretas; los espejos; los dobles; la luna; el inmortal; la repetición de un drama fatal en siglos diferentes; tal vez otros». También hay coincidencias en cuanto al cronotopos de sus ficciones, ya que ambos eligen el Oriente o la India como escenario para las mismas. Incluso el reconocimiento de la deuda a la ficción fantástica inglesa se deja ver en la inclusión, en los textos de ambos escritores, de personajes ingleses como Herbert Ashe de «Tlön, Uqbar, Orbis Tertius», que recuerda, según Speck, al ingeniero Neale de *Cuentos fatales.*

Pero si realmente hay una fecha de fecundidad en el cultivo de esta corriente fantástica reciente (influida por la *Antología de la literatura fantástica*) ésta fue 1949. Un dato significativo es que el jurado del premio Cámara Argentina del Libro para libros de cuentos, premia con su fallo en 1949 a tres colecciones de cuentos fantásticos. Dato éste significativo para comprobar el prestigio que el género había alcanzado hasta la fecha. Estas tres colecciones premiadas llevaron por título: *Costas de evasión* de Lina Giacoboni, *Más allá de los espejos*, de Adolfo Pérez Zelaschi y *El grito y su sombra* de David Almirón.

Otros títulos relevantes vieron la luz en este mismo año: *El Aleph* de Borges, *Historia de finados y traidores* de Juan Carlos Ghiano, *Génesis* de Ana Gándara, *El espíritu petrificado* de Osvaldo Svanascini, entre numerosos otros. Recordemos por último *Bestiario* de Julio Cortázar, publicado en 1951, que incluía «Casa tomada», cuento recogido en la segunda edición de la *Antología*. Y es que, en realidad, la tradición de la literatura fantástica en el siglo XX en Argentina «iniciada» por Lugones y canonizada por la *Antología* se desarrolló a lo largo de todo el siglo XX y ha llegado hasta la actualidad.

4.3.3.2. El género policial

El proceso de canonización del género policial resultó más difícil a Borges por tratarse de un género de baja valoración por parte de un público culto que lo consideraba literatura de evasión sin ningún valor artístico[23]. A excepción de algunos ejemplos a finales del siglo XIX, tales como Luis V. Varela, Carlos Olivera, Paul Groussac y Eduardo L. Holmberg, así como ya en el XX, Horacio Quiroga y Vicente Rossi, fundamentalmente, se puede considerar a Borges y a su colaborador Bioy Casares como los impulsores de este género, quienes consiguieron desproveerlo de su antigua asociación con el folletín y lograron así ingresarlo en el limitado círculo de la literatura de prestigio (Lafforgue y Rivera 1996: 13-14).

El prólogo a la primera antología del género policial en Argentina, compilada por Rodolfo Walsh y titulada *Diez cuentos policiales argentinos* reconoce el valor de estos iniciadores:

---

[23] La negativa concepción que se tenía de este género, cercano al folletín, en los años en los que Borges se proponía elevarlo a género de calidad artística se debe al gran florecimiento que, a partir de 1915, tuvieron las colecciones de quiosco. En ellas, la presencia —si bien esporádica— de estas narraciones ya comenzaba a dar muestras de un interés emergente por este tipo de literatura, todavía susceptible de ser denominada folletinesca, por parte de un público del que se suponía que carecía de cualquier interés por el arte y que buscaba en la lectura un mero entretenimiento.

Hace diez años, en 1942, apareció el primer libro de cuentos policiales en castellano. Sus autores eran Jorge Luis Borges y Adolfo Bioy Casares. Se llamaba *Seis problemas para don Isidro Parodi* (Walsh 1953: 7).

Al considerar a Borges y a Bioy como iniciadores del cuento policial argentino, Walsh se refiere, claro está, al primero de esa nueva corriente policíaca, consolidadora, según el crítico norteamericano Donald A. Yates, de un nuevo género consistente en una «forma literaria fundamentalmente popular y vulgar tratada como si poseyera los atributos literarios e intelectuales de un ensayo filosófico» (citado por Lafforgue y Rivera 1996: 12).

Como era de esperar, la aparición de la producción policial borgiana fue antecedida por una serie de intervenciones críticas en las discusiones literarias, desde mediados de los años treinta hasta comienzos de los cincuenta, que consiguieron preparar la aparición de sus ficciones. Borges —estratégicamente— consiguió preparar al público argentino para la recepción de su novedosa postulación policial.

Para la centralización de este género marginal en el centro del panorama literario, Borges se valió de diferentes medios. En primer lugar sus colaboraciones en las revistas de la época entre las que cabe destacar fundamentalmente *Sur* y en concreto para el género policial, la revista *El Hogar* y las reseñas que Borges publicó entre 1936 y 1939.

Junto a su actividad de articulista y comentarista, Borges volvió a servirse del género de la antología, publicando con Adolfo Bioy Casares *Los mejores cuentos policiales I y II* en 1943 y 1951 respectivamente. En estos dos volúmenes, se recogieron cuentos pertenecientes a maestros del género como Wilkie Collins, G. K. Chesterton, Agatha Christie, Ellery Queen, Eden Phillpotts, William Faulkner, entre otros y nuevamente a los compiladores —aparente tradición—, bajo el pseudónimo de H. Bustos Domecq.

Además de esta antología, Borges y Bioy estuvieron a cargo de la edición de una colección de narraciones policiales titulada «El séptimo círculo», donde llegaron a publicarse entre 1945 y 1983 alrededor de 366 libros. La colección, si bien no fue excepcional en la época —ya que otras muchas detectivescas se publicaban simultáneamente— si se diferenciaba por su intención de combinar este tipo de literatura popular con una vertiente más culta. Ya el mismo título marca una diferencia con el resto de colecciones como la «Colección Misterio» (distribuida por la editorial Tor desde 1931) o la colección «Hombres audaces» (publicada a finales de los años treinta) al aludir claramente al círculo del Infierno dantesco, morada de los seres violentos vigilados por el Minotauro[24].

Finalmente, como ocurrió con el género fantástico, Borges cultivó en sus ficciones este género en cuentos como «El jardín de senderos que se bifurcan», «La muerte y la brújula» o «Abenjacán el Bojarí, muerto en su laberinto», y en sus trabajos en colaboración con Adolfo Bioy Casares: Honorio Bustos Domecq y sus *Seis problemas para don Isidro Parodi* (1942) y Benito Suárez Lynch y su *Un modelo para la muerte* (1946).

La mencionada labor centralizadora del género policial supuso una gran polémica en la discusión literaria de la época. Luis Harss (1966: 132) se refiere a este hecho y afirma que un enemigo del escritor argentino «lo injurió por contribuir a la delincuencia juvenil de la nación patrocinando ediciones de novelas policiales». Sin embargo, para Borges y Bioy Casares, este rechazo al género policial se debió fundamentalmente a un «inconfesado juicio puritano»:

> Cabe sospechar que ciertos críticos niegan al género policial la jerarquía que le corresponde, solamente porque le falta el prestigio del tedio. Paradójicamente, sus detractores más implacables suelen ser aquellas personas que más se deleitan en su lectura. Ello se debe, quizá, a un inconfesado juicio puritano: considerar que un acto puramente agradable no puede ser meritorio[25].

La promoción del cuento policial comenzó en Borges, como ya señalamos, en sus colaboraciones en la revista *Sur* y en *El Hogar*. Pero mientras que en *Sur* la reflexión sobre el género que tratamos fue esporádica, no ocurrió lo mismo en

---

[24] En «La narrativa policial en la Argentina», Jorge Lafforgue y Jorge B. Rivera (1996: 17) insisten en las diferencias entre la colección Borges-Bioy y el resto:

> Si a lo largo de los '30 la *Colección Misterio* se mueve todavía en esa zona marginal y generalmente subestimada de los añejos folletones de acción, y apela a un público de adolescentes o de lectores sin tradición literaria «seria». *El Séptimo círculo* (...) rastreará las novedades de las editoriales londinenses y neoyorkinas más conspicuas y las recomendaciones de *The Times Literary Supplement* y se moverá dentro de las pautas de la novela-problema, de lo detectivesco considerado como remate de una ingeniosa —inclusive sutilísima— literatura de evasión. Si los autores de *Misterio* son, en muchos casos, auténticos «negros» de la producción masiva, casi indiscernibles en su anónimo trajinar literario, los animadores de *El Séptimo Círculo* pondrán especial énfasis en señalar que Nicholas Blake es el seudónimo del poeta británico Cecil Day Lewis, (...).

[25] Citado por Lafforgue y Rivera (1996: 250).

la revista *El Hogar*, donde Borges escribió más de treinta reseñas de las que se desprende una normativa del género[26].

Es interesante que fuera precisamente en esta revista destinada a la mujer argentina, subtitulada «Ilustración semanal argentina para la mujer, la casa y el niño», donde Borges llevará a cabo este proceso de centralización. En un principio puede parecer paradójico pretender centralizar este género y hacerlo a través de colaboraciones en una revista para amas de casa. Pero no podemos olvidar que *El Hogar* fue una revista de amplia difusión en todo el país, en la que escribieron además personalidades como Ezequiel Martínez Estrada, Horacio Quiroga, Paul Groussac, Baldomero Fernández Moreno, Enrique Larreta, Eduardo González Lanuza, entre otros. Además, Borges estaba a cargo de la página «Libros y autores extranjeros» lo que le permitió situar al género policial en la tradición de la literatura anglo-norteamericana, que reseñó casi constantemente[27]. Es decir, una vez más hizo uso de una estrategia contextual y *El Hogar* se convirtió en el escenario idóneo para la defensa de este género tan polémico.

Según Fernández Vega (1996: 31), hay en estas reseñas una actitud pedagógica, pues pretenden influir en el gusto popular hacia una valoración del género policial a partir de las siguientes ideas estéticas que se proponen en ellas: carácter puramente intelectual del argumento que «debe respetar una estrecha vinculación interna con la solución que propone al enigma que plantea»; anti-psicologismo en

---

[26] Algunos de los textos de Borges publicados en esta revista entre los años 1936 y 1940 fueron recogidos en sus *Obras Completas* bajo el título *Textos cautivos*, antología realizada por Enrique Sacerio-Garí y Emir Rodríguez Monegal, en la que la página «Libros y autores extranjeros» ha quedado dividida en cuatro subgrupos: ensayos, biografías sintéticas, reseñas y comentarios publicados bajo el título «De la vida literaria».

[27] Para Borges, como para la opinión general, Edgar Allan Poe fue el inventor de este género, quien, además, nunca escribió una novela:

A diferencia de la historia de otros géneros literarios, la del género policial no ofrece ningún misterio. Un astrólogo podría establecer el horóscopo, ya que sabemos exactamente el día en que ese género fue inventado. Se trata de uno de los días del año 1841 y su inventor fue, como es notorio, aquel prodigioso escritor que se llamó Edgar Allan Poe. Poe en 1841 escribe *The Murders in the Rue Morgue* (...). Después de ese primer cuento policial, Poe escribe otros en los que se encuentran todas las características del género (Vázquez 1999: 135).

Si Edgar Allan Poe es considerado el inventor del género, Chesterton lo es como maestro, del que Borges admirará «sus virtudes retóricas, (...) sus puros méritos de destreza» (*Borges en Sur 1931-1980:* 22).

el cuento policial frente a la necesaria dosis en la novela y entretenimiento como finalidad que debe intentar capturar al lector. La postulación policial borgiana se opone, de este modo, a aquellos autores de ficciones policiales «que cifran su atención no tanto en el problema lógico en sí mismo, sino en el mero decorado de las circunstancias y técnicas del crimen y de la investigación» (1996: 31).

Sin embargo, quizá es el artículo aparecido en *Sur* en 1935 y titulado «Los laberintos policiales y Chesterton» (*Borges en Sur 1931-1980:* 126-129) donde Borges elabora de forma más consciente esta propuesta de cómo ha de escribirse un cuento policial, construyendo un verdadero código para el mismo de «alta calidad» que opta por la imaginación razonada.

Este código apareció en una primera versión en el artículo titulado «Leyes de la narración policial» (*Hoy Argentina*, Buenos Aires, año I, N° 2, abril de 1933). En él se presentan los «mandamientos de la narración policial» (*Textos recobrados 1931-1955*: 37): «A) Un límite discrecional de sus personajes», «B) declaración de todos los términos del problema», «C) Avara economía de los medios» «D) Primacía del cómo sobre el quién» «D) El pudor de la muerte» y «E) Necesidad y maravilla en la solución».

Si observamos detalladamente este código, Borges repite los postulados poetológicos que Poe, ya un siglo antes, había presentado como imprescindibles. Comencemos por el «límite discrecional de sus personajes». Este principio está subordinado al de la breve extensión, necesaria en todo cuento para producir el buscado *efecto* en el lector (para Poe un efecto intelectual) y al mismo tiempo a la necesidad de todos los elementos para evitar los ripios[28]. Si todos los personajes deben ser necesarios en la trama, significa que todos deberán desarrollar una función en la misma. La acumulación de personajes implicaría incluir meras figuras que no podrían ser desarrolladas por la breve extensión del cuento y, por tanto, se convertirían en pura decoración, puro ripio, necesario de evitar afanosamente:

> La infracción temeraria de esa ley tiene la culpa de la confusión y el hastío de todos los films policiales. En cada uno nos proponen quince desconocidos, y nos revelan finalmente que el desalmado no es Alpha que miraba por el ojo de la cerradura ni

---

[28] «yo espero demostrar algún día que la pura novela policial, sin complejidad psicológica, es un género espurio y que sus mejores ejemplos —*El misterio del cuarto amarillo* de Gaston Leroux, *El misterio de la cruz egipcia* de Ellery Queen, *El crimen del escarabajo* de S. S. Van Dine— ganarían muchísimo reducidas a cuentos breves. Es irrisorio que una adivinanza dure trescientas páginas...» (*O.C.* IV: 313).

menos Beta que escondió la moneda ni el afligente Gamma que sollozaba en los ángulos del vestíbulo sino ese joven desabrido Upsilon que hemos estado confundien-
do con Phi, que tanto parecido tiene con Tau el suplente. El estupor que suele producir ese dato es más bien moderado (*Textos recobrados 1931-1955*: 37).

«Declarar todos los términos del problema» es una ley imprescindible si se
espera del lector la descodificación del texto, lo que según Poe produce el efecto
del placer hedónico, fruto del éxito intelectual. Es decir, si se espera que el lector, apelando a su inteligencia, pueda descubrir el «misterio» de la trama que ha
ido leyendo, entonces se deberá «ser honesto» y ofrecer todas las informaciones.
En el caso de que el autor cumpla con este principio, entonces el lector:

> siente y goza intensamente la aparente novedad del pensamiento; lo goza como real-
> mente nuevo, como absolutamente original para el autor... y para sí mismo. Se ima-
> gina que, entre todos los hombres, sólo el autor y él han pensado eso. Entre ambos,
> juntos, lo han creado. Y por eso nace un lazo de simpatía entre los dos (Traducción
> de Cortázar 1956/1973: 129)[29].

Si, por el contrario, el lector no logra descifrar el texto debido a la total confusión por no haber sido declarados todos los términos del problema, entonces
éste «está excitado, pero al mismo tiempo se siente perturbado, confundido, y
en cierto modo le duele su propia falta de percepción, su tontería al no haber
dado él mismo con la idea» (Traducción de Cortázar 1956/1973: 129)[30]:

> Si la memoria no me engaña (o su falta) la variada infracción de esta segunda ley es
> el defecto preferido de Conan Doyle. Se trata, a veces, de unas leves partículas de ce-
> niza, recogidas a espaldas del lector por el privilegiado Holmes, y sólo derivables de
> un cigarro procedente de Burma, que en una sola tienda se despacha, que sirve a un
> solo cliente. Otras, el escamoteo es más grave. Se trata del culpable, terriblemente
> desenmascarado a última hora para resultar un desconocido, una insípida y torpe in-

---

[29] «feels and intensely enjoys the seeming novelty of the thought enjoys it as really novel, as absolutely original with the writer —*and* himself. They two, he fancies, have, alone of all men,
thought thus. They two have, together, created this thing. Henceforward there is a bond of
sympathy between them, a sympathy which irradiates every subsequent page of the book» (Poe
1847/1984: 581).

[30]«is excited, but embarrassed, disturbed, in some degree even pained at his own want of per-
ception, at his own folly in not having himself hit upon the idea» (Poe 1847/1984: 581).

terpolación. *En los cuentos honestos, el criminal es una de las personas que figuran desde el principio*[31] (*Textos recobrados 1931-1955*: 37-38).

La «necesidad y maravilla en la solución» implica para Borges que «el problema debe ser un problema determinado, apto para una sola respuesta». Esa respuesta debe «maravillar al lector sin apelar a lo sobrenatural» (*Textos recobrados 1931-1955*: 37-38).

También están prohibidos el hipnotismo, las alucinaciones telepáticas, los presagios, los elixires de operación desconocida y los talismanes. Chesterton, siempre, realiza el *tour de force* de proponer una aclaración sobrenatural y de reemplazarla luego, sin pérdida, con otra de este mundo (*Textos recobrados 1931-1955*: 38-39).

Es decir, aquello que impida que un lector inteligente pueda averiguar las causas del problema que toda narración breve policial presenta.

Con la defensa de este género de «imaginación razonada», Borges se opone a una tendencia dominante en la época, esto es, el psicologismo, a la que se refiere en el prólogo a *La invención de Morel* de Bioy Casares publicado en 1940 por la editorial Losada de Buenos Aries (*O.C.* IV: 25-27). Borges disiente de las opiniones de Ortega y Gasset en *La deshumanización del arte* (1925) en relación al arte contemporáneo: «es muy difícil que hoy quepa inventar una aventura capaz de interesar a nuestra sensibilidad superior», ya que además la invención «es prácticamente imposible» en este tiempo (Citado por Borges *O.C.* IV: 25). Como consecuencia, la única opción posible sería la novela psicológica del tipo que más tarde escribirá Benjamín Jarnés. En su prólogo, Borges se propone disentir de esta teoría atendiendo a cuestiones intelectuales y empíricas. En primer lugar critica a la novela psicológica su tendencia al caos por pretender transcribir fielmente la realidad[32]. La novela de aventuras, sin embargo, se ve libre de este caos, precisamente por aceptar su condición de objeto artificial. En cuanto a los motivos de carácter empírico, Borges comprueba que en la literatura actual priman precisamente las tramas, los argumentos como lo evidencian los ejemplos de Chesterton o Kafka: «ninguna otra época posee novelas de tan admirable ar-

---

[31] Cursiva nuestra.

[32] En su conferencia «El cuento policial» incluida en *Borges, oral* (*O.C.*: IV: 189-197) y realizada en 1978, después de 30 años de masiva producción, Borges se lamenta por la decadencia del género en el país que lo creó: Estados Unidos, donde finalmente se tendió al realismo, la violencia y se olvidó el origen intelectual del cuento policial.

gumento como *The Turn of the Screw*, como *Der Prozess*, como *Le Voyageur sur la Terre*, como esta que ha logrado, en Buenos Aires, Adolfo Bioy Casares» (*O.C.* IV: 26). Finalmente considera *La invención de Morel* como la obra iniciadora de un género nuevo en Argentina y en lengua castellana[33].

Este rechazo vuelve a aparecer, años más tarde, en su conocida conferencia sobre el género policial realizada el 16 de junio de 1978 y recogida en *Borges, oral* (*O. C.* IV: 189-197). Aquí Borges lleva a cabo una apología del género a partir de los conceptos de coherencia y cohesión que dominan en el cuento policial en contraposición al caos que predomina en la literatura «actual»:

> ¿Qué podríamos decir como apología del género policial? Hay una que es muy evidente y cierta: nuestra literatura tiende a lo caótico. Se tiende al verso libre porque es más fácil que el verso regular; la verdad es que es muy difícil. Se tiende a suprimir personajes, los argumentos, todo es muy vago. En esta época nuestra, tan caótica, hay algo que, humildemente, ha mantenido las virtudes clásicas: el cuento policial. Ya que no se entiende un cuento policial sin principio, sin medio y sin fin. Éstos los han escrito escritores subalternos, algunos los han escrito escritores excelentes: Dickens, Stevenson y, sobre todo, Wilkie Collins. Yo diría, para defender la novela policial, que no necesita defensa, leída con cierto desdén ahora, está salvando el orden de una época de desorden. Esto es una prueba que debemos agradecerle y es meritorio (*O.C.* IV: 197).

La postulación policial que tanto Borges como Bioy propusieron a partir de sus reflexiones a mediados de la década de los treinta, así como a través de su propia praxis, tuvo consecuencias no sólo en el cultivo posterior del género, sino en la literatura argentina en general de los años cuarenta en adelante. No exclusivamente las ficciones policiales y las obras en colaboración de Borges, cuya magnífica recepción señala el triunfo de este intento de centralización del género —tras más o menos una década de intromisión en la discusión literaria acerca del mismo—, se vieron influidas por esta poética policial, sino también el resto de su narrativa y parte de la narrativa argentina, que se alejó de algún modo, por tanto, de la tendencia realista-psicologista. Y es que las características del género policial fueron extrapoladas por Borges a otros géneros literarios, tomando los elementos del mismo (el rigor, la estructura rígida, la ordenación de la histo-

---

[33] Es fácil imaginar por qué este género interesó tanto a Borges si tenemos en cuenta que en este tipo de literatura, la inteligencia, la técnica del autor, desempeña un factor principal y produce un efecto placentero en el lector, quien se acerca a ella con fines hedonistas.

ria en función del desenlace, la inteligencia como factor estructurador del argumento), como elementos necesarios en todo cuento «bien construido».

Este hecho puede ser constatado en el prólogo realizado por Borges a *Los nombres de la muerte* de María Esther Vázquez en 1964:

> Las piezas de este libro no son ni quieren ser policiales, pero se advierte en ellas el rigor, el juego de sorpresa y de expectativa, que ha proyectado el género policial sobre la novela y el cuento (*O.C.* IV: 155).

Pero quizá las palabras de Bioy Casares, puedan servirnos de constatación última del proceso de centralización que ambos colaboradores llevaron a cabo del género policial, situándolo en el centro mismo de la literatura argentina e hispanoamericana:

> Tal vez el género policial no haya producido un libro. Pero ha producido un ideal: un ideal de invención, de rigor, de elegancia (en el sentido que se da a la palabra en matemáticas) para los argumentos. Destacar la importancia de la construcción; éste es, quizá el significado del género en la historia de la literatura (Bioy Casares 1942).

Segunda parte

La poética narrativa en la praxis cuentística de Jorge Luis Borges

1.
Narrativa inaugural:
Historia universal de la infamia

Los relatos que componen el volumen *Historia universal de la infamia*[1], elaborados en su mayor parte entre 1933 y 1934, constituyen el ingreso de Borges en el género del relato breve. Esta producción narrativa coincide cronológicamente en el ámbito crítico con las reflexiones del autor en torno al género, que aparecieron en diferentes revistas de la época. Al respecto, amerita mencionar dos ensayos fundamentales como «La postulación de la realidad» de 1931[2] y «El arte narrativo y la magia» de 1932[3]. Asimismo relevante es el prólogo que acompañó al volumen en su primera edición de 1935 en el que Borges aclaró las diferentes influencias (Stevenson, Chesterton, von Sternberg y «cierta biografía de Evaristo Carriego») y algunos procedimientos compositivos como «las enumeraciones dispares», «la brusca solución de continuidad» o «la reducción de la vida entera de un hombre a dos o tres escenas» (*O.C.* I: 289).

La estética operante en *HUI* puede definirse de vanguardista, rupturista que descanoniza ciertos «—ismos» dominantes en el panorama literario contemporáneo. En primer lugar, *HUI* rechaza la tendencia «psicologista» en literatura que se propone la tarea —para Borges imposible— de representar la realidad extraliteraria fenoménica en el texto ficcional sin incurrir en imprecisiones y trabando cada acontecimiento según un orden riguroso de causas y efectos. En su ensayo «La postulación de la realidad» de 1931 Borges aclara este rechazo a partir de un hecho cognitivo: «la imprecisión es tolerable o verosímil en la literatura, porque a ella propendemos siempre en la realidad» (*O.C.* I: 218).

Aceptado este hecho, en su ensayo «El arte narrativo y la magia» (*O.C.* I: 226-232) Borges propone para la literatura un orden muy diverso «lúcido y atávico», a saber, «la primitiva claridad de la magia»:

---

[1] En este capítulo se utilizará la abreviatura *HUI*.
[2] *Azul*, año 2, Nº 10. Buenos Aires, junio de 1931, pp. 13-18.
[3] *Sur*, Nº 5. Buenos Aires, enero de 1932, pp. 172-179.

(...) el problema central de la novelística es la causalidad. Una de las variedades del género, la morosa novela de caracteres, finge o dispone una concatenación de motivos que se proponen no diferir de los del mundo real. Su caso, sin embargo, no es el común. En la novela de continuas vicisitudes, esa motivación es improcedente, y lo mismo en el relato de breves páginas y en la infinita novela espectacular que compone Hollywood con los plateados *idola* de Joan Crawford y que las ciudades releen. Un orden muy diverso los rige, lúcido y atávico. La primitiva claridad de la magia (*O.C.* I: 230).

Del mismo modo *HUI* se aleja de cualquier intento didáctico. En el título mismo, la palabra «infamia» ya participa de este propósito. Borges no se ha propuesto presentar una serie de infames a modo de antiejemplos para el lector, sino todo lo contrario. Estos infames son presentados por los narradores respectivos como héroes, eso sí, héroes de la infamia.

El «macizo biografismo», como lo denomina Sarlo (2001), es igualmente desplazado en estos relatos brevísimos. Si por un lado la brevedad de *HUI* tiene que ver con las exigencias de la publicación —la gran parte de estos relatos aparecieron anteriormente en el diario *Crítica* entre 1933 y 1934— por otro lado, responde a un propósito estético. Borges aprendió de Edgar Allan Poe que todo relato ha de evitar los ripios innecesarios para conseguir un efecto en el lector. Este propósito ha sido llevado a la práctica en *HUI* a través de diferentes recursos como el uso del resumen o comentario, la alusión, economía del lenguaje, descripciones referenciales, etc.

Junto al carácter rupturista de la poética operante en *HUI*, cabe hablar, del mismo modo, de un carácter innovador. Puede considerarse fruto del legado vanguardista el carácter visual de *HUI*. La tendencia hacia la imagen, la visualidad —que por otro lado Borges ya había aprendido de Stevenson (Balderston 1985)— acercan a *HUI* a otro arte: el arte del cinematógrafo. Borges ha aplicado algunas técnicas cinematográficas que admiraba del cine norteamericano como la «brusca solución de continuidad», «la reducción de la vida entera de un personaje a dos o tres escenas», la técnica del «montaje elíptico» y lo más importante, la elaboración de una «puesta en escena» para sus relatos.

HUI recoge también la tendencia neocriollista o criollo-vanguardista que Borges había cultivado desde *Fervor de Buenos Aires*. Frente al criollismo rural dominante, «Hombre de la esquina rosada» se presenta como ejemplo magnífico de una innovadora tendencia: la urbanización, la modernización de lo criollo en un espacio suburbial en el que se encuentra el compadrito, nuevo signo de la identidad argentina.

Por último encontramos en *HUI* una nueva manera de entender lo fantásti-co. La sección «Etcétera», definida por Borges en su prólogo como antología de «ejemplos de magia», puede considerarse, como veremos, el germen de la narra-tiva fantástica borgiana de los años cuarenta.

En las páginas siguientes llevaremos a cabo el análisis de las diferentes sec-ciones que componen el volumen desde los postulados de esta poética narrativa que acabamos de esbozar.

1.1. «HISTORIA UNIVERSAL DE LA INFAMIA»

«Historia universal de la infamia», primera sección del volumen, pertenece al género de la biografía. Durante la segunda mitad de la década del treinta, Bor-ges publicó diversas muestras de éste género en la revista *El Hogar*, para la que colaboraba[4], siguiendo un modelo que «ya ha caído en desuso y para el cual Bor-ges tiene un talento excepcional: el retrato» (Sarlo 2001). En concreto, las siete biografías ficticias que integran la primera sección se detienen en los episodios fundamentales de la vida de sus protagonistas, levemente sostenidos en las coor-denadas temporales del «antes» y del «después», episodios éstos trabados en un discurso «vanguardista» siguiendo modelos narrativos y cinematográficos que pretenden alejarse del modelo dominante en la época[5]. Tres son los relatos más representativos al respecto que analizaremos en las páginas siguientes: «El atroz redentor Lazarus Morell», «El impostor inverosímil Tom Castro» y «El asesino desinteresado Bill Harrigan».

1.2. «EL ATROZ REDENTOR LAZARUS MORELL» O LA PARODIA DE LA NOVELA PSICOLÓGICA

La primera biografía que inaugura este repertorio de infames tiene como pro-tagonista a un canalla norteamericano de nombre Lazarus Morell. Las riberas del

---

[4] Algunas de las escritas entre 1936 y 1940 para la revista *El Hogar* fueron recogidas bajo el tí-tulo de «Biografías sintéticas» en *Textos cautivos* (1986), antología editada por Enrique Sacerio-Garí y Emir Rodríguez Monegal (*O.C.* IV: 207-443).

[5] Para Sarlo, el carácter breve de las biografías borgianas «es una crítica, en estado práctico, al biografismo, extenso, macizo y confiado en la construcción referencial, de la época en que Borges los escribía» (Sarlo 2001).

Mississippi y sus plantaciones de algodón son el escenario de su macabro crimen. Morell, perteneciente a los «*poor whites*» o a la «canalla blanca» que vivía «en las chacras abandonadas, en los suburbios, en los cañaverales apretados y en los lodazales abyectos», y que mendigaban «pedazos de comida robada» (*O.C.* I: 296) por los negros, contaba, sin embargo, con el orgullo de la sangre sin mezcla. Ayudado por otros canallas de su condición inventa un fraude macabro consistente en la reventa y asesinato de esclavos negros, a los que previamente les había prometido libertad. El negocio de Morell prospera vertiginosamente hasta «comandar unos mil [hombres], todos juramentados» (*O.C.* I: 297), además contaba con una jerarquía muy clara que protegía fundamentalmente a su mentor:

> Doscientos integraban el Consejo Alto, y éste promulgaba las órdenes que los restantes ochocientos cumplían. El riesgo recaía en los subalternos. En caso de rebelión, eran entregados a la justicia o arrojados al río correntoso de aguas pesadas, con una segura piedra a los pies. Eran con frecuencia mulatos (*O.C.* I: 297-298).

La prosperidad mencionada obliga a Morell a «admitir nuevos afiliados» (*O.C.* I: 299), uno de los cuales termina por delatar el negocio. A pesar de la operación judicial, Morell logra escapar y forja un nuevo plan descomunal: convencer a los esclavos negros (que confiaban en él, desconocedores del destino de sus compañeros a los que nunca volvieron a ver) para «una sublevación total de los negros, la toma y el saqueo de Nueva Orleans y la ocupación de su territorio» (*O.C.* I: 299). «Contrariamente a toda justicia poética (o simetría poética)» (*O.C.* I: 300) el atroz redentor Lazarus Morell muere por una congestión pulmonar.

En relación al proceso de trabazón de los episodios que configuran la historia, esta biografía parodia el método de la novela de caracteres o «psicológica». Así, en el primer capítulo de los ocho que configuran el relato, una exhaustiva enumeración de causas y efectos se entretejen vertiginosamente para explicar el origen del protagonista:

> En 1517 el Padre Bartolomé de las Casas tuvo mucha lástima de los indios que se extenuaban en los laboriosos infiernos de las minas de oro antillanas, y propuso al emperador Carlos V la importación de negros, que se extenuaran en los laboriosos infiernos de las minas de oro antillanas. A esa curiosa variación de un filántropo debemos infinitos hechos: los *blues* de Handy, el éxito logrado en París por el pintor doctor oriental don Pedro Figari, la buena prosa cimarrona del también oriental don Vicente Rossi, el tamaño mitológico de Abraham Lincoln, los quinientos mil muer-

tos de la Guerra de Secesión, los tres mil trescientos millones gastados en pensiones militares, la estatua del imaginario Falucho, la admisión del verbo *linchar* en la decimotercera edición del *Diccionario de la Academia*, el impetuoso film *Aleluya*, la fornida carga a la bayoneta llevada por Soler al frente de sus *Pardos y Morenos* en el Cerrito, la gracia de la señorita de Tal, el moreno que asesinó Martín Fierro, la deplorable rumba *El Manisero*, el napoleonismo arrestado y encalabozado de Toussaint Louverture, la cruz y la serpiente en Haití, la sangre de las cabras degolladas por el machete del *papaloi*, la habanera madre del tango, el candombe.
Además: la culpable y magnífica existencia del atroz redentor Lazarus Morell (*O.C.* I: 295).

A partir del segundo capítulo del relato, donde comienza a narrarse la historia de Morell, se observa una intención transgresora del modelo parodiado. A nivel del discurso, los acontecimientos, —elegidos arbitrariamente de los muchos de los que se compone la vida del protagonista—, se traban de manera yuxtapuesta. Estructuralmente, el relato se divide en ocho capítulos y cada capítulo desarrolla un episodio o cadena de sucesos enmarcados en su cronotopo narrativo que es abandonado por el narrador al final del capítulo, no siempre dotado de una conclusión. En el último capítulo de título «La interrupción», un episodio inesperado cierra la trama, la muerte accidental de «Lazarus Morell» que rompe con las expectativas de una lógica casual:

> Morell capitaneando pobladas negras que soñaban ahorcarlo, Morell ahorcado por ejércitos negros que soñaba capitanear —me duele confesar que la historia del Mississippi no aprovechó esas oportunidades suntuosas. Contrariamente a toda justicia poética (o simetría poética) tampoco el río de sus crímenes fue su tumba. El 2 de enero de 1835, Lazarus Morell falleció de una congestión pulmonar en el hospital de Natchez, donde se había hecho internar bajo el nombre de Silas Buckley. Un compañero de la sala común lo reconoció. El 2 y el 4, quisieron sublevarse los esclavos de ciertas plantaciones, pero los reprimieron sin mayor efusión de sangre (*O.C.* I: 300).

El pretendido antipsicologismo del relato trabaja paralelamente con una intención antididáctica. El autor no pretende a modo de fábula presentar a un antihéroe que al final la ley de la causalidad castiga, sino todo lo contrario. De este modo, Borges invierte los valores morales en estos relatos donde a mayor villanía mejor lugar en el récord de maldades que recoge *HUI*.
Junto a la deconstrucción del modelo psicológico-didáctico, Borges ha buscado en todo momento ser breve. Para conseguir este objetivo se ha ayudado de

diferentes recursos compositivos como el uso de la alusión. En este sentido es interesante una cita posterior de Borges al respecto:

> Ahora ya he descubierto que únicamente por la alusión se puede ofrecer una idea de
> algo. Encuentro que la alusión tiene una importancia mucho mayor que la expre-
> sión. En su peor instancia, las cosas pueden ser expresadas; pero *mediante la alusión*
> *extraemos un recuerdo en el lector, y con ello obtenemos un gran número de cosas*[6]. Por
> eso *Martín Fierro* resulta tan superior al resto de la poesía gauchesca. Hernández
> nunca describe el paisaje. Escribe: «en esa hora de la tarde, en que el mundo parece
> vivir en pura calma», etc. Todo es una alusión. Mientras en *Don Segundo Sombra*
> todo se vuelve ligeramente teatral, ligeramente chillón; hay continuas interrupciones
> para dejar actuar a una visión verbal del paisaje. No creo que una narración deba de-
> tenerse para proporcionar el paisaje (Borges, citado por Olea Franco 1993: 283).

Las siete biografías infames recogidas en esta *Historia* presentan alusiones
textuales a personajes o hechos extra-textuales fácticos conocidos por el lector.
Estas alusiones, como lo menciona el propio Borges, consiguen evocar un re-
cuerdo en el lector por lo que se evita «tener que contarlo todo». Éste es el procedimiento que explica la comparación que el narrador lleva a cabo entre los esclavos negros que trabajan «las vastas plantaciones de algodón que había en las
orillas (...), de sol a sol» con aquellos alrededor del río Jordán: «El Mississippi les
servía de magnífica imagen del sórdido Jordán» (*O.C.* I: 296). Y entre el negocio
vulgar de Al Capone y Bugs Moran y la gran industria creada por Morell:

> Al Capone y Bugs Moran operan con ilustres capitales y con ametralladoras serviles
> en una gran ciudad, pero su negocio es vulgar. Se disputan un monopolio, eso es
> todo... En cuanto a cifras de hombres, Morell llegó a comandar unos mil, todos ju-
> ramentados (...) (*O.C.* I: 297).

La concisión y la precisión del lenguaje que caracteriza desde el comienzo
este relato acercan el discurso ficcional al discurso expositivo propio de los textos científicos caracterizados fundamentalmente por el uso de la monosemia. En
ocasiones incluso podría hablarse de un discurso tendencialmente enciclopédi-
co, como lo demuestra claramente la siguiente cita:

---

[6] Cursiva nuestra.

El Mississippi es río de pecho ancho; es un infinito y oscuro hermano del Paraná, del Uruguay, del Amazonas y del Orinoco. Es un río de aguas mulatas; más de cuatrocientos millones de toneladas de fango insultan anualmente el Golfo de Méjico, descargadas por él (*O.C.* I: 295)[7].

Otro recurso lingüístico que favorece la concisión y precisión del relato es el uso de *descripciones referenciales* en las que:

La selección de componentes se basa en la contigüidad de los elementos del contenido. Ello significa que la presencia de algunos elementos implica la existencia de otros. El detalle que falte puede suplirlo el lector. Las características generales implican características específicas, a menos que éstas representen a las primeras. El objetivo es impartir conocimiento (Mieke Bal 1998: 138).

Un ejemplo de este tipo de *descripción referencial* lo encontramos en el retrato del protagonista infame de esta biografía: «Sabemos, sin embargo, que no fue agraciado de joven y que los ojos demasiado cercanos y los labios lineales no predisponían a su favor. Los años, luego, le confirieron esa peculiar majestad que tienen los canallas encanecidos, los criminales venturosos e impunes» (*O.C.* I: 297).

Asimismo amerita mencionar el gusto de Borges por el recurso narrativo del resumen o comentario, un recurso al que Borges se refiere en el prólogo de 1941 a *El jardín de senderos que se bifurcan*:

Desvarío laborioso y empobrecedor el de componer vastos libros; el de explayar en quinientas páginas una idea cuya perfecta exposición oral cabe en pocos minutos. Mejor procedimiento es simular que esos libros ya existen y ofrecer un resumen, un comentario (*O.C.* I: 429).

Esta técnica opera a lo largo de toda la biografía. De la larga lista de delitos de la carrera delictiva de Morell, el narrador ha seleccionado sólo un episodio: su negocio de reventa de esclavos que sitúa en unas coordenadas del antes y el después a través de la técnica del resumen evitando todo tipo de digresión:

---

[7] Nótese, sin embargo, la inserción de ciertos desvíos del lenguaje científico propios de la lengua literaria. Así, cabe señalar el sintagma nominal «río de pecho ancho», el sintagma verbal «insultan anualmente el Golfo de México»; o el adjetivo «mulatas» referido a «aguas».

Los caballos robados en un Estado y vendidos en otro fueron apenas una digresión
en la carrera delincuente de Morell, pero prefiguraron el método que ahora le asegu-
raba su buen lugar en una Historia Universal de la Infamia (*O.C.* I: 297).

1.3. «EL IMPOSTOR INVEROSÍMIL TOM CASTRO» Y EL MODELO DE LA NOVELA DE AVENTURAS

La segunda biografía de *HUI* trabaja para la construcción de su historia con
el material de un juicio real que tuvo lugar en Inglaterra a finales del siglo XIX,
conocido como «El caso Tichborne».

Nuevamente, Borges se aleja del modelo psicológico y opta por un tipo de
estructura rigurosa, esto es, la estructura de la novela de peripecias moderna que
se desarrolla fundamentalmente en lengua inglesa en el siglo XIX (en concreto
por R. L. Stevenson) y que renace entre la maraña del psicologismo, según Borges, con Bioy Casares y su *Invención de Morel*. Para Borges, la novela de aventuras o de peripecias comparte con el género policial su intrínseco rigor: «es un objeto artificial que no sufre ninguna parte injustificada» (*O.C.* IV: 25).

«El impostor inverosímil Tom Castro» comienza con el viaje del protagonista de nombre original Arthur Orton, nacido en Inglaterra en 1834, quien, movido por el «llamado del mar», «huyó de su deplorable suburbio color rosa tiz-
nado y bajó en un barco a la mar y (...) desertó en el puerto de Valparaíso» (*O.C.*
I: 301).

Son cuatro los viajes realizados por el protagonista, de Inglaterra a Chile, de
allí a Sydney, después a París y finalmente a Londres. En cada uno de los lugares
acontece algún episodio fundamental para el desarrollo de la historia. En Chile
es acogido por una familia cuyo nombre, Castro, adopta. En Sydney conoce a
un sirviente negro de nombre Bogle a quien salva de un posible accidente de trá-
fico e inicia una amistad. Es en Sydney también donde los dos amigos tienen
noticia de la tragedia de Lady Tichborne en un diario local.

Lady Tichborne busca a su hijo Charles Tichborne, desaparecido en un nau-
fragio en el Atlántico en una travesía entre Río de Janeiro y Liverpool en 1853.
Conocedores de la fortuna de los Tichborne, Bogle decide hacer pasar a su amigo por el hijo desaparecido y de este modo hacerse con la fortuna familiar. Por
este motivo viajan a París en enero de 1867 para encontrar a Lady Tichborne,
quien sin dudar reconoce en Orton, «un palurdo desbordante, de vasto abdo-
men, rasgos de una infinita vaguedad, cutis que tiraba a pecoso, pelo ensortija-

do castaño, ojos dormilones y conversación ausente y borrosa», a su hijo Charles «un esbelto caballero de aire envainado, con los rasgos agudos, la tez morena,
el pelo negro y lacio, los ojos vivos y la palabra de una precisión ya molesta»
(*O.C.* I: 302). Tras la muerte de la «madre» Castro tiene que defenderse de las
acusaciones familiares que no aceptan a un pariente tan inverosímil. En el último paradero de los protagonistas, Londres, tiene lugar la muerte de Bogle en un
atropello, perseguido por el destino del que una vez le salvó Orton. Tras la muerte de Bogle, la falsa identidad de Orton se hace insoportable debido a las continuas contradicciones de su historia. Finalmente un tribunal lo condena a catorce años de trabajos forzados, tras los cuales seguirá viajando por el Reino Unido
«pronunciando conferencias en las que declaraba su inocencia o afirmaba su culpa» (*O.C.* I: 305), «siempre al servicio de las inclinaciones del público» hasta su
muerte en 1898.

En relación a la configuración de los personajes de este relato, frente a una
caracterización individual, encontramos un proceso de diferenciación colectivo
a través de elementos contrastivos que favorecen la brevedad. De este modo
puede hablarse de una configuración oximorónica que relaciona inversamente a
Charles Tichborne con Tom Castro:

Tom Castro:	vs.	Charles Tichborne:
«Palurdo desbordante»	vs.	«Aire envainado»
«Vasto abdomen»	vs.	«Esbelto caballero»
«Rasgos de una infinita vaguedad»	vs.	«Rasgos agudos»
«Cutis que tiraba a pecoso»	vs.	«Tez morena»
«Pelo ensortijado castaño»	vs.	«Pelo negro y lacio»
«Ojos dormilones»	vs.	«Ojos vivos»

La tendencia oximorónica del relato no se reduce a la caracterización de los
personajes, como acabamos de ver, sino que se encuentra a otros niveles de su
composición. Ya en el título «El impostor inverosímil» se advierte este hecho
que, por otro lado, no es exclusivo de este relato, sino que reaparece en otros títulos de la serie: «El atroz redentor...», «El asesino desinteresado...» o «El incivil
maestro de ceremonias...». Del mismo modo, en la propia historia hallamos un
procedimiento oximóronico: la intención de Bogle de hacer verosímil la identidad de Arthur Orton como Charles Tichborne a través de acentuar las inverosi-
militudes.

El oxímoron es un recurso que Borges continuará practicando en su narrativa posterior y que está en la base, por ejemplo, de un motivo fundamental: el

doble. De hecho, podemos ver este motivo en el propio relato: «Tom Castro era el fantasma de Tichborne» (*O.C.* I: 305), su doble inverosímil, su reflejo en un espejo invertido. Pero, si Charles Tichborne es oximorónicamente el otro «yo» de Arthur Orton, Bogle es, metonímicamente, el cerebro del mismo. A lo largo de todo el relato se ha creado una relación de dependencia entre los dos amigos. Bogle es quien tiene la «ocurrencia genial» y quien organiza cada uno de los pasos que Arthur Orton da desde que leen el anuncio en el periódico. Por otro lado, Bogle depende de él para la seguridad de su vida.

Se configura así una especie de proceso contrario: por un lado dos personajes diferentes que forman uno solo (Bogle el cerebro y Arthur Orton o Tom Castro el cuerpo) y por otro, una persona que es dos al mismo tiempo (Arthur Orton es a la vez Tom Castro y Charles Tichborne): «Tom Castro era el fantasma de Tichborne, pero un pobre fantasma habitado por el genio de Bogle. Cuando le dijeron que éste había muerto se aniquiló» (*O.C.* I: 305).

1.4. «El asesino desinteresado Bill Harrigan» y el modelo cinematográfico

En el prólogo a *HUI* de 1954 Borges afirma que este libro «no es otra cosa que apariencia, que una superficie de imágenes» y que «por eso mismo puede acaso agradar» (*O.C* I: 291). Las generaciones vanguardistas —a las que Borges perteneció al comienzo de su carrera— manifestaron en diferentes artículos y reseñas su gusto por el nuevo arte[8]. En el cinematógrafo encontraron un nuevo modo estético que venían anhelando, un culto a la imagen. Diferentes autores adaptaron algunas técnicas del cine a sus propias producciones artísticas, como fue el caso de la famosa novela-film *Cagliostro* de Vicente Huidobro publicada en lengua española en 1934.

Borges reconoce en su prólogo haber abusado de algunos procedimientos como las «enumeraciones dispares», «la brusca solución de continuidad» o «la reducción de la vida entera de un hombre a dos o tres escenas», procedimientos

---

[8] Las revistas literarias de la época, como el importante caso de *Grecia* o *Cosmópolis,* representan un clarísimo testimonio de este hecho. Guillermo de Torre fue en el ámbito de la vanguardia hispánica «quien con mayor entusiasmo abraza la causa del cinematógrafo. Tanto la producción lírica de este momento como sus ensayos demuestran claramente el grado de deslumbramiento que le produce el nuevo 'planto dinámico del film'» (Núñez García 2000: 421).

éstos que el nuevo arte, sobre todo en su versión americana, llevaba a la práctica en sus producciones.

Efectivamente «El asesino desinteresado Bill Harrigan», quizá la pieza más visual del volumen, está construida a modo de un film americano. Al inicio el autor describe el escenario en el que tendrá lugar la primera escena:

> La imagen de las tierras de Arizona, antes que ninguna otra imagen: la imagen de las tierras de Arizona y de Nuevo México, tierras con un ilustre fundamento de oro y de plata, tierras vertiginosas y aéreas, tierras de la meseta monumental y de los delicados colores, tierras con blanco resplandor de esqueleto pelado por los pájaros. En esas tierras, otra imagen, la de Billy the Kid: el jinete clavado sobre el caballo, el joven de los duros pistoletazos que aturden el desierto, el emisor de balas invisibles que matan a distancia, como una magia (*O.C.* I: 316).

Siguiendo el esquema de «Historia universal de la infamia», la biografía del asesino compulsivo Billy the Kid está estructurada en diferentes episodios, entre los cuales se producen saltos temporales y espaciales en la vida del protagonista. Esta discontinuidad es advertida por el propio narrador en la sección «Demolición de un mejicano»: «La Historia (que, a semejanza de cierto director cinematográfico, procede de imágenes discontinuas) (...)» (*O.C.* I: 317). Un procedimiento éste, el de la discontinuidad narrativa que admiró del cine americano y que no compartió el europeo, abundante en escenas inmotivadas.

La primera intervención del narrador a modo de guionista que describe la puesta en escena queda fuera de la estructura episódica. El primer episodio bajo el título «El estado larval» resume brevemente los primeros años del todavía conocido como Bill Harrigan, un hijo de «vientre irlandés» (*O.C.* I: 316), criado entre negros que militó en la pandilla de los Swamp Angels de Nueva York donde tuvo lugar su aprendizaje y al que «le gustaba asistir (acaso sin ningún presentimiento de que eran símbolos y letras de su destino) a los melodramas de cowboys» (*O.C.* I: 316).

La infancia del protagonista es abandonada por el narrador, cuya narración da un salto en el tiempo y en el espacio y presenta en el siguiente episodio, «Go West!», a un Bill Harrigan escapando de la justicia en dirección al Oeste, el gran sueño americano. Este episodio se compone de la reproducción de imágenes que a gran velocidad se yuxtaponen sin cohesión conjuntiva[9]:

---

[9] Recordemos cómo Huidobro señalaba la necesidad de esta rapidez narrativa para un lector acostumbrado a ella en el cinematógrafo.

América sufría entonces la atracción del Oeste. Detrás de los ponientes estaba el oro de Nevada y de California. Detrás de los ponientes estaba el hacha demoledora de cedros, la enorme cara babilónica del bisonte, el sombrero de copa y el numeroso lecho de Brigham Young, las ceremonias y la ira del hombre rojo, el aire despejado de los desiertos, la desaforada pradera, la tierra fundamental cuya cercanía apresura el latir de los corazones como la cercanía del mar. El Oeste llamaba (*O.C.* I: 317).

El momento fundamental seleccionado para esta historia de los que componen la vida del infame es el episodio situado en el centro mismo del relato, titulado «Demolición de un mejicano». Nuevamente el narrador comienza describiendo la «puesta en escena»:

> La Historia (...) propone ahora la de una arriesgada taberna, que está en el todopoderoso desierto igual que en alta mar. El tiempo, una destemplada noche del año 1873; el preciso lugar, el Llano Estacado (New Mexico). La tierra es casi sobrenaturalmente lisa, pero el cielo de nubes a desnivel, con desgarrones de tormenta y de luna, está lleno de pozos que se agrietan y de montañas. En la tierra hay el cráneo de una vaca, ladridos y ojos de coyote en la sombra, finos caballos y la luz alargada de la taberna. Adentro, acodados en el único mostrador, hombres cansados y fornidos beben un alcohol pendenciero y hacen ostentación de grandes monedas de plata, con una serpiente y un águila (...) Bill Harrigan, rojiza rata de conventillo, es de los bebedores (*O.C.* I: 317).

Este escenario tan visualmente descrito es testigo del episodio que convierte a Bill Harrigan en el mito Billy the Kid. Un mexicano, de nombre Belisario Villagrán, apodado el *Dago*, entra en la taberna y provoca verbalmente a «los gringos hijos de perra que están bebiendo» (*O.C.* I: 317). La provocación termina con la respuesta «valerosa» de Bill Harrigan que acaba con la vida del *Dago*. Este hecho valeroso supone la admiración de todos los que están en la taberna, sin embargo, la muerte justificada en la ley del coraje no es la única en la larga carrera de este asesino desinteresado. El siguiente y último episodio, titulado «Muertes porque sí», presenta a un Billy the Kid que intenta camuflar su condición de compadrito de Nueva York por la de un *cowboy*, su propio mito. Finalmente es asesinado accidentalmente por su amigo el *sheriff* con una carrera asesina de «veintiuna muertes —'sin contar mejicanos'» (*O.C.* I: 316).

El último episodio es significativo en relación a dos propósitos. En primer lugar el antididactismo, ya que la historia no acaba con la muestra de coraje de Bill Harrigan en la taberna tras la provocación, —asesinato que hubiera quedado justificado en las leyes de los *cowboys*—, sino que a este hecho le siguen otras muertes «porque sí», presentando a un verdadero asesino compulsivo, un anti-héroe como protagonista. En segundo lugar, este relato comparte la característica del antisentimentalismo, hecho que se observa fundamentalmente en el júbilo de la gente tras la muerte del *Dago* y de Billy the Kid mismo.

1.5. «Hombre de la esquina rosada»

«Hombre de la esquina rosada»[10], elaborado en 1933, se considera el texto más característico de la etapa criollista de Borges, que se extiende desde la llegada del autor a Buenos Aires en 1921 hasta la fecha aproximada de 1935[11]. Incluso la crítica lo ha querido ver como «la expresión más auténtica de la ideología de aquel entonces» (Berg 1999: 93).

Efectivamente, HER recoge en sí los postulados del criollismo urbano o neocriollismo que, como ya advertimos[12], se aleja del mero gauchismo nostálgico desarrollado por la Generación del Centenerio y se urbaniza, se moderniza en la figura del «compadrito» que vive en los arrabales de la ciudad.

Al igual que la tendencia criollista del Centenario, el nuevo criollismo argentino, reunido en torno a la revista *Martín Fierro*, propone la necesidad de una lengua nacional y su representación en la literatura a través de la distinción de los rasgos de oralidad que la caracterizan.

En el seno mismo del criollismo vanguardista o neocriollismo, Borges propone una nueva versión de esta textualización de la oralidad argentina. Frente al habla rural, gauchesca que hasta este momento se había textualizado en obras argentinas a favor del proyecto nacionalista desarrollado a partir del Centenario, Borges propone la textualización de un habla urbana, arrabalera, la del compadrito que vive en los suburbios de Buenos Aries[13]. Esta tendencia desarrollada desde *Fervor de Buenos Aires* llega hasta HER, último ejemplo de este proyecto criollista borgiano.

---

[10] De aquí en adelante se utilizará la abreviatura HER.

[11] En esta etapa se suele incluir su trilogía poética *Fervor de Buenos Aires* (1923), *Luna de enfrente* (1925), *Cuaderno San Martín* (1929) y los dos volúmenes de ensayos *Inquisiciones* (1925) y *Tamaño de mi esperanza* (1926) fundamentalmente.

[12] Véase el apartado «Tradición y vanguardia» de la primera parte de nuestro trabajo.

[13] *Ibíd.*

En este sentido es interesante atender en un primer momento este aspecto lingüístico de HER. El habla arrabalera se textualiza en todos los niveles narrativos del relato. A diferencia de lo que solía ocurrir en las obras criollistas de la época del Centenario, en HER no se diferencia entre el «habla» del narrador y el «habla» de los personajes. Este habla se caracteriza por una serie de rasgos fonéticos y léxicos que conviven con los rasgos de la lengua estándar.

En primer lugar encontramos la marca textual del fenómeno oral consistente en la pérdida de los fonemas oclusivos dentales sordo y sonoro /t/, /d/, —respectivamente— en contexto posvocálico. Así, por ejemplo: [*laos*] por [*lados*], [*acreditao*] por [*acreditado*]. Otra marca textual de la oralidad arrabalera la encontramos en la pérdida de la consonante linguodental, sonora, oclusiva /d/ a final de palabra: [*soledá*], [*amistá*], [*voluntá*]; voces éstas reproducidas gráficamente con una tilde ortográfica en la última vocal, representativa del acento tónico. El uso vulgar oral de algunas voces como [*güen*], [*peliar*] o [*dende*] es otra marca textual presente en HER, así como, desde el punto de vista léxico, la inclusión de términos del lunfardo como «*paquete*» (elegante) o «*quilombo*» (prostíbulo).

Si atendemos a la elaboración del relato, la catalogación de HER como relato de cuchilleros, de compadritos, que suele encontrarse en los estudios críticos, queda desplazada a una cuestión temática y lingüística a favor de la catalogación del mismo como relato policial.

Desde el punto de vista de los postulados poetológicos que han trabajado en la composición del relato HER, se han llevado a la práctica las propuestas narrativas que Borges en 1933 había señalado en relación al género del relato policial en un artículo publicado en *Hoy Argentina* titulado «Leyes de la narración policial» (*Textos recobrados 1931-1955*: 36-39) (véase el capítulo cuarto de nuestra primera parte).

El relato comienza con una voz narrativa *extradiegética homodiegética* que como testigo relata los acontecimientos acaecidos en torno a los tres protagonistas: Francisco Real, la Lujanera y Rosendo Juárez:

A mí, tan luego, hablarme del finado Francisco Real. Yo lo conocí, y eso que éstos no eran sus barrios porque él sabía tallar más bien por el Norte, por esos laos de la laguna de Guadalupe y la Batería. Arriba de tres veces no lo traté, y éstas en una misma noche, pero es noche que no se me olvidará, como que en ella vino la Lujanera porque sí, a dormir en mi rancho y Rosendo Juárez dejó, para no volver, el Arroyo (*O.C.* I: 331).

Los acontecimientos tienen lugar en el espacio de una noche en un «galpón de chapas de cinc, entre el camino de Gauna y Maldonado», un local para la diversión dotado de «musicantes, güen beberaje y compañeras resistentes pal baile» (*O.C.* I: 331), entre las que destaca la Lujanera, mujer de Rosendo Juárez el Pegador: «mozo acreditao para el cuchillo» a quien «los hombres y los perros lo respetaban y las chinas también» (*O.C.* I: 331), una especie de modelo de coraje al que todos imitaban. Entre caña y milonga disfrutan los muchachos que allí se encuentran, diversión interrumpida por la llegada de un «placero insolente de ruedas coloradas» cargado de hombres procedentes del Norte, entre los que se encuentra el Corralero Francisco Real. El Corralero interrumpe en el galpón y se hace paso entre la muchedumbre que lo amenaza «a pechadas, a silbidos y a salivasos», movido por un objetivo claro:

> Yo soy Francisco Real, un hombre del Norte (...) Andan por ahí unos bolaceros diciendo que en estos andurriales hay uno que tiene mentas de cuchillero, y de malo, y que le dicen el Pegador. Quiero encontrarlo pa que me enseñe a mí, que soy naides, lo que es un hombre de coraje y de vista (*O.C.* I: 333).

En contra de la ley del coraje, Rosendo Juárez se niega a la pelea, hecho que obliga a la Lujanera a requerirle ofreciéndole el cuchillo: «Rosendo, creo que lo estarás precisando» (*O.C.* I: 333). Para sorpresa de todos los testigos del galpón, Rosendo arroja el cuchillo por una ventana que da al Maldonado rechazando el desafío. La Lujanera, trastornada, se echa a los brazos del nuevo héroe y éste manda seguir con la fiesta. El narrador sale del local ofendido y se encuentra, mientras reflexiona sobre la vergüenza sufrida, con Rosendo que huye. Al regresar nuevamente al galpón, lo encuentra invadido por los norteños que tanguean con las muchachas entre un ambiente de deshonra que domina entre los compadritos del lugar. Finalmente el grito de la Lujanera anuncia el suceso que el narrador dice no haber esperado: la muerte de Francisco Real herido mortalmente de una herida de cuchillo en el pecho, según la Lujanera, por un desconocido.

La llegada de la policía obliga a los hombres a arrojar al cadáver por la misma ventana por la que Rosendo había arrojado el cuchillo. Finalmente, el narrador abandona el lugar, llega a su rancho y saca su cuchillo para revisarlo y comprobar que «estaba como nuevo, inocente y no quedaba ni un rastrito de sangre» (*O.C.* I: 336).

Atendiendo el código propuesto por Borges, todos los requisitos se cumplen en este relato policial de materia criolla-arrabalera. Es interesante el requisito que Borges menciona en relación a la declaración de todos los términos del problema: «el criminal es una de las personas que figuran desde el principio». Efectivamente el criminal de HER es el propio narrador que ha contado la historia como narrador *extradiegético homodiegético* (testigo de los hechos) y que sólo al final del relato se descubre como protagonista de la propia historia, es decir, como un narrador *extradiegético autodiegético*, que además adopta tintes intradiegéticos transgrediendo las normas del pacto narrativo.

Esta revelación final se anuncia a lo largo del relato a través de pistas o adelantos —en principio inmotivados— cuya función desde el comienzo consiste en preparar el desenlace, tal y como había propuesto Edgar Allan Poe. Así, cuando el narrador al comienzo afirma: «Arriba de tres veces no lo traté, y éstas en una misma noche» (*O.C.* I: 331), ya está aludiendo a su encuentro fuera del galpón donde tuvo lugar el asesinato, hecho no referido por el narrador en su narración aparentemente homodiegética de tipo testimonial. El mismo mecanismo opera en la declaración «pero es noche que no se me olvidará, como que en ella vino la Lujanera porque sí, a dormir en mi rancho» (*O.C.* I: 331), sólo explicable a partir del descubrimiento del asesino y las inclinaciones de la Lujanera por los verdaderos hombres de coraje.

Las causas que pudieron impulsar al narrador a cometer el crimen también se encuentran entretejidas en su relato. La afrenta sufrida como compadre de esa zona del sur debido a la falta de coraje de Rosendo Suárez le obliga a tomar la responsabilidad en sus propias manos, a través del símbolo del coraje, el cuchillo[14].

> Debí ponerme colorao de vergüenza. Di unas vueltitas con una mujer y la planté de golpe. Inventé que era por el calor y por la apretura y juí orillando la paré hasta salir. (...) Dentré a amargarme de que las descuidaran así, como si ni pa recoger changangos sirviéramos. Me dio coraje de sentir que no éramos naides. Un manotón a mi clavel de atrás de la oreja y lo tiré a un charquito y me quedé un espacio mirándolo, como para no pensar en más nada (*O.C.* I: 334).

La primacía del *cómo* sobre el *quién* está presente como postulado poetológico de igual modo en este relato. Los personajes son meras figuras subordinadas a la historia. Las descripciones del narrador, apenas inexistentes, los presentan

---

[14] El cuchillo funciona como sinécdoque (*pars pro toto*) del coraje en numerosos cuentos de Borges de materia criolla. De una manera muy evidente reaparece en «La intrusa» (*El informe de Brodie*).

como prototipos a partir de ciertos símbolos o actitudes (externas) que los caracterizan. De Rosendo Suárez tan sólo se insiste al comienzo del relato en su valor y coraje, en su manera «paquete» de llegar al «quilombo» y en una prenda que lo caracterizaba, un «chambergo alto, de ala finita, sobre la melena grasienta», rasgos que contrastarán con su actitud en el enfrentamiento con Francisco Real. Por su lado, este último es del mismo modo descrito como «un tipo alto, fornido, trajeado enteramente de negro, y una chalina de un color como bayo, echada sobre el hombro», de cara «aindiada, esquinada». De la Lujanera únicamente se menciona su superioridad frente a las otras chicas del galpón: «Pero la Lujanera, que era la mujer de Rosendo, las sobraba lejos a todas» (*O.C.* I: 331). El propio narrador se presenta exteriormente a través de la mención del cuchillo filoso «que cargaba en la sisa del chaleco, junto al sobaco izquierdo» y el clavel que tiró al charquito de pura rabia.

Este postulado favorece el carácter visual del relato que Borges aprendió de Stevenson, no existe ninguna caracterización psicológica y todos los personajes son metonimizados a través de imágenes externas, visuales.

El pudor de la muerte es otro requisito del código policial borgiano respetado en el relato, de hecho, el asesinato no tiene lugar en la narración homodiegética, sino que es conocido cuando Francisco Real entra en el galpón insultando a la Lujanera hasta caer muerto por una herida en el pecho. Este pudor es compartido por los comentarios del propio narrador, quien, cuando los hombres deciden deshacerse del cadáver, afirma: «no sé si le arrancaron las vísceras, porque preferí no mirar» (*O.C.* I: 336).

Si bien puede decirse que HER cumple perfectamente con los postulados poetológicos del Borges de los años treinta, no fue éste un relato del agrado del autor en épocas posteriores. Un grave error que Borges advierte posteriormente en esta composición es la falta de verosimilitud de su historia. Así lo declara en una entrevista concedida a Esther Vázquez:

> Tuve la desgracia de escribir un cuento totalmente falso: «Hombre de la esquina rosada». En el prólogo de *Historia universal de la infamia* advertí que era deliberadamente falso. Yo sabía que el cuento era imposible, más fantástico que cualquier cuento voluntariamente fantástico mío, y sin embargo, debo la poca fama que tengo a ese cuento (...) Además, el relato se prestaba a las vanidades nacionalistas, a la idea de que éramos muy valientes o de que lo habíamos sido; tal vez por eso gustó. Cuanto yo tuve que leer las pruebas para una reedición lo hice bastante abochornado y traté de atenuar las «criolladas» demasiado evidentes o, lo que es lo mismo, demasiado falsas (Borges, en: Vázquez 1999: 55).

El episodio fundamental de la historia: la provocación de Francisco Real a Rosendo Suárez es para Borges totalmente inverosímil. La provocación sin el halago previo exagerado no solía ocurrir en este tipo de situaciones. Del mismo modo resulta inverosímil la respuesta pacífica de los hombres del galpón que siguen tangueando con las muchachas entre el júbilo de los hombres del norte. Sin embargo, Borges subordina la verosimilitud de la historia a un requisito para él fundamental: la brevedad.

1.6. «Etcétera»: los orígenes del relato fantástico borgiano

En su primera edición, «Etcétera», tercera y última sección de *HUI* contó con cinco relatos publicados anteriormente entre 1933 y 1934 en *Crítica*: «Un teólogo en la muerte», «La cámara de las estatuas», «Historia de los dos que soñaron», «El brujo postergado» y «El espejo de tinta». En 1946 Borges publicó el sexto relato «Un doble de Mahoma» en *Los Anales de Buenos Aires* y se incluyó definitivamente en la edición de 1958 a *HUI*.

En el prólogo a la primera edición de 1935, Borges define a sus relatos de «ejemplos de magia» y admite no tener «otro derecho sobre ellos que los de traductor y lector» (*O.C.* I: 289). Tras esta aparente humilde confesión agrega lúdicamente:

> A veces creo que los buenos lectores son cisnes aun más tenebrosos y singulares que los buenos autores. Nadie me negará que las piezas atribuidas por Válery a su pluscuamperfecto Edmond Teste valen notoriamente menos que las de su esposa y amigos (*O.C.* I: 289).

Detrás de este comentario se esconde toda una convicción estética que Borges ha desarrollado pocos años antes en ensayos importantes como «Las dos maneras de traducir» de 1926[15] y «Las versiones homéricas» de 1932[16]: «escribir y traducir son actos sinónimos de creación» (Waisman 2005: 97)[17].

---

[15] En: *La Prensa*. Buenos Aires, 2ª sección 01/08/1926.

[16] En: *La Prensa*. Buenos aires 3ª sección 08/05/1932.

[17] *Cfr*. Waisman (2005). Este trabajo sobre *Borges y la traducción* es de gran valor. Cabe señalar una aclaración muy pertinente en nuestra reflexión:

> Las teorías que Borges elabora sobre la traducción se entretejen a tal punto con el desarrollo de sus ficciones que traducción, lectura y escritura se vuelven en él prácticamente intercambiables.

Los seis relatos son reescrituras, nuevas versiones de pre-textos existentes señalados al final de cada uno de ellos entre paréntesis: fragmentos del libro *Arcana Coelestia* de Emanuel Swedenborg, del *Libro de las 1001 Noches*, del *Libro de Patronio*, de *The Lake Regions of Equatorial Africa* de Burton y de *Vera Christiana Religio* (1771) de Swedenborg. En ellos Borges lleva a cabo una técnica de escritura que parte de la lectura infiel de los pre-textos dando como resultado nuevas y originales creaciones. Parece que Borges demuestra en la práctica lo que en 1932 comenta al respecto de las versiones homéricas:

> Presuponer que toda recombinación de elementos es obligatoriamente inferior a su original, es presuponer que el borrador 9 es obligatoriamente inferior al borrador H —ya que no puede haber sino borradores. El concepto de *texto definitivo* no corresponde sino a la religión o al cansancio (*O.C* I: 239).

Conociendo el concepto de Borges sobre la traducción y el «texto definitivo» las palabras del prólogo de 1935 se empapan de ironía ya que en realidad están defendiendo una originalidad creadora que se basa en la lectura y en la traducción como sinónimo de escritura.

Dejando a un lado este aspecto de la originalidad de «Etcétera», se plantea ahora la pregunta sobre las posibles motivaciones que se encuentran detrás de la selección de los pre-textos. ¿Por qué decidió Borges reescribir (= crear) estos fragmentos y reunirlos en una misma sección? La lectura de los diferentes relatos evidencia una característica común que éstos comparten: el uso en sus composiciones de transgresiones de las categorías de espacio, tiempo e identidad.

Al lector actual, la lectura anacrónica de «Etcétera» (es decir, después de *Ficciones* y *El Aleph*) le permite reconocer en estos relatos el *modus operandi* de la postulación fantástica borgiana de los años cuarenta en adelante, sin embargo, este «reconocimiento» estuvo vedado al lector coetáneo que asistía al origen del género fantástico tal y como lo cultivó el autor.

El relato inaugural «Un teólogo en la muerte» cuyo hipotexto es un fragmento del *Arcana Coelestia* de Emmanuel Swedenborg, se construye a partir de una continua superposición de dos espacios diferentes a nivel diegético a modo de metalepsis: el espacio celestial y el infernal. Al comienzo del relato, el *narra-*

Borges no cree que Babel represente una pérdida. Multiplicidad y diferencia *no son* desastres sino campos de potencia. En «Las dos maneras de traducir», «Las versiones homéricas» y «Los traductores de *Las 1001 Noches*» encontramos la idea de que la literatura siempre es traducible, y, más impresionante aún, de que la literatura *es* traducción (2005: 49).

dor intradiegético aclara el cambio espacial recorrido por el protagonista Melanchton tras su muerte, desde el espacio terrenal hacia el espacio celestial:

> Los ángeles me comunicaron que cuando falleció Melanchton, le fue suministrada en el otro mundo una casa ilusoriamente igual a la que había tenido en la tierra. (A casi todos los recién venidos a la eternidad les sucede los mismo y por eso creen que no han muerto.) Los objetos domésticos eran iguales: la mesa, el escritorio con sus cajones, la biblioteca (*O.C.* I: 337).

En el cielo el teólogo Melanchton, desconocedor de su calidad de alma difunta, continúa con «sus tareas literarias» sobre la justificación de la fe frente a la innecesaria caridad para conseguir entrar en el Reino de los Cielos. Los ángeles, en desacuerdo con esta doctrina, comienzan a interrogar al teólogo en busca de una rectificación que nunca consiguen: «He demostrado irrefutablemente que el alma puede prescindir de la caridad y que para ingresar en el cielo basta la fe» (*O.C.* I: 337). Tras esta soberbia respuesta los ángeles abandonan al teólogo y a partir de este momento comienza a superponerse en este espacio de la eternidad un nuevo espacio que tiende a hacer invisible lo que antes parecía real: «A las pocas semanas, los muebles empezaron a afantasmarse hasta ser invisibles, salvo el sillón, la mesa, las hojas de papel y el tintero» (*O.C.* I: 337).

Finalmente el teólogo es desplazado a un «taller subterráneo» donde se encuentran otros teólogos y donde comienza a dudar de su tesis, lo que le permite volver nuevamente al espacio celestial donde se encontraba al comienzo del relato. Una vez allí, su paso por aquel espacio subterráneo comienza a figurársele alucinación y retoma con efusión su doctrina. Es en este momento, cuando al espacio celestial se superpone otro espacio, el infernal:

> Un atardecer sintió frío. Entonces recorrió la casa y comprobó que los demás aposentos ya no correspondían a los de su habitación en la tierra. Alguno estaba repleto de instrumentos desconocidos; otro se había achicado tanto que era imposible entrar; otro no había cambiado, pero sus ventanas y puertas daban a grandes médanos (*O.C.* I: 337).

Poco a poco el protagonista toma conciencia de su nueva realidad espacial, de la que se avergüenza cuando recibe visitas de recién llegados y a la que pretende asemejar siempre a través de juegos de magia al espacio celestial.

Una nueva transgresión espacial estructura la ficción «El brujo postergado», versión borgiana del cuento medieval «Lo que sucedió a un deán de Santiago con don Illán, el mago de Toledo» del *Libro de Patronio*.

El conocido relato comienza con la visita del deán de Santiago al Illán de Toledo en busca de conocimientos en el arte de la magia. El Illán, temedor de la ingratitud del discípulo una vez que éste haya aprendido su doctrina, decide poner a prueba la promesa de agradecimiento del deán. Para ello dirige a su alumno a un lugar oscuro y apartado al mismo tiempo que pide a su sirvienta que prepare unas perdices para la cena.

El elemento de las perdices es fundamental en este relato puesto que a partir de este momento una nueva realidad temporal ficticia se introduce a modo de paréntesis en la realidad temporal (asumida como real en la ficción) en la que se encuentran los personajes, produciéndose una transgresión entre dos categorías temporales dentro de la diégesis: un tiempo asumido como real en la ficción en el que se produce el encuentro del deán de Santiago y el Illán de Toledo, y un tiempo tan sólo asumido como real por el deán y como ficticio por el Illán, que se incluye en el corto tiempo de la preparación de las perdices. En este momento, el deán recibe una carta de su tío el obispo, donde le pide que vaya a verle si quiere encontrarlo con vida, seguida por una carta tres días más tarde donde se le avisa del fallecimiento y de la necesidad de que ocupe su cargo de obispo. Una vez ocupado el cargo, el Illán de Toledo aprovecha el momento para pedirle la vacante del decanazgo para su hijo. Aquí comienza a manifestarse la ingratitud del deán, quien con excusas va postergando su compromiso. Esta situación se repite varias veces en la historia y así, después de obispo, los ascensos se multiplican como su ingratitud hacia el Illán hasta que consigue el cargo papal:

> Cuando don Illán supo esto, besó los pies de Su Santidad, le recordó la antigua promesa y le pidió el cardenalato para su hijo. El Papa lo amenazó con la cárcel, diciéndole que bien sabía él que no era más que un brujo y que en Toledo había sido profesor de artes mágicas (*O.C.* I: 342).

Tras esta demostración de ingratitud, el Illán de Toledo decide volver a España y para ello pide a su desagradecido alumno algo de comida para el camino. Tras la negativa del Papa, el Illán menciona las perdices que la sirvienta puso en el horno, elemento éste que cierra el transcurso de la realidad temporal ficticia que se había introducido a modo de paréntesis. A continuación, los personajes reaparecen en el lugar oscuro y apartado en el que se encontraban al comienzo del relato:

> La sirvienta se presentó y don Illán le dijo que las asara. A estas palabras, el Papa se halló en la celda subterránea en Toledo, solamente deán de Santiago y tan avergon-

zado de su ingratitud que no atinaba a disculparse. Don Illán dijo que bastaba con esa prueba, le negó su parte de las perdices y lo acompañó hasta la calle, donde le deseó feliz viaje y lo despidió con gran cortesía (*O.C.* I: 342).

Fuera de toda lógica, esta narración paradójica ha hecho posible que el breve intervalo de tiempo en el que la sirvienta prepara las perdices se dilate en un lapso temporal mucho más amplio donde tienen lugar las muestras de ingratitud del deán de Santiago.

El relato «El espejo de tinta» vuelve a servir de ejemplo de este tipo de composición transgresora. En este caso al producirse una *metalepsis* entre la diégesis y la metadiégesis. El relato se construye en torno a una estructura marco. El narrador del primer nivel diegético introduce al protagonista Yakub el Doliente, gobernador de Sudán, y su misteriosa muerte en presencia del hechicero Abderrahmen El Masmudí, que pretende aclarar a partir de la reproducción de la conversación que el capitán Burton mantuvo con el último en 1853.

El narrador de la metadiégesis enmarcada es el propio testigo de los hechos acontecidos que narra. Masmudí padeció cautiverio en el alcázar del gobernador Yakub el Doliente debido a un intento de conspiración planeado por su hermano. Frente al trágico final de éste, Masmudí logra salvar su vida chantajeando al gobernador con sus dotes de hechicería capaces de mostrarle «formas y apariencias aún más maravillosas que las del Fanusí jiyal (la linterna mágica)» (*O.C.* I: 343). Deseoso de comprobar estas habilidades, Yakub el Doliente le exige una prueba inmediata. El hechicero vierte un círculo de tinta en la mano derecha del gobernador en cuyo reflejo le pide que se observe. A partir de este momento Yakub tiene el poder de ver en el espejo de tinta aquello que nombre. Esta mágica oportunidad es aprovechada desde este momento de manera compulsiva, obligando al hechicero a crear el hechizo «apenas despuntaba la luz del día» (*O.C.* I: 343), quien en su narración así lo confiesa:

> Ese hombre muerto que aborrezco, tuvo en su mano cuanto los hombres muertos han visto y ven los que están vivos: las ciudades, climas y reinos en que se divide la Tierra, los tesoros ocultos en el centro, las naves que atraviesan el mar, los instrumentos de la guerra, de la música y de la cirugía (...) Una vez me ordenó que le mostrara la ciudad que se llama Europa. Le mostré la principal de sus calles y creo que fue en ese caudaloso río de hombres, todos ataviados de negro y muchos con anteojos, que vio por primera vez al Enmascarado (*O.C.* I: 343-344).

La presencia de un Enmascarado desconocido en las visiones del espejo de tinta desconcierta tanto al gobernador como al hechicero que no consiguen reconocerle. Un día el tirano pide «que le mostrara un inapelable y justo castigo, porque su corazón ese día, apetecía ver una muerte» (*O.C.* I: 344). A continuación aparece en el espejo una escena en la que se espera la muerte del Enmascarado en manos del mismo verdugo que mató al hermano del hechicero. Yakub el Doliente pide al hechicero que desenmascare al condenado antes de la ejecución, orden a la que el hechicero se niega desconsoladamente:

Oh, rey del tiempo y sustancia y suma del siglo, esta figura no es como las demás, porque no sabemos su nombre ni el de sus padres ni el de la ciudad que es su patria, de suerte que yo no me atrevo a tocarla, por no incurrir en una culpa de la que tendré que dar cuenta (*O.C.* I: 344).

Mordido por la curiosidad, Yakub jura por el «Qurán» aceptar la culpa, si es que existe, de este desenmascaramiento que termina con la espantosa comprobación de que se trataba de su propia cara:

Se cubrió de miedo y locura. Le sujeté la diestra temblorosa con la mía que estaba firme y le ordené que continuara mirando la ceremonia de su muerte. Estaba poseído por el espejo: ni siquiera trató de alzar los ojos o de volcar la tinta. Cuando la espada se abatió en la visión sobre la cabeza culpable, gimió con una voz que no me apiadó, y rodó al suelo, muerto (*O.C.* I: 344).

Es en este justo momento cuando se produce la *metalepsis* al transgredirse las fronteras de dos realidades separadas: la realidad aceptada como real en la ficción en la que se encuentran el hechicero y el tirano y lo que se ve en el espejo de tinta.

Hemos podido comprobar que en «Etcétera» no sólo se encuentran transgresiones de espacio, tiempo e identidad que caracterizan las ficciones fantásticas borgianas de los años cuarenta, sino que además Borges ya manifiesta su gusto por símbolos como el del objeto terrenal finito capaz de contener la infinitud que aparece en «El espejo de tinta» y que estará presente del mismo modo en «El Aleph», «El Zahir», «La escritura de Dios» (*El Aleph* 1949) o «El libro de arena» (*El libro de arena*, 1975). Asimismo Borges comienza a «usar» la teología como materia fantástica para sus ficciones como se evidencia en el relato «Un teólogo en la muerte» y que se conecta en este sentido con relatos posteriores como «Las ruinas circulares» o «Los teólogos» entre otros.

2.
La narrativa borgiana de los años cuarenta
y cincuenta: la postulación fantástica y policial

2.1. LA POSTULACIÓN FANTÁSTICA

Abordar teóricamente la cuestión de lo que se denomina «fantástico» no es tarea fácil. Hasta la fecha la crítica no ha cesado de proponer modelos de análisis que, si bien no siempre se contradicen, en muchos casos se diferencian en alto grado. A pesar de ello, el análisis de un corpus seleccionado de relatos fantásticos de Borges hace imperante abordar una vez más este concepto y plantear, si bien brevemente, algunas propiedades que distinguen al texto fantástico de otros tipos de textos ficcionales.

Comenzaremos por exponer las ideas que coinciden con la opinión generalizada. Como Barrenechea (1972), Bessière (1974), Campra (1981/2001) o Reisz (1989), entendemos lo fantástico como fenómeno dicotómico. Reconocemos la convivencia conflictiva de «dos esferas mutuamente excluyentes» como requisito imprescindible para que lo fantástico se produzca (Reisz 1989/2001: 195). Estas dos esferas están constituidas por un conjunto de elementos que en el texto fantástico conviven en conflicto: *Normales vs. A-normales* (Barrenechea 1972); *Reales vs. Maravillosos improbables* (Bessière 1974) o *Posibles vs. Imposibles* (Reisz 1989).

Esta primera consideración de lo fantástico atañe al aspecto temático del mismo. Sin embargo, como Campra, creemos que «lo fantástico no es sólo un hecho de percepción del mundo representado sino también de escritura» (1981/2001: 191).

Esto significa que además de una temática fantástica, el texto fantástico se caracteriza por un modo de expresión que lo diferencia de la norma convencional.

Son diferentes los desvíos que pueden rastrearse en el análisis de un determinado texto fantástico en relación a dicha norma. No nos detendremos en los que atañen al aspecto temático o semántico —como lo denomina Campra— por existir suficientes estudios dedicados a la sistematización de las variantes temáticas del género (*cfr.* Barrenechea 1972 y Reisz 1989). Más necesario es insistir en aquellos desvíos que ocurren en otros niveles del texto.

Si bien todavía dentro de la historia (*Geschichte/Plot*), pero en un nivel inferior, el de los sucesos o motivos que constituyen el argumento (*Geschehen/Story*) el texto fantástico se desvía en lo que a la motivación de los sucesos se refiere. De los tres tipos de motivaciones posibles: causal, final y estética en su manifestación implícita e explícita, es la última de ellas la que más frecuentemente se usa en la composición del texto fantástico. Esto se debe a que una motivación causal o final es frecuentemente excluida por unos acontecimientos que escapan a cualquier explicación racional empírica (Martínez/Scheffel 1999/2003: 114).

La motivación estética (*kompositorischen oder ästhetischen Motivierung*) de lo contrario, «comprende la función que los acontecimientos y los detalles desempeñan en el marco de la composición general que está determinada por el esquema argumental. Esta motivación no se atiene a criterios empíricos, sino artísticos» (*Ídem.*), lo que explica la preferencia del relato fantástico por este tipo[1].

Una motivación estética puede tener un carácter metafórico o metonímico. Un ejemplo de motivación estética de carácter metafórico lo encontramos en el cuento «La forma de la espada» (*Ficciones*). En este texto, la cicatriz del protagonista aparentemente sin motivación causal o final entra en relación con el significado global del texto a través de una motivación metafórica: la cicatriz funciona como metáfora de su infamia. Como ejemplo de motivación estética de carácter metonímico podemos señalar la aguja que en el cuento «El Sur» es clavada en el brazo de Dahlmann mientras está en el sanatorio y que en la otra esfera (¿sueño o realidad?) se relaciona por contigüidad con el puñal que le matará en la lucha en el almacén.

Además del uso de la motivación estética en su variante metafórica o metonímica, el texto narrativo fantástico en ocasiones hace uso de motivaciones parciales, o postergadas lo que mantiene la ambigüedad hasta el final del relato. Esta característica la comparte con otro género vecino: el género policial. Del mismo modo es posible que un relato prescinda de motivación para algunos sucesos sin deberse a un fallo estético, sino a un consciente propósito de oscurecer cierta parte del argumento.

---

[1] «umfaßt die Funktion der Ereignisse und Details im Rahmen der durch das Handlungsschema gegebenen Gesamtkomposition und folgt nicht empirischen, sondern künstlerischen Kriterien».

A nivel discursivo el texto narrativo fantástico también lleva a cabo ciertos desvíos de la norma. Como ya Campra lo señala, es frecuente encontrar en el relato fantástico un desfase entre el tiempo del mundo narrado y del mundo de la narración. El llamado *desenlace regresivo* típico también del género policial se debe a una inversión temporal de los acontecimientos ocurridos en el mundo narrado en el mundo de la narración. De esta manera sólo al final se resuelven ciertas ambigüedades que desde el comienzo quedaban sin responder por la estructura misma del texto. Sin embargo, según Campra existe una diferencia al respecto entre el género fantástico y el policial porque

> en la literatura fantástica la secuencia final revela, no tanto los hechos de por sí, cuanto la naturaleza de éstos, y no proporciona una explicación exhaustiva (como en la novela policiaca), sino que deja entrever sólo algo de luz. Por esta razón desde el punto de vista de la trama, el relato fantástico se presenta en general como una larga preparación que lleva a un desenlace brevísimo, que se puede condensar en «y ahora el protagonista (o bien, sólo el lector) descubre que...» (Campra 1981: 182).

Recordemos al respecto el final de «Las ruinas circulares» (*Ficciones*) en el que el narrador concluye lacónicamente: «Con alivio, con humillación, con terror, comprendió que él también era una apariencia que otro estaba soñándolo» (*O.C.* I: 455)

Dentro de este nivel, también pueden situarse las transgresiones relativas a la confusión entre la voz narrativa y narrada. Es decir, en ocasiones la voz narrativa de un relato fantástico confunde su espacio-temporalidad con la de la narración que narra, a través de un discurso voluntariamente impreciso que busca enmascarar su voz mediante el uso del estilo indirecto libre, fundamentalmente.

Lingüísticamente, el relato fantástico suele usar ciertos «recursos» en mayor grado que otros textos ficcionales. En su estudio Campra señala tres: el uso de la adjetivación fuertemente connotada, el uso de la polisemia —«cada significante es, al menos potencialmente, oscuro portador de significados inquietantes» (1981: 187)— y la sustitución de la relación arbitraria por una relación necesaria entre el significante y el significado de un signo. Los desplazamientos calificativos que producen extrañeza en ocasiones encierran la clave fantástica misma, como se constata en el relato «El hombre en el umbral» (*El Aleph*) en el sintagma «hombre antiguo»(*cfr*. Gil Guerrero 2006).

Finalmente resta añadir el uso frecuente que los textos narrativos fantásticos suelen hacer de procedimientos propios de lo que un estudio reciente ha conceptualizado bajo la voz *narración paradójica* (Lang 2006). En dicho estudio se entiende por este concepto la narración que entra en contradicción consigo misma y no deja de autenticarse (de probar su realidad) por un gesto de autorrevocación (Lang 2006: 22). Entre sus procedimientos distingue entre procedimientos de anulación de límites (*silepsis* y *epanalepsis*) y procedimientos de transgresión de límites (*metalepsis* e *hiperlepsis*) no sólo a nivel de la historia sino del discurso mismo (véase Lang 2006: 21-47).

En realidad estos términos repiten conceptos por todos conocidos como el de *metalepsis* de Genette, o el de *mise en abyme*, etc., pero completan los mismos al atender no sólo los procedimientos paradójicos a tenor de la relación entre historia y discurso, sino los procedimientos que ocurren en el seno mismo de cada uno de estos niveles. Así, por ejemplo, usan la denominación de *metalepsis* no sólo para indicar «las rupturas de niveles diegéticos, de las situaciones de comunicación narrativas, o, más bien, de límites de tiempos y espacios» (como lo hace Genette) (Lang 2006: 39), sino también como transgresión a nivel ontológico (García Landa) tanto en la historia como en el discurso.

En resumen, se puede observar que lo fantástico debe entenderse como el resultado de un conjunto de transgresiones de distinta naturaleza que tienen lugar en el nivel semántico, fundamentalmente, pero no en exclusiva, ya que se constata del mismo modo en el nivel lingüístico y en lo referente al discurso mismo. Los cuentos seleccionados para el análisis son ejemplos paradigmáticos, como veremos, de este tipo de postulación fantástica transgresora.

2.1.1. *«Tlön, Uqbar, Orbis Tertius»*

Publicado en *Sur* en 1940 e incluido un año más tarde en *El jardín de senderos que se bifurcan*, «Tlön»[2], cumple con el requisito fundamental del género por la convivencia conflictiva de dos esferas mutuamente excluyentes que en el seno del cuento se produce: el mundo aceptado como real en la ficción (rf) y el mundo aceptado como ficticio en la ficción (ff) que finalmente termina invadiendo al primero.

Estructurado en dos partes tipográficamente diferenciadas y una controvertida posdata, el cuento contiene el relato personal del narrador a modo de artículo en el que da noticia de los extraños sucesos ocurridos hacia el año 1940 que

---

[2] En adelante se utilizará «Tlön» como abreviatura del cuento y Tlön para referirnos al planeta imaginario.

tuvieron su origen en una quinta de la calle Gaona, donde él y su amigo Bioy Casares conversaban sobre la posibilidad de ejecutar una *muy borgiana* novela[3].

En esta noche, Bioy recuerda una sentencia a tenor de sus reflexiones sobre la monstruosidad de los espejos: «Los espejos y la cópula son abominables, porque multiplican el número de los hombres» (*O.C.* I: 431). El narrador queda fascinado por esta «memorable sentencia» y pregunta por la fuente. Bioy aclara que pertenece a un heresiarca de Uqbar y que la pudo leer en un artículo sobre este país en la *Anglo-American Cyclopaedia*[4]. Casualmente, la quinta que habían alquilado poseía un ejemplar de la enciclopedia donde trataron de comprobar, aunque sin éxito, la existencia de este artículo. Esta anécdota, que podía terminar justificándose como «una ficción improvisada por la modestia de Bioy para justificar una frase», da paso a un misterioso hecho: la presencia de este artículo en el ejemplar que Bioy tenía en casa. Efectivamente, Bioy regresa a los pocos días con el ejemplar del tomo XXVI[5] de la enciclopedia —reimpresión de la décima *Encyclopaedia Britannica*— que contenía el artículo sobre Uqbar. En el artículo, los protagonistas tienen noticia, si bien de manera muy imprecisa, de este país de existencia aparentemente textual del que el narrador señala un rasgo, para él memorable: «que la literatura de Uqbar era de carácter fantástico y que sus epopeyas y sus leyendas no se referían jamás a la realidad, sino a las dos regiones imaginarias de Mlejnas y Tlön...» (*O.C.* I: 432).

Tras la lectura del mismo, los protagonistas se dirigen a la Biblioteca Nacional para descubrir esta misteriosa disparidad entre ambos ejemplares y buscar bibliografía sobre el desconocido país. Finalmente, no sólo no encuentran rastro alguno del país en otros libros, sino que además descubren que en otros ejemplares de la enciclopedia, que Carlos Mastronardi pudo revisar en otras librerías de las calles bonaerenses, también se omite esta mención.

---

[3] En opinión de Parodi (2004: 85), la mención de esta novela produce en el lector una desconfianza ya que éste «sospecha que tras la discusión de la posible novela se esconde una guía para la lectura del cuento: tal vez sea 'Tlön' ese relato en primera persona (...)».

[4] Según el diccionario de Borges compilado por Evelyn Fishburn y Psiche Hughes, ninguna de las «ediciones piratas y mutiladas» de la novena y décima edición de la *Enciclopedia Británica* se halló bajo este nombre. Según el narrador fue publicada en Nueva York en 1917, y la edición de la que dice proceder es un facsímil de 35 volúmenes, con lo cual, de todas formas, el volumen 46 mencionado en el relato carece de existencia extratextual fáctica. En el diccionario que mencionamos se añade: «En conversación privada con las autoras del presente trabajo, Borges mantuvo la posición de que él poseía una copia de la ininvestigable enciclopedia'» (1990/1995: 36-37).

[5] Es posible que se trate de un error de imprenta ya que lógicamente debería decir «XLVI» de acuerdo a lo que dijo el narrador anteriormente.

Este extraño acontecimiento es abandonado por el narrador en la segunda parte del relato. Ahora, dos años más tarde, recuerda la amistad entre su padre y un tal Herbert Ashe que se interrumpió en 1937 por la muerte del último debido a la rotura de un aneurisma[6]. Este hecho es traído a colación por el narrador para introducir otro nuevamente extraordinario: el encuentro de un libro en octavo mayor en el bar del hotel que Ashe había recibido días antes de su muerte. Un libro que contenía en su primera página la inscripción *Orbis Tertius* y que resultó ser el tomo undécimo de la *First Encyclopaedia of Tlön*.

Si a lo largo de toda la primera parte del cuento se ha desplegado, a modo especular, una serie de realidades reales (en la ficción) y ficticias, en la segunda parte del cuento se da paso a la progresiva invasión del mundo ficticio Tlön en el mundo real (ficticio). En concreto en esta segunda parte —además del hallazgo del tomo undécimo nombrado— la invasión se revela sutilmente a nivel discursivo en el propio artículo del narrador. En él lleva a cabo un resumen de la concepción del universo en Tlön que ha leído en la enciclopedia. En dicho resumen la voz narrativa confunde el cronotopo de lo narrado, es decir, su espacio-temporalidad con el de la narración a través de un discurso que busca la imprecisión y que consiste en el enmascaramiento de la voz narrativa que hace un uso arbitrario y variable del estilo directo, indirecto y mixto y que, como resultado, provoca en el lector la incertidumbre sobre «si el tiempo de los sucesos que él resume se queda encerrado en el mundo de Tlön o afecta también el del narrador (y de los lectores)», ambigüedad ésta que trae como resultado «la fusión de tiempos y espacios, de mundo de la enciclopedia y el mundo de los lectores de 'Tlön'» (Parodi 2004: 89).

Así, cuando el narrador se refiere a la «conjetural *Ursprache* de Tlön» afirma que de ella «proceden los idiomas 'actuales' y los dialectos» (*O.C.* I: 435). Una vez más, en relación a la metafísica tlöniana, el narrador comenta diferentes escuelas, entre ellas, la que declara que «la historia del universo —y en ella nuestras vidas y el más tenue detalle de nuestras vidas— es la escritura que produce un dios subalterno para entenderse con un demonio» (*O.C.* I: 437). En este último caso es evidente que se ha infringido la norma del estilo indirecto al no transformar la primera persona plural que aparecía en el artículo de la enciclo-

---

[6] Es interesante advertir cómo Borges repite rasgos circunstanciales en varios relatos. Al igual que Herbert Ashe, Nils Runeberg, protagonista de «Tres versiones de Judas», muere por la rotura de un aneurisma. Este juego de coincidencias deja ver la concepción que Borges tiene de la literatura como *sistema* en el que sus elementos, las obras literarias, se relacionan.

pedia referida a los hombres de Tlön. El narrador debería haber escrito «y en ella sus vidas y el más tenue detalle de sus vidas», para evitar la ambigüedad, que sin embargo, no ha evitado voluntariamente trabajando en la confusión de los mundos en todos los niveles del relato.

Del mismo modo vuelven a confundirse los cronotopos narrativos de la narración y de lo narrado cuando el narrador afirma: «Hasta hace poco los *hrönir* fueron hijos casuales de la distracción y el olvido. Parece mentira que su metódica producción *cuente apenas cien años*[7], pero así lo declara el onceno tomo (*O.C.* I: 439) o más adelante «*ahora*[8] se prefiere los trabajos individuales y casi improvisados».

La posdata que sigue a esta segunda parte, fechada paradójicamente en 1947[9], el narrador califica las dos primeras partes de artículo y se propone relatar los acontecimientos ocurridos desde su publicación en 1940 hasta 1947. Así da noticia del descubrimiento, en 1941, de una carta que un tal Gunnar Erfjord envió a Herbert Ashe donde se descubre el misterio de Tlön[10].

En 1942 se produce la extraordinaria aparición de objetos del planeta ilusorio, imaginario, Tlön, en la realidad del narrador. «La primera intrusión del mundo fantástico en el mundo real» (*O.C.* I: 441) tiene lugar en el departamento de la calle Laprida donde la princesa de Faucigny Lucinge encuentra entre su vajilla de plata, llegada desde Poitiers, una brújula cuyas «letras de la esfera co-

---

[7] Cursiva nuestra.

[8] Cursiva nuestra.

[9] «Tlön» se publicó por primera vez en el número 68 de la revista *Sur*, en 1940. En esta versión, el cuento ya contaba con la posdata de 1947. Además, al comienzo de la misma, el narrador afirmaba: «Reproduzco el artículo anterior tal y como apareció en el número 68 de *Sur*» (Borges 1940a: 42), número que el lector tenía en sus manos y estaba leyendo. Se trata de un texto que se cita a sí mismo desde un falso futuro. Lo mismo ocurre con la versión que se publicó en 1940 en la *Antología de la literatura fantástica* y que se ha reimpreso en las *Obras Completas* con las que trabajamos, donde el narrador modificó el comienzo de la posdata para mantener el efecto que buscaba con esta transgresión del tiempo de la narración: «Reproduzco el artículo tal y como apareció en la *Antología de la literatura fantástica*» (Borges 1940b: 84).

[10] Una sociedad secreta, en la que se encontraron Dalgarno y George Berkeley, surge para inventar un país. Convertida en fraternidad, la sociedad será perseguida durante los siglos siguientes en Europa y, debido a esta situación, se traslada a América donde encuentra a un millonario que decide apoyar el proyecto: Ezra Buckley —envenenado en 1828—, quien propone magnificarlo e inventar todo un planeta. El proyecto deberá además estar sujeto a dos condiciones: el secreto del proyecto y su distancia con el «impostor Jesucristo». En 1914, esta sociedad envía a sus trescientos colaboradores el último volumen de la *Primera Enciclopedia de Tlön*.

rrespondían a uno de los alfabetos de Tlön» (*O.C.* I: 441). Unos meses más tarde, el narrador es testigo de una segunda intromisión al hallar en una pulpería en la Cuchilla Negra un cadáver junto al cual se encontraba un cono metálico de un extraordinario peso que en el mundo de Tlön es «la imagen de la divinidad, en ciertas religiones» (*O.C.* I: 442).

Por último, en 1944 un investigador del periódico *The American* encuentra en la biblioteca de Memphis los cuarenta volúmenes de la *Primera Enciclopedia de Tlön*. Este hecho es comunicado en la prensa internacional y a partir de este momento el mundo quiere imitar a Tlön admirado por su perfecto orden. El final del cuento está dotado de carácter profético:

> Si nuestras previsiones no erran, de aquí cien años[11] alguien descubrirá los cien tomos de la Segunda Enciclopedia de Tlön.
> Entonces desaparecerán del planeta el inglés y el francés y el mero español. El mundo será Tlön (O.C. I: 443).

Como vemos, es en la posdata donde el conflicto entre las dos esferas excluyentes el mundo (rf) y el mundo (ff) se hace más evidente. Incluso podría decirse que con la posdata, el cuento ingresa definitivamente en el género de lo fantástico.

2.1.2. «*Los teólogos*»

El relato «Los teólogos», publicado en 1947 en *Los Anales de Buenos Aires*[12] e incluido dos años más tarde en *El Aleph* (1949), se estructura a partir de un *procedimiento de duplicación* consistente en la «repetición de lo mismo en lo mismo»[13].

Efectivamente, el relato duplica hasta el infinito los procedimientos de escritura y relectura de textos. Al igual que en sus reflexiones críticas al respecto, Borges ha desarrollado en «Los teólogos» una teoría de la recepción literaria que sienta sus bases en la modificación significativa que toda obra sufre por la inter-

---

[11] Seguramente se trate de un error de imprenta de la edición de Emecé ya que en la edición de Alianza aparece «de aquí *a* cien años» lo que es gramaticalmente correcto.

[12] Año 2, n°14, abril

[13] En la tipología que utilizamos este procedimiento se denomina «*procedimiento de serialización o epanadiplosis*» (véase Lang 2006).

pretación del lector que se enfrenta a ella, inserto en determinadas coordenadas espacio-temporales e influido por sus experiencias de lectura.

A nivel semántico, el relato se sirve para la postulación fantástica de la doctrina panteísta dualista que postula que «todo hombre es dos hombres y que el verdadero es el otro, el que está en el cielo» (*O.C.* I: 553). Esta concepción del universo explica la fusión de identidades de los dos protagonistas, Aureliano y Juan de Panonia, teólogos ortodoxos, en el «reino de los cielos», realidad ésta que configura el cronotopo del acontecimiento fantástico[14].

«Los teólogos» comienza con la narración retrospectiva del narrador de la quema de una biblioteca monástica en la Roma cristiana a manos de los hunos. De este escrutinio logra salvarse el libro duodécimo de la *Civitas Dei* de San Agustín, escrito para refutar la doctrina helénica que creía en una historia circular.

La narración avanza un siglo en el tiempo —alrededor del siglo VI— y presenta a dos teólogos rivales de nombres Aureliano y Juan de Panonia. Ambos emprenden la tarea de refutar una herejía surgida en el interior de una nueva secta, la «novísima secta de los *monótonos* (también llamados *anulares*)»[15]. Por su parte, la herejía de los anulares, para quienes la historia «es un círculo y que nada es que no haya sido y que no será» (*O.C.* I: 550), procede de una relectura que éstos llevan a cabo de la obra de San Agustín, interpretándola como una apología de una circularidad histórica.

Es decir, llevan a cabo una lectura de San Agustín, considerando ortodoxo lo que él había refutado como hereje y, por tanto, dando una nueva significación a sus palabras fruto de una relectura afectada por el paso del tiempo y el horizonte de expectativa de los sectarios.

De las dos obras que los teólogos escriben para refutarla, el Concilio de Pérgamo elige el *Adversus Annulares* de Juan de Panonia. Este hecho supone una gran humillación para Aureliano, quien siempre queda a la sombra del gran éxito de su rival. Como resultado de la intercesión teológica de Juan de Panonia, el

---

[14] Para Alazraki (1974: 79) «la noción panteísta, el igualar al ortodoxo con el hereje en una paradoja tejida con teologías de todos los tiempos, tiene una función reveladora de primera magnitud y el relato fantástico se trascendentaliza».

[15] Estos nombres parecen invenciones de Borges. Deben entenderse como ejemplos posibles de las doctrinas sectarias cristianas conocidas bajo el término colectivo de «gnósticas». «Debido a su énfasis en el conocimiento directo de Dios y el secreto de la salvación, y a los reclamos de sus adherentes, de que poseían este conocimiento, el Gnosticismo fue declarado herético por los Padres de la Iglesia (...) La característica esencial del gnosticismo era su dualismo (Fishburn/Hughes 1990/1995: 144).

heresiarca Euforbo[16] es quemado en la hoguera, no sin antes pronunciar unas palabras que adelantan la estructura propia del relato basada en un procedimiento de serialización, como ya advertimos:

> «Esto ha ocurrido y volverá a ocurrir», dijo Euforbo. «No encendéis una pira, encendéis un laberinto de fuego. Si aquí se unieran todas las hogueras que he sido, no cabrían en la tierra y quedarían ciegos los ángeles» (*O.C.* I: 552).

Una vez refutada la doctrina de los monótonos o anulares, a cargo del *Adversus annulares* de Panonia, brota una nueva herejía que concibe la historia como espejo: «El espejo y el óbolo eran emblemas de los nuevos cismáticos» (*O.C.* I: 552). Denominados por Aureliano *histriones*[17], estos nuevos herejes fundamentan su teoría a partir de una nueva relectura «desviada» de un texto ortodoxo:

> En los Libros Herméticos[18] está escrito que lo que hay abajo es igual a lo que hay arriba, y lo que hay arriba, igual a lo que hay abajo; en el *Zohar*, que el mundo inferior es reflejo del superior. Los histriones fundaron su doctrina sobre una perversión de esa idea (*O.C.* I: 553).

---

[16] Según el diccionario de Fishburn y Hughes (1990/1995: 124), la historia no recoge ningún heresiarca de este nombre quemado en la hoguera, sino de un héroe troyano que dedicó su escudo al templo de la diosa Hera en Argos tras morir a manos de Menelao. Para los autores, la presencia de Euforbo en el relato de Borges puede deberse a la intención deliberada de «reforzar el concepto de personas y sucesos que retorna, a través del tiempo, como creían los heréticos de la rueda».

[17] Según Cédola, «la caracterización general que Borges hace del 'histrionismo' corresponde a los postulados *gnósticos*. (...) Entre los nombres que les da el autor, sólo uno corresponde a una secta gnóstica: *los cainitas,* mientras que los otros parecen falsos. Cuando Borges escribe: 'La historia los conoce por muchos nombres (especulares, abismales, cainitas) pero de todos el más recibido es el de histriones' no se sabe claramente si esos diferentes nombres caracterizan una sola secta o si cada uno corresponde respectivamente a diversas sectas. En todo caso, los rasgos que el narrador les atribuye —la purificación a través del mal, el dualismo, la metempsicosis— son los mismos que los críticos e historiadores de la época señalan como generales o más notables en la configuración global del gnosticismo» (1987: 162).

[18] «Colección de libros ocultistas, conocido como el *Corpus hermeticum*, que data del primero al tercer siglo AD. Su origen fue adscripto al dios egipcio Thoth, quien recibió de los griegos el nombre Hermes Trismegistos (El tres veces grande Hermes). Incluían un texto llamado *Asclepius*. Se piensa que fue utilizado por San Agustín en la redacción de *Civitas Dei*» (Fishburn/Hughes 1990/1995: 159).

En el interior de la «secta» histriónica existen diferentes doctrinas, unos creen que «todo hombre es dos hombres y que el verdadero es el otro, el que está en el cielo»; otros consideran que «nuestros actos proyectan un reflejo invertido»; otros aseguran «que el mundo concluiría cuando se agotara la cifra de sus posibilidades; ya que no puede haber repeticiones, el justo debe eliminar (cometer) los actos más infames, para que éstos no manchen el porvenir y para acelerar el advenimiento del reino de Jesús», etc.

Una vez más Aureliano se propone la tarea de refutar la nueva herejía, en concreto la variante que se difunde por su diócesis y se opone a las repeticiones en el tiempo. En la elaboración de su trabajo recuerda una cita que procede del *Adversus Annulares* de Juan de Panonia. En la relectura que hace de ella, Aureliano se da cuenta que fuera de su contexto se acerca a la doctrina hereje que él en este momento se propone refutar.

Esta cita actualizada por su lectura se convierte en la posibilidad para Aureliano de vengar la gran humillación que había sufrido a lo largo de los años a manos de su rival y magnífico teólogo Juan de Panonia, oportunidad que Aureliano no desaprovecha, citando el párrafo de Juan de Panonia en su obra como antecedente de la herejía histriónica.

Como resultado Juan de Panonia es acusado por difundir opiniones heréticas, hecho que no consigue que el gran convencido teólogo se retracte. Al contrario, Panonia no advierte el nuevo significado que sus palabras han adquirido con el paso del tiempo y con la nueva relectura que Aureliano ha hecho de ellas y, en lugar de corregirlas, decide defenderlas como ortodoxia. Como consecuencia, Juan de Panonia es quemado en la hoguera como ya lo había anunciado el heresiarca Euforbo.

Aureliano, marcado por la conciencia de culpa, finalmente es fulminado por un rayo en un convento de Hibernia[19] que le otorga la misma muerte que Juan de Panonia había sufrido, siguiendo un proceso de serialización que se remonta a la Antigüedad.

Al final de la historia, el narrador introduce el acontecimiento fantástico con la introducción de sus personajes en una nueva realidad, la realidad celestial donde tiene lugar la fusión de identidades de los protagonistas, como proponía la doctrina histriónica.

Cabe concluir señalando la estructura *ad infinitum* que se construye en este relato a través de un procedimiento de reduplicación horizontal de la historia.

---

[19] Forma latina de Irlanda.

Este procedimiento afecta también al relato mismo del autor Borges, inserto de la misma manera en la temporalidad. Un relato éste que será objeto de nuevas relecturas y que adquirirá nuevas connotaciones, quizá el fundamento para la elaboración de un nuevo relato que le confiera, finalmente, una nueva significación, distinta a la que acabamos de reconstruir.

2.1.3. «El milagro secreto»

Aparecido en 1943 en *Sur* y un año más tarde en *Artificios* (1944), «El milagro secreto» puede añadirse a la serie de relatos fantásticos construidos a partir del encuentro de dos esferas excluyentes: el sueño y la vigilia. El resultado de este encuentro es la dilatación temporal del tiempo vivido por el protagonista, de nombre Jaromir Hladík.

Dotado de una diégesis (la historia del secuestro y condena a muerte de Hladík) y tres hipodiégesis (el sueño del ajedrez, el drama y el sueño en la biblioteca), el relato comienza en la esfera del sueño con una partida de ajedrez entre dos familias ilustres entablada desde hace siglos. Dicho sueño es interrumpido por el rumor de la lluvia que devuelve al protagonista a la vigilia con la entrada de las tropas del Tercer Reich en Praga la noche del 14 de marzo de 1939 (o mejor, el amanecer del 15 de marzo).

La motivación del episodio que constituye el sueño es estética y de carácter metonímico, ya que se conecta con el significado semántico general del cuento, con su trasfondo histórico, la ocupación nazi de Praga[20].

Cinco días más tarde, Hladík es arrestado por la Gestapo y acusado, entre otros motivos, de ascendencia judía, de la presencia de su firma en la protesta contra el «Anschluss» y de haber traducido el *Sepher Yezirah*[21].

---

[20] Para Alazraki (1974: 334-382), esta funcionalidad del sueño como premonición de la historia es frecuente en los relatos borgianos. Además observa:

> Es indudable que la partida de ajedrez del sueño está vinculada a los acontecimientos que forman el trasfondo del cuento: los primeros movimientos del Tercer Reich que conducen a la segunda guerra mundial. El ajedrez es un juego basado en la confrontación de dos ejércitos y aunque el sentido pudo haberse perdido, el sueño reactiva su significación metafórica. Dos familias ilustres disputan una partida entablada hace muchos siglos por un premio olvidado pero que «se murmuraba que era enorme y quizá infinito» (Alazraki 1974: 354-355).

[21] «El *Sepher Yezirah* o Libro de la Creación es un breve tratado cosmológico escrito entre los siglos III y VI y representa el embrión del cual crecerá y evolucionará la Kábala» (Alazraki 1974: 367).

El tribunal decide su fusilamiento para el 29 de marzo y hasta entonces, Hladík, encarcelado, intenta detener con procedimientos mentales la implacable fugacidad del tiempo. En la víspera de su muerte, el protagonista, escritor, cavila sobre su carrera literaria, sobre sus errores, sus aciertos y su tragedia inconclusa: *Los enemigos*, a la que faltaban dos actos. Hladík decide poner a prueba a Dios requiriéndole, como prueba de su existencia, le otorgue unos días para llevar a término su obra.

Tras esta petición, el personaje, en sueños (segunda realidad hipodiegética), se desplaza a una nueva realidad, «una nave de la biblioteca Clementinum», en la que halla a un bibliotecario ciego que perdió su vista en la infecunda tarea de descubrir el nombre de Dios en una de las letras de los cuatrocientos mil volúmenes de los que se compone la biblioteca. Azarosamente, un lector igualmente decepcionado entrega a Hladík un atlas que había leído en busca de la sagrada letra sin éxito. El protagonista abre el libro por una página donde se encuentra un mapa de la India y, «bruscamente seguro», pone su dedo sobre una letra, tras lo cual oye la voz de Dios que le dice: «El tiempo de tu labor ha sido otorgado».

Tras oír estas palabras, Hladík vuelve a la realidad (realidad diegética) y es recogido en su celda por dos soldados que lo dirigen al paredón. Una vez allí, tras la preparación del «piquete», y el sonido del mandato mortal del sargento, el tiempo se detiene:

> El universo físico se detuvo.
> Las armas convergían sobre Hladík, pero los hombres que iban a matarlo estaban inmóviles. El brazo del sargento eternizaba un ademán inconcluso. En una baldosa del patio una abeja proyectaba una sombra fija. El viento había cesado, como en un cuadro (*O C.* I: 512)[22].

Es aquí donde se produce lo fantástico por el contacto de dos las dos esferas excluyentes, ya que la promesa de Dios ocurrida en el sueño desemboca consecuencias en la vigilia del protagonista: la dilatación temporal de un año.

Sin ningún material a mano, Hladík se ve obligado a terminar su obra en la memoria, sin dejar rastro de ella a la posteridad. Tras resolver el último epíteto que le faltaba, la gota de sudor, que había comenzado a deslizarse por su cara tras el mando del sargento, reanuda su trayecto y el pelotón de fusilamiento descarga su munición produciendo la muerte de Hladík a las nueve y dos minutos de la mañana.

---

[22] Obsérvese la tendencia borgiana hacia la visualidad, la creación de imágenes visuales a las que nos referimos en relación a *HUI*.

En «El milagro secreto» el autor ha desarrollado el recurso literario de la dilatación del tiempo en la subjetividad de un personaje, un recurso que Borges admiró del relato de Don Juan Manuel «Lo que sucedió a un deán de Santiago con don Illán, el mago de Toledo», del cual hizo una versión e incluyó, como vimos, en la tercera y última sección de *Historia universal de la infamia*: «Etcétera». Este procedimiento narrativo, sin duda paradójico, no se encuentra, sin embargo, en la tipología de la narración paradójica con la que trabajamos, ni tampoco en los estudios de Genette sobre el tiempo del relato. La ausencia en la investigación estructuralista de Genette ya ha sido advertida por P. Ricoeur (1984: 120-130), quien ve en el análisis de Genette una reducción del problema de la temporalidad al reducido ámbito del relato, debido a que, para Genette, según Ricoeur, «el juego de tiempos en el relato se limita a una relación entre enunciación (tiempo de quien cuenta) y del enunciado (tiempo de lo contado)» (Pozuelo Yvancos 1994: 264). Frente al análisis reduccionista de Genette, Bobes Naves (1985: 147-195) no excluye en su análisis sobre la temporalidad narrativa el *tiempo vivido* «que se distingue de un tiempo solamente crónico y que alcanza a la subjetividad o experiencia de un personaje» (Pozuelo Yvancos 1994: 265).

Es precisamente este *tiempo vivido* el que se ve influido por la dilatación en «El milagro secreto». De hecho el resto de los personajes no son afectados, ni siquiera la historia misma, como se puede constatar al comienzo del relato cuando el narrador se refiere al protagonista como autor de la «inconclusa tragedia *Los enemigos*» (*O.C.* I: 508). En este sentido, el «El milagro secreto» se distancia de otro cuento muy similar al respecto: «La otra muerte» (*El Aleph*). En este caso también una intervención divina modifica el curso temporal, sin embargo, el proceso aquí es más complicado, ya que las modificaciones temporales tienen consecuencias también en la historia, que duplica sus acontecimientos bifurcándose en otras dos historias paralelas y en los personajes que sufren lapsos de memoria[23].

Una vez más, Borges ha hecho uso para la construcción de su relato fantástico de un procedimiento especular en una doble dirección. Por un lado, a nivel horizontal, lo que ocurre en el sueño en la partida de ajedrez se refleja análogamente en la vigilia con la lucha judeo-alemana; y por otro lado, a nivel vertical, el procedimiento de la dilatación temporal ya se anticipa en el epígrafe que antecede al relato: «Y Dios lo hizo morir durante cien años y luego lo animó y le dijo: —¿Cuánto tiempo has estado aquí? —Un día o parte de un día, respondió».

---

[23] Véase mi artículo al respecto (Gil Guerrero 2006).

2.1.4. «*El Aleph*»

Publicado en *Sur* en 1945 y recogido en el volumen homónimo en 1949, «El Aleph» lleva a la práctica los postulados fundamentales del género fantástico y sintetiza algunas de las reflexiones poetológicas borgianas sobre la creación artística referidas a la insuficiencia del lenguaje y su dificultad de representar lo inefable, lo simultáneo, lo eterno en lo sucesivo, lo concreto, lo caduco[24].

Ciertamente «El Aleph» tematiza una concepción del arte y en concreto de la poesía que coincide con las reflexiones de Edgar Allan Poe al respecto, presentadas en su ensayo «El principio poético», al que nos dedicamos en la primera parte de nuestro estudio. Para Poe, la necesidad que siente el hombre por conocer la belleza que lo trasciende es consecuencia de «su existencia perenne» (Poe 1850/1984: 76-77). El acercamiento a dicha belleza sólo es posible a través de la poesía y la música que pueden conseguir, no obstante y únicamente, visiones tan breves e imprecisas.

Esta concepción poeiana del arte como vía de acceso a la trascendentalidad, se acerca, por otro lado, a la teoría estética de Arthur Schopenhauer. Para Schopenhauer, el único acceso posible, el arte y la filosofía, se ve además dificultado por lo que él denomina «el principio de individualidad como engaño», es decir, por el «aquí», el «ahora» y el «yo» del artista o filósofo que actúa como velo e impide un conocimiento más allá de esas visiones breves e imprecisas a las que se refiere Poe y que, como resultado, produce una profunda tristeza en el artista, consciente de sus limitaciones cognoscitivas.

¿Cómo trabaja Borges esta reflexión filosófico-literaria en la ficción de «El Aleph»? Los protagonistas del relato, Carlos Argentino Daneri, y el narrador, de nombre Borges, son dos escritores que comparten dos comunes anhelos de belleza. Por un lado la belleza terrenal representada en la figura de la amada muerta: Beatriz Viterbo y, por otro lado, una belleza trascendente, concretizada en la poesía.

Carlos Argentino parece tener acceso a ambas. Con Beatriz, como después lo descubre Borges, goza de una relación amorosa, y el acceso a la eternidad, objetivo de la poesía, se produce gracias a un artilugio que guarda en el sótano de su

---

[24] Así lo advierte del mismo modo Estela Cédola (1987: 286) para quien «El Aleph» tematiza la preocupación del poeta «en las relaciones entre la realidad y el lenguaje, en la 'desesperación' del escritor para trasladar su experiencia personal e individual del mundo a un código que nos es común. El esfuerzo del poeta para compartir lo «inefable» con los demás hombres (con sus lectores) (...)».

casa, un Aleph, «el lugar donde están, sin confundirse, todos los lugares del orbe, vistos desde todos los ángulos» (*O.C.* I: 623).

La relación entre los dos protagonistas se sustenta en la base de las dos ansias comunes. Tras la muerte, dolorosa para el narrador, de Beatriz Viterbo, éste decide visitar a la familia, al padre y al primo hermano Carlos Argentino, como muestra de cortesía. Este acto improvisado el 30 de abril del año de su muerte se convierte con el tiempo en una cita anual a la que el protagonista Borges no falta nunca.

Con el paso del tiempo la conversación entre Borges y Carlos Argentino, antiguos rivales[25], va olvidando los recuerdos de Beatriz a favor de otros temas más generales como la idea de Carlos Argentino, para Borges inepta, sobre la inutilidad del viaje para el hombre moderno que gracias a la técnica puede conocer otras latitudes sin necesidad de desplazarse. Esta idea absurda parece a Borges más literaria que real y le propone que considere escribir una obra sobre este motivo. Para su sorpresa, Carlos Argentino ya llevaba un tiempo empeñado en esta gran tarea de describir todo el planeta en su poema titulado *La Tierra*[26], y a partir de la propuesta de Borges aprovecha la coyuntura para darle a conocer sus dotes artísticas, puestas en duda por el narrador en un discurso irónico que raya continuamente en la parodia[27].

Los fragmentos del poema que Carlos Argentino lee y filológicamente comenta, parecen a Borges terribles por su estilo vanidoso, pedante, y, sobre todo, aburrido, ya que se trata de una descripción detallada del planeta sin obviar nin-

---

[25] La rivalidad entre los protagonistas no se aclara a lo largo del relato, aunque se explica cuando Borges ve en el Aleph las cartas obscenas que Beatriz escribía a su primo. En este momento, el lector puede achacar a esta causa dicha rivalidad a la que contribuye del mismo modo el éxito literario de Carlos Argentino.

[26] Obsérvese las conexiones temáticas entre los relatos «Tlön» y «El Aleph». El propósito de la sociedad secreta de «Tlön» de inventar un país y más tarde un planeta se repite ahora en la tarea de Daneri quien, en el ámbito literario, «se proponía versificar toda la redondez del planeta» (*O.C.* I: 620).

[27] Cédola quiere ver en la parodia que hace el narrador de Daneri una autocrítica a la escritura del autor a su primera etapa barroca y, por otro lado, una crítica a Leopoldo Lugones:

Pero Carlos Argentino es mucho más que una risueña autocrítica porque evoca todo un estilo literario y un tipo de intelectual argentino del que Borges se aparta. Puede ser muy osado establecer semejanzas, pero detrás de los adjetivos prosaicos de Carlos Argentino se adivina una deformación del estilo de Leopoldo Lugones, (...) En la poesía de Carlos Argentino podría haber una caricatura del estilo lugoniano que tendría por función estigmatizar la propia adhesión juvenil (1987: 291-292).

guno de sus puntos, siempre pendiente del aplauso de la crítica a la que cree hacer guiños en su obra:

> El poema se titulaba «La Tierra»; tratábase de una descripción del planeta, en la que no faltaban, por cierto, la pintoresca digresión y el gallardo apóstrofe. Le rogué que me leyera un pasaje, aunque fuera breve. (...) Comprendí que el trabajo del poeta no estaba en la poesía; estaba en la invención de razones para que la poesía fuera admirable; naturalmente, este ulterior trabajo modificaba la obra para él, pero no para otros (*O.C.* I: 619).

Tras este encuentro, Daneri llama a Borges y le pide que interceda para que Álvaro Melián Lafinur[28], quien había conseguido según Carlos Argentino un «sólido prestigio», le prologue su poema. Borges simula aceptar y tener interés, pero en realidad no tiene la mínima intención de hablar con Lafinur. Pasados unos meses, cuando se creía liberado del gran compromiso, recibe una llamada de Carlos Argentino, quien muy excitado le cuenta los planes de demolición de su casa de la calle Garay por los dueños de la confitería Zunino y Zungri y el gran perjuicio que eso significaría para su carrera artística, porque se destrozaría del mismo modo su fuente de inspiración: el Aleph que tenía en el sótano.

Borges, a pesar de sus desconfianzas sobre la salud mental de Daneri, decide ir a la casa para comprobarlo. Una vez en el sótano, en la oscuridad, en la posición que Carlos Argentino le había indicado, se produce la revelación del Aleph. Tras esta experiencia mística, Borges decide vengarse de Daneri y niega haber visto este artilugio sugiriendo el desequilibrio mental de su rival.

En la posdata de marzo de 1943, el narrador da noticia del gran éxito que la obra de Carlos Argentino *Trozos argentinos* obtiene, publicada seis meses tras la demolición de la casa, e incluso galardonada con el Premio Nacional de Literatura[29]. Frente a su éxito, la obra de Borges *Los naipes del tahúr*[30] no obtiene ningún voto. Como conclusión el narrador agrega en la posdata de 1943 dos obser-

---

[28] Este nombre posee una referencia extratextual fáctica. Álvaro Lafinur fue un primo joven del padre de Borges «considerado por la familia como un mujeriego y un pícaro. Borges recuerda su deuda con él por haberlo iniciado en el misterio de los lupanares de Palermo» (Fishburn/Hughes 1990/1995: 194).

[29] Para Ortega (1999: 462): «La posdata, así, tiene la función de relativizar la experiencia mística, y de devolvernos al lenguaje referencial y, con él, a Carlos Argentino».

[30] Este título tiene una referencia extratextual real. Borges lo escribió en Madrid antes de su regreso a Buenos Aires. Sobre él afirma:

vaciones sobre el Aleph, en primer lugar aclara la fuente etimológica, procedente de la primera letra del alfabeto de la lengua sagrada hebrea y, en segundo lugar, descree de la realidad del Aleph de la calle Garay y enumera otros casos documentados a lo largo de la historia.

En el desarrollo de la historia que acabamos de resumir, las reflexiones sobre la dificultad de la creación artística que se vale del lenguaje para la descripción de lo trascendental tiene lugar tras la visión del Aleph, momento fundamental del relato, admitido de igual modo por el narrador:

> Arribo, ahora, al inefable centro de mi relato; empieza, aquí, mi desesperación de escritor[31]. Todo lenguaje es un alfabeto de símbolos cuyo ejercicio presupone un pasado que los interlocutores comparten; ¿cómo trasmitir a los otros el infinito Aleph, que mi temerosa memoria apenas abarca? Los místicos, en análogo trance, prodigan los emblemas: para significar la divinidad, un persa habla de un pájaro que de algún modo es todos los pájaros; Alanus de Insulis, de una esfera cuyo centro está en todas partes y la circunferencia en ninguna; Ezequiel, de un ángel de cuatro caras que a un tiempo se dirige al oriente y al occidente, al norte y al sur. (No en vano rememoro esas inconcebibles analogías; alguna relación tienen con el Aleph.) Quizá los dioses no me negarían el hallazgo de una imagen equivalente, pero este informe quedaría contaminado de literatura, de falsedad. Por lo demás el problema central es irresoluble: la enumeración, siquiera parcial, de un conjunto infinito (*O.C.* I: 624-625).

Se trata de la imposibilidad de traducir en un sistema sucesivo, lineal como es el lenguaje un conjunto infinito de imágenes que el Aleph le ha revelado de manera simultánea:

> En este instante gigantesco, he visto millones de actos deleitables o atroces; ninguno me asombró como el hecho de que todos ocuparan el mismo punto, sin superposición y sin transparencia. Lo que vieron mis ojos fue simultáneo: lo que transcribiré, sucesivo, porque el lenguaje lo es. Algo, sin embargo, recogeré (*O.C.* I: 625).

En España escribí dos libros. Uno era una colección de ensayos que había titulado, ahora me pregunto por qué, *Los naipes del tahúr*. Eran ensayos literarios y políticos (yo era todavía un anarquista, un libre pensador, y pacifista), escritos bajo la influencia de Pío Baroja. Pretendían ser duros e implacables, pero la verdad es que eran bastante mansos. Usaba palabras como «idiotas», «rameras», «embusteros». Como no encontré editor, destruí el manuscrito al regresar a Buenos Aires (Borges; Di Giovanni 1999: 59-60).

[31] Recuérdese el sentimiento de tristeza al que se refería Poe.

Como Borges advierte, este tipo de experiencia mística debe ayudarse, debido a su insuficiencia, de los emblemas, de las metáforas. Una vez que acepta sus limitaciones decide describir lo que vio en el sótano de Daneri. Para ello, Borges se ve obligado a valerse de una serie de enumeraciones yuxtapuestas, que imitan la simultaneidad de la realidad, ligadas por la forma verbal «vi» que actúa como único nexo posible, espejo de la experiencia: «*Vi* el populoso mar, *vi* el alba y la tarde, *vi* las muchedumbres de América, *vi* una plateada telaraña en el centro de una negra pirámide, *vi* un laberinto roto (era Londres) (...)»[32] (*O.C.* I: 625).

Finalmente el narrador describe cómo se vio a sí mismo y a un «tú» que no se especifica en el relato y finalmente a todo el universo:

Vi mi cara y mis vísceras, vi tu cara, y sentí vértigo y lloré, porque mis ojos habían visto ese objeto secreto y conjetural, cuyo nombre usurpan los hombres, pero que ningún hombre ha mirado: el inconcebible universo.
Sentí infinita veneración, infinita lástima (*O.C.* I: 625-626).

La referencia a ese «tú» ha sido entendida de diferentes modos por la crítica. Ortega (1999: 461) quiere entenderlo como una alusión a la divinidad, nosotros, sin embargo, queremos interpretarlo como una alusión al propio narratario y, por extensión, al lector, que de este modo es focalizado en el sistema comunicativo que es el texto literario[33].

¿Por qué considera Borges al Aleph que ha propiciado la creación de «Trozos argentinos» de Daneri como un falso Aleph? Para Ortega (1999: 462), el narrador duda de la existencia debido a la perpetuación que Daneri hace de él en una obra nefasta. Sin embargo, Cédola (1987: 300) lo explica como el deber de todo poeta de perseguir constantemente ese Aleph, de ir en busca de la verdad y de desconfiar de la realidad aparente:

Si el Aleph de la calle Garay fuera verdadero y persistiera, sería imposible la poesía; por eso la casa del Aleph es finalmente destruida. El poeta ha de ir siempre persiguiendo otro aleph, el verdadero, dudando siempre de haber dicho la verdad definitiva, de haber escrito el mejor poema. Por eso, el verdadero aleph es invisible y está en lo íntimo de la piedra pero aguzando los sentidos se puede percibir su rumor.

---

[32] Cursiva nuestra.

[33] Véase el tercer apartado de la primera parte de nuestro trabajo «Del inmanentismo al recepcionismo: la focalización del lector en la poética borgiana a partir de los años cuarenta».

La puesta en duda de la existencia del Aleph de la calle Garay en la posdata, en lugar de rebajar el carácter fantástico del relato, como ha señalado algún estudio crítico (Ortega 1999: 462), manifiesta una vez más la frustración del escritor, quien, más que dudar, quiere olvidar la idea de haber sido poseedor de la realidad trascendente y la profunda frustración de no poderlo expresar por contar con un medio sin duda ineficaz: el lenguaje. Una experiencia ésta que lo atormentaría si no se ayudara del olvido.

Ambos artistas han accedido a la realidad trascendente, pero sólo uno de ellos ha sido capaz de reconocerla gracias a un proceso de abstracción que trata de escapar de su yo, de su aquí y de su ahora. Carlos Argentino no consigue transmitir la simultaneidad que percibe debido al «principio de individualidad» que funciona como engaño. Él está inserto en su individualidad, le importa sobre todo la fama de su poesía y no la poesía misma y por eso es incapaz de salir de él mismo y de contemplarla en estado puro. No ocurre lo mismo con el personaje Borges que logra escapar de sí mismo y verse desde la distancia «vi mi cara y vi mis vísceras» (*O.C.* I: 625-626).

El resultado son dos formas diferentes de escritura, por un lado, el poema de Daneri que termina siendo una descripción geográfica del universo y, por otro lado, el poema en prosa del narrador que inserta en su discurso y que consigue atrapar, por unos instantes, la experiencia a él revelada: «Algo, sin embargo, recogeré» (*O.C.* I: 625).

La postulación fantástica del relato se ha valido nuevamente, desde el punto de vista temático, de una doctrina religiosa panteísta: la imagen microcósmica del universo traducida en el Aleph de los místicos cabalistas. Para los místicos judíos la letra aleph, primera del alfabeto, se entendía «como la raíz espiritual de todas las letras y portadora, en su esencia, de todo el alfabeto y, por lo tanto, de todos los demás elementos del habla humana. (…) Esta letra sería la única que el pueblo escuchó directamente de la boca de Dios y esta singular virtud la convierte en símbolo de su Voluntad, esto es del universo» (Alazraki 1974: 92). Este símbolo que funciona como imagen microcósmica del universo contextualizado en un relato fantástico ya aparece en el relato «El espejo de tinta» que Borges incluyó en la sección «Etcétera» de *Historia universal de la infamia*. Además reaparece en esta etapa narrativa de los años cuarenta bajo otros símbolos como la rueda de las religiones del Indostán en «La escritura de Dios» y del *zahir* del islam en «El Zahir».

Desde el punto de vista narratalógico, dicha doctrina se manifiesta en un procedimiento paradójico de duplicación vertical de la historia o también llamado *epanadiplosis vertical de la historia* (Lang 2006). La realidad ficticia, aceptada como real en la ficción, donde se encuentran los personajes Carlos Argentino Daneri, Beatriz Viterbo y el propio narrador, contiene otra realidad: el Aleph, imagen microscópica del universo. Al mismo tiempo se produce una transgresión de límites lógicamente infranqueables, ya que el narrador en el sótano accede desde su realidad a otra realidad que al mismo tiempo le contiene y contiene todo el universo: «Vi mi cara y mis vísceras, vi tu cara y sentí vértigo y lloré» (*O.C.* I: 625-626).

El análisis de «Tlön», «Los teólogos», «El milagro secreto», y «El Aleph» que hemos ofrecido revela un tipo de postulación fantástica que se construye, efectivamente, a todos los niveles del texto, como ya propuso en el campo teórico para el relato fantástico el estudio de Campra (1981/2001). En ellos Borges ha conjugado tópicos de la literatura fantástica de todos los tiempos como el tema del doble, la trasmigración de las almas, la dilatación del tiempo subjetivo, con la reflexión metafísica, teológica e incluso metaliteraria y con un modo de decir paradójico que afecta tanto a la historia como al discurso.

2.2. LA POSTULACIÓN POLICIAL

La centralización del género policial que Borges llevó a cabo en el panorama argentino de los años treinta a través de sus intervenciones críticas publicadas fundamentalmente en la revista *Sur* y en *El Hogar*, preparó estratégicamente, como ya tuvimos oportunidad de señalar, un marco de lectura para sus ficciones policiales que aparecieron posteriormente. Borges sitúa el género en una tradición que arranca de Edgar Allan Poe y su relato «The Murders in the Rue Morgue»:

> En 1841, un pobre hombre de genio, cuya obra escrita es tal vez inferior a la vasta influencia ejercida por ellas en las diversas literaturas del mundo, Edgar Allan Poe, publicó en Philadelphia *Los crímenes de la Rue Morgue*, el primer cuento policial que registra la historia. Este relato fija las leyes esenciales del género: el crimen enigmático y, a primera vista, insoluble, el investigador sedentario que lo descifra por medio de la imaginación y de la lógica, el caso referido por un amigo impersonal, y un tanto borroso, del investigador. El investigador se llamaba Auguste Dupin; con el tiempo se llamará Sherlock Holmes (...) (*O.C.* IV: 48).

Con sus intervenciones críticas, Borges canoniza la variante clásica conocida como «novela-enigma» o «novela-problema» que centra su atención en el desciframiento del enigma frente a la «novela dura» o «novela negra» en la que la investigación del detective goza de mayor importancia.

Así lo evidencia el código que en 1935 a tenor de la lectura de *The scandal of Father Brown* Borges elabora para la revista *Sur*, titulado «Los laberintos policiales y Chesterton»[34], que pone en práctica en el mismo año en el relato policial de materia criollo-arrabalera «Hombre de la esquina rosada» y que es una síntesis de los postulados que Poe y Chesterton habían señalado anteriormente como necesarios para el género[35].

---

[34] Recuérdese que este código fue una versión ampliada del que propuso en su artículo de 1933 para la revista *Hoy Argentina* titulado «Leyes de la narración policial».

[35] Efectivamente el código policial borgiano de 1935 puede considerarse una breve síntesis de los códigos de sus maestros Poe y Chesterton. Según François Fosca el código de Edgar Allan Poe puede resumirse en seis aspectos fundamentales: «1) el caso es un misterio inexplicable en apariencia», «2) los indicios superficiales señalan erróneamente a un culpable», «3) se llega a la verdad a través de una observación rigurosa y metódica» «4) la solución es verdadera y a la vez imprevista», «5) las dificultades son sólo aparentes; cuanto más complejo parece un caso más simple es su resolución», «6) cuando eliminamos las imposibilidades, lo que queda —aunque increíble— es la justa solución» (Citado por Lafforgue y Rivera 1996: 260).

Por su parte, el código de Chesterton, más preciso, se extiende a catorce aspectos: «1) el lector y el crítico no sólo desean ser engañados, sino que desean ser susceptibles de serlo», «2) es indispensable ocultar el 'secreto' a la mente del lector», «3) el autor no debe introducir en la novela una vasta e invisible sociedad secreta con ramificaciones en todas partes del mundo», «4) no debe estropear los puros y hermosos contornos de un asesinato clásico rodeándolo con la sucia y gastada trencilla de la diplomacia internacional», «5) no debe introducir, asimismo, algún imprevisto hermano venido de Nueva Zelanda y que es de un parecido exacto con el protagonista»; «6) no debe atribuir apresuradamente el crimen, en la última página, a alguna persona totalmente insignificante»; «7) no debe especular con la oportuna introducción del cochero del héroe o del camarero del bribón», «8) no debe introducir a un criminal profesional para hacerlo responsable de un crimen privado», « 9) no debe recurrir a más de un asesino», «10) ni decir que todo fue un error y que nadie intentó asesinar nunca a alguien, decepcionando seriamente a todos los lectores compasivos y humanos», «11) no debe cometer, tampoco, el difundido error de creer que la historia más complicada es la mejor», «12) la primera característica de un cuento sensacional es que la clave sea simple», «13) durante toda la narración debe existir la expectativa del momento de la sorpresa, y ésta debe durar sólo un momento», «14) el *roman policier* debe parecerse más al cuento corto que a la novela» (citado por Lafforgue y Rivera 1996: 261). Borges en «Los laberintos policiales y Chesterton» manifiesta un pleno acuerdo con cada una de las advertencias que señalan sus maestros que logra sintetizar en seis requisitos (véase nuestro apartado 4 de la primera parte).

Un lustro más tarde, en una nueva etapa narrativa, Borges vuelve a retomar el género. Son diferentes las opiniones críticas sobre los relatos de esta etapa que forman parte del corpus policial. Una vez más, como ocurría con la postulación fantástica, encontramos la dificultad de la clasificación genérica en la producción borgiana. Si algunos estudios tan sólo consideran policiales los relatos «El jardín de senderos que se bifurcan» y «La muerte y la brújula», así como los escritos en colaboración con Bioy Casares basándose en las clasificaciones genéricas del propio Borges[36], otros extienden este calificativo a relatos como «El acercamiento a Almotásim», «La forma de la espada» o «El tema del traidor y del héroe» (Castellani 1989: 45-55) por seguir ciertos recursos estructurales propios del género.

En este sentido creemos necesario distinguir entre los relatos que son policiales desde el punto de vista de la historia y del discurso y aquellos que comparten ciertas técnicas policiales[37]. Así lo ve también Gutiérrez Carbajo (1992: 378):

> Podría afirmarse que la técnica policial siempre está presente en los relatos borgianos por la importancia que adquieren en ellos numerosos recursos destinados a suscitar la expectativa y la sorpresa. Algunas de estas ficciones, sin embargo, como *La muerte y la brújula*, *Las ruinas circulares*, *El jardín de senderos que se bifurcan*, *Abenjacán el Bojarí muerto en su laberinto*, *El acercamiento a Almotásim*, *Emma Zunz*, *La forma de*

---

[36] En el prólogo a *El jardín de senderos que se bifurcan* de 1941, Borges distingue el relato homónimo del resto de relatos fantásticos calificándolo de policial:

> Las siete piezas de este libro no requieren mayor elucidación. La séptima —«El jardín de senderos que se bifurcan»— es policial; sus lectores asistirán a la ejecución y a todos los preliminares de un crimen, cuyo propósito no ignoran pero que no comprenderán, me parece, hasta el último párrafo (*O.C.* I: 429).

En la conferencia que tienen lugar en la Universidad de Belgrano, incluida más tarde en *Borges, oral* (*O.C.* IV: 197) afirma:

> He intentado el género policial alguna vez, no estoy demasiado orgulloso de lo que he hecho. Lo he llevado a un terreno simbólico que no sé si cuadra. He escrito «La muerte y la brújula». Algún texto policial con Bioy Casares, cuyos cuentos son muy superiores a los míos. Los cuentos de Isidro Parodi, que es un preso que, desde la cárcel, resuelve los crímenes.

[37] Asimismo Borges y Bioy Casares advirtieron la influencia que el género policial ejerció en otros géneros narrativos en una reflexión sobre el género: «tan poderoso es el encanto que dimana de este género literario que apenas si hay obra narrativa que no participe de él, en alguna medida (...) (Borges, en: Lafforgue y Rivera 1996: 250).

la espada o los relatos publicados conjuntamente con Bioy Casares con el pseudónimo de H. Bustos Domecq, como *Seis problemas para don Isidro Parodi*, se atienen específicamente al código policíaco.

Teniendo en cuenta esta distinción se puede decir que son tres los relatos policiales que Borges escribe entre 1941 y 1951: «El jardín de senderos que se bifurcan» de 1941, «La muerte y la brújula» de 1943 y «Abenjacán el Bojarí, muerto en su laberinto» de 1951, relatos recogidos posteriormente en *Ficciones* y *El Aleph*, respectivamente.

En el análisis de esta trilogía policial se plantea una cuestión fundamental ¿Son estos relatos un ejemplo más del modelo tradicional inaugurado por Poe? ¿Siguen los postulados teóricos señalados por Borges, tan sólo cinco años antes, en su intervención crítica acerca de la postulación policial clásica del relato de enigma?

Antes de pasar al análisis particular podemos ya adelantar que cada uno de los relatos que nos ocupan pertenece, en diferente medida, a lo que Fine (2000) ha denominado «estética de la desautomatización» caracterizada «por una potenciación de los efectos de extrañamiento y una pronunciada intencionalidad desocultante» (2000: 51) que busca la originalidad literaria.

La teoría de la desautomatización que arranca de los estudios formalistas, en concreto de Víctor Shklovski, establece concomitancias con el concepto de originalidad desarrollado por Edgar Allan Poe, quien advirtió la necesidad de sorprender continuamente al lector haciendo uso constante de nuevos modos de decir, que influyó tanto en el formalismo ruso —fundamentalmente en Eichenbaum—, así como en el concepto de desanquilosamiento que Borges defendió en su etapa ultraísta[38].

Los textos pertenecientes a esta estética llevan a cabo procedimientos desfamiliarizadores que originan un fracaso en el horizonte de expectativas con el que el lector se enfrenta al texto[39]. Sin embargo, no todo en un texto puede tener una actitud desfamiliarizante, pues el resultado supondría un fracaso en los procesos hermenéuticos. Para Fine, en toda comunicación artística coexisten dos fuerzas paralelas de estímulos:

> el estímulo hacia la inteligibilidad y aquél dirigido hacia la desestabilización y el extrañamiento. La diferenciación está dada por la proporción en la intensidad de cada

---

[38] Véase el apartado dedicado al inmanentismo en la poética borgiana.

[39] Véase nuestro apartado dedicado a la teoría de la recepción borgiana.

una de estas fuerzas; el aumento de un polo supone la disminución del otro pero no su ausencia absoluta (2000: 45).

La aplicación de esta estética acerca a Borges a los postulados formalistas. Los formalistas rusos fueron los pioneros en el desarrollo de una teoría de los géneros. Su acercamiento, lógicamente, es de carácter inmanentista. Para Tomachevski, cualquier texto se ajusta por sus procedimientos compositivos a unas determinadas características genéricas, un molde genérico particular:

> Se forman así determinadas clases de obras, o *géneros,* caracterizados por el hecho de que los procedimientos de cada género se reagrupan de un modo específico en torno a los procedimientos perceptibles, o *características del género* (...) Estas características del género, es decir, los procedimientos que organizan la composición de la obra, son los procedimientos *dominantes,* los cuales subordinan a sí mismos todos los demás procedimientos necesarios para la creación de la obra literaria. Este procedimiento dominante, principal, se llama, a veces *dominante,* y el conjunto de las dominantes es el momento determinante en la formación del género (Tomachevski 1982: 211-212).

En el procedimiento de ajustamiento de un texto a dicho molde debe aplicarse según la teoría formalista, la ley de la desautomatización, es decir, todo texto debe variar de algún modo dicho molde genérico para conseguir extrañar al lector. Ésta es la causa de la evolución histórica de los géneros literarios. En la teoría de géneros formalista el artista desarrolla un papel central para la evolución del género, quien logra renovarlo a través de una serie de procedimientos formales que buscan dificultar la percepción:

> El advenimiento del «genio» es siempre una especie de revolución literaria, en la que es derrocado el canon hasta entonces dominante, y el poder pasa a los procedimientos que habían permanecido subordinados (Tomachevski 1982: 214).

Es desde este aspecto de la derogación del canon establecido por el propio Borges en sus intervenciones críticas sobre el género policial, desde el que nuestro análisis se enfrenta a los relatos «El jardín de senderos que se bifurcan», «La muerte y la brújula» y «Abenjacán el Bojarí, muerto en su laberinto», caracterizados, como veremos, por la desfamiliarización de muchos de los procedimientos presentes en la postulación policial clásica inaugurada por Edgar Allan Poe y centralizada en el panorama hispano por Borges cinco años antes.

2.2.1. «El jardín de senderos que se bifurcan»

«El jardín de senderos que se bifurcan», publicado en el volumen homónimo en 1941, inaugura la postulación policial borgiana de esta etapa narrativa. Desde el punto de vista de la elaboración, son diversos los procedimientos desautomatizadores que se han llevado a cabo con respecto a la propuesta teórica borgiana sobre el género de los años treinta.

En primer lugar Borges ha dotado a su relato de una estructura narrativa múltiple en cuya historia se plantean dos misterios diferentes y dos respectivas soluciones en tres niveles comunicativos distintos.

El relato comienza con la cita que un narrador-comentarista hace de un pasaje de la obra del historiador Liddell Hart *Historia de la Guerra Europea* sobre la ofensiva británica contra el ejército alemán en julio de 1916 que tuvo que ser aplazada por lluvias torrenciales[40]. Junto a esta primera fuente sobre el caso, el narrador presenta la declaración del doctor Yu Tsun «antiguo catedrático de inglés en la Hochschule de Tsingtao» (*O.C.* I: 472) a la que le faltan dos páginas iniciales, pero que según el narrador «arroja una insospechada luz sobre el caso» (*O.C.* I: 472). Este primer nivel narrativo se interrumpe con la introducción en estilo directo de la declaración de Yu Tsun que se extiende hasta el final del relato y que es marco de los dos misterios que componen la historia.

La narración intradiegética autodiegética de Yu Tsun relata la persecución que sufrió como espía alemán por el capitán del ejército británico Richard Madden. Yu Tsun se convierte en un peligro para el ejército enemigo por ser conocedor de una información privilegiada: el nombre de la ciudad objetivo de un próximo ataque planeado por el ejército británico. Apremiado por su calidad de perseguido, Yu Tsun idea un plan para comunicar a sus superiores la información que posee. Tras buscar al azar en la guía telefónica un destino misterioso (o misterioso todavía para el lector) sube a un tren que lo dirige a la casa de un si-

---

[40] Los datos que menciona el narrador del primer nivel narrativo establecen fuertes conexiones con la realidad extratextual fáctica, si bien, como suele gustar a Borges, con ciertas variaciones. El historiador militar británico Sir Basil Henry Liddell Hart (1895-1970) escribió una historia de la Primera Guerra Mundial que tituló *La Guerra Real, 1914-1918* publicada en 1930 y reeditada en 1934 bajo el nombre de *Una historia de la guerra mundial 1914-1918*. La ofensiva a la que se hace referencia en el relato corresponde a la batalla de Somme (Fischburn/Hughes 1990/1995: 202). Es en la página 252 y no en la 22 como afirma el narrador del primer nivel narrativo, donde Hart se refiere a la ofensiva que tuvo que ser aplazada por las lluvias torrenciales del 29 de junio al 1 de julio de 1916 y no del 24 de julio al 29 como se indica en la ficción.

nólogo conocido de nombre Stephen Albert. Una vez allí descubre que el sinólogo guarda el jardín de senderos que se bifurcan que había construido su bisabuelo, Ts'ui Pên, antiguo gobernador de Yunnan, quien se retiró para construir una novela y un jardín y que finalmente tan sólo dejó, para vergüenza de sus descendientes, una novela completamente caótica, incoherente.

En este momento de la historia se introduce un segundo misterio o enigma: el significado de la obra de Ts'ui Pên que Albert dice haber descifrado gracias a una frase que leyó en una carta que encontró del mismo Ts'ui Pên: «Dejo a los varios porvenires (no a todos) mi jardín de senderos que se bifurcan» (*O.C.* I: 477), frase que sugirió en su mente la posibilidad de que Ts'ui Pên hubiera querido crear un libro infinito:

> La relectura general de la obra confirmó esa teoría. En todas las ficciones, cada vez que un hombre se enfrenta con diversas alternativas, opta por una y elimina las otras; en la del casi inextricable Ts'ui Pên, opta —simultáneamente— por todas. *Crea*, así, diversos porvenires, diversos tiempos, que también proliferan y se bifurcan (*O.C.* I: 477).

Finalmente, cuando Yu Tsun se ve atrapado por la llegada del capitán Richard Madden a la casa del sinólogo, decide cumplir su plan: el asesinato del doctor Stephen Albert cuyo nombre coincide con la ciudad Albert[41], objetivo del ataque británico, para que su noticia en la prensa sirva de aviso a sus superiores, descubriéndose en este punto el misterio de su viaje en tren hacia la casa de Stephen Albert.

Como hemos señalado, son dos los misterios que se presentan en este relato. En primer lugar el motivo de la muerte del sinólogo a manos de Yu Tsun y por otro lado el misterio de la obra de su antepasado Ts'ui Pên.

No es éste el único desvío del género que lleva a cabo Borges en su relato. Asimismo se ha invertido la estructura policial clásica ya que el crimen no es el origen sino la solución del enigma. El relato no tematiza la búsqueda del criminal responsable del enigma, sino la búsqueda de la víctima que resuelve el misterio de la persecución que sufre el criminal.

Junto a estas dos desviaciones, digamos de carácter estructural, el relato borgiano se aparta semánticamente de lo puramente policial y accede a un terreno

---

[41] Pueblo francés situado en las cercanías del frente de batalla en zona francesa entre el territorio de los Aliados y de las Potencias Centrales durante el transcurso de la Primera Guerra Mundial en 1916.

metafísico-simbólico. Como ya advirtió acertadamente Alberto Julián Pérez (1986: 130), en los relatos borgianos es frecuente que los *cronotopos*[42] adquieran un carácter simbólico. De entre los diferentes *cronotopos* de la narrativa del autor entre los que se encuentra, según Pérez, el «camino», el «umbral», el «laberinto», la «biblioteca», el «recinto sagrado», la «figura geométrica», el «espejo» y el «hombre inmemorial», es el «camino» el que, según el crítico, se eleva a símbolo en «El jardín de senderos que se bifurcan» (1986: 130):

> En «El jardín de senderos que se bifurcan» Borges da al cronotopo del camino un ca-
> rácter simbólico (...) El símbolo cronotópico del camino vincula el camino concreto
> con la función más general del camino: la de conducir y relacionar; el camino con-
> duce al héroe demoníaco a la solución del problema del laberinto creado por su an-
> tepasado, relacionando el presente con el pasado, y le permite transmitir un mensaje
> a su jefe, con lo cual determina el futuro (1986: 131-132).

En nuestra opinión, el cronotopo del «camino» no es el único que se ha convertido en símbolo en el relato. Del mismo modo, el «jardín» (variación del cronotopo del laberinto) que funciona a través de un proceso sinecdótico como
imagen del universo, se convierte en símbolo del infinito[43].

El jardín chino sugiere, como la novela de Ts'ui Pên, la infinitud a partir de
la finitud. Se erige como símbolo del infinito dentro del relato estableciendo en
un nivel significativo más abstracto una reflexión general sobre la temporalidad.
El jardín de Ts'ui Pên, como lo advierte su comentarista el sinólogo Stephen Albert, lleva a la práctica una concepción del tiempo simultáneo, múltiple y paralelo frente al tiempo lineal y sucesivo como lo entendieron Newton o Schopenhauer. Esta reflexión metadiegética es llevada al plano diegético por el sinólogo
al ejemplificar con el suceso asumido como real en la ficción: la llegada de Yu
Tsun a su casa:

> A diferencia de Newton y de Schopenhauer, su antepasado no creía en un tiempo
> uniforme, absoluto. Creía en infinitas series de tiempos, en una red creciente y verti-

---

[42] Para Alberto Julián Pérez, siguiendo a Bakhtín, «el cronotopo, que literariamente significa
tiempo-espacio, expresa (...) la interconexión e inseparabilidad de las relaciones temporales y espaciales en literatura» (1986: 130).

[43] Asimismo lo ve Echavarría: «La relación con el mundo (...) es de índole 'sinecdóquica'». Es decir, el jardín representa simbólicamente el universo, en el sentido de que la parte ha sido tomada por
el todo. Ello obliga, según Plaks, a que la proyección de lo particular en lo general se logre, en lo que
concierne la disposición del jardín, bajo la forma de una «espacialización sincrónica» (1999: 77).

ginosa de tiempos divergentes, convergentes y paralelos. Esa trama de tiempos que se aproximan, se bifurcan, se cortan o que secularmente se ignoran, abarca *todas* las posibilidades. No existimos en la mayoría de esos tiempos; en algunos existe usted y no yo; en otros, yo, no usted; en otros, los dos. En éste, que un favorable azar me depara, usted ha llegado a mi casa; en otro, usted, al atravesar el jardín, me ha encontrado muerto; en otro, yo digo estas mismas palabras, pero soy un error, un fantasma. En todos —articulé no sin un temblor— yo agradezco y venero su recreación del jardín de Ts'ui Pên.

No en todos —murmuró con una sonrisa—. El tiempo se bifurca perpetuamente hacia innumerables futuros. En uno de ellos soy su enemigo (*O.C.* I: 479).

Como resultado de este análisis, la reflexión metadiegética sobre la novela incluida en el relato de Borges se plantea como aplicable al relato mismo que la contiene. El final queda abierto a diferentes posibilidades que ocurren todas simultáneamente, pero que la escritura, por ser lineal, sólo es capaz de representar una de ellas. En este sentido se transgrede otro de los requisitos del género: una solución necesaria y única.

2.2.2.   *«La muerte y la brújula»*

El relato «La muerte y la brújula», publicado en *Sur* en 1942, puede considerarse en algunos aspectos heredero de la postulación policial practicada por G. K. Chesterton. En concreto es visible la influencia del relato «La cruz azul», publicado en el volumen *La cruz azul y otros cuentos* que contó en una de sus ediciones con un prólogo de Borges (*O.C.* IV: 455). Sin embargo, es éste un nuevo ejemplo de relato perteneciente a la estética de la desautomatización que se aleja del molde genérico, como demostraremos a continuación.

En lo que se refiere a la constelación de personajes, en ambos relatos aparece la figura del detective como protagonista: Erik Lönnrot en «La muerte y la brújula» y el padre Brown en «La cruz azul», que recuerda necesariamente al modelo que inauguró Poe con «el primer *detective* de la historia de la literatura» (*O.C.* IV: 192): Charles Auguste Dupin. Como Dupin, Lönnrot es un «puro razonador», característica ésta que comparte asimismo el padre Brown. Sin embargo, en Lönnrot convive también un «espíritu aventurero», un pequeño desvío en la caracterización del protagonista que tendrá consecuencias, como veremos, en el desenlace de la historia.

Otro de los rasgos comunes de la constelación de personajes entre los relatos que comentamos y el modelo de Poe es la presencia de un personaje que acompaña al detective y le ayuda a resolver el caso[44]. En la obra de Poe, Dupin cuenta con la ayuda de un amigo con el que vive y quien cuenta la historia (O. C. IV: 193); el padre Brown suele socorrer al detective Valentin. En el caso de «La muerte y la brújula» Lönnrot trabaja conjuntamente con el comisario Treviranus.

El argumento de ambos relatos también establece ciertas concomitancias. Tanto en «La cruz azul» como en «La muerte y la brújula» los detectives Valentin y Lönnrot deben impedir un crimen que prevén gracias a su inteligencia. Pero, si en el relato de Chesterton el detective ya conoce al criminal, el famoso Flambeau que viaja a Londres con motivo del Congreso Eucarístico para robar una cruz azul de plata con zafiros que lleva consigo un aparentemente bobo eclesiástico, en «La muerte y la brújula», sin embargo, la identidad del asesino es únicamente conocida por el lector, pero no por el detective, que lo descubre al final de la historia y de su propia vida.

Aquí, Borges ha invertido totalmente el modelo policial clásico ya que en él es costumbre que el lector no tenga noticia de la identidad del criminal hasta el desenlace final de la historia. En «La muerte y la brújula», por el contrario, éste es conocido desde el comienzo a través del comentario del narrador:

> Es verdad que Erik Lönnrot no logró impedir el último crimen, pero es indiscutible que lo previó. Tampoco adivinó la identidad del infausto asesino de Yarmolinsky, pero sí la secreta morfología de la malvada serie y la participación de Red Scharlach, cuyo segundo apodo es Scharlach el Dandy. Ese criminal (como tantos) había jurado por su honor la muerte de Lönnrot, pero éste nunca se dejó intimidar (*O.C.* I: 499).

La construcción del discurso, es decir, la disposición de los acontecimientos que constituyen la historia es similar del mismo modo en ambos relatos. Chesterton y Borges han hecho uso de la técnica del doble argumento: un primer argumento que se diluye a lo largo de todo el relato y que sólo al final es descubierto como falso a favor de otro realmente verdadero. Recordemos en este sentido el consejo de Borges en el prólogo a *Los nombres de la muerte* de María Esther Vázquez sobre el uso de este recurso para sorprender a un lector adiestra-

---

[44] En el caso de Conan Doyle el modelo de Poe se institucionaliza en la figura de Sherlok Holmes y Watson.

do en este tipo de relatos: «el cuento deberá constar de dos argumentos; uno, falso, que vagamente se indica, y otro, el auténtico, que se mantendrá secreto hasta el fin» (*O.C.* IV: 155).

En «La cruz azul» Valentin, «el investigador más famoso del mundo» (Chesterton 1988/2002: 7), sin ningún indicio que pudiera servirle para comenzar su investigación, decide deambular por las calles de Londres en busca de cualquier llamada de atención. Gracias a su capacidad observadora va descifrando indicios que le llevan a través de diferentes puntos de la ciudad hasta el lugar donde se encuentra Flambeau. El cambio de un azucarero por un salero, la confusión de los carteles de una verdulería, una ventana rota o el encuentro de un paquete le llevan, muy orgulloso, hasta el asesino. Sólo allí se da cuenta que había sido dirigido por la astucia del padre Brown quien, portador de la joya, había podido retener consigo al delincuente hasta la llegada de Valentin, al que había dejado pistas por toda la ciudad. De este modo el primer argumento que presenta a un astuto detective capaz de observar los indicios más imperceptibles y su consecuente éxito da lugar a otro argumento totalmente diferente: un detective que es manipulado a lo largo de todo un día y conducido por la geografía de Londres a través de pistas que no sólo él podía ver, sino que el padre Brown puso por parecerle evidentes. Finalmente entre el padre Brown y el refuerzo policial dan captura al famoso Flambeau.

En «La muerte y la brújula», a excepción del *happy end* que caracteriza los relatos de Chesterton, la estructura es casi idéntica. El primer argumento presenta al detective Lönnrot y al comisario Treverinus quienes se ven en la tarea de descifrar un crimen en serie. El primer crimen tiene lugar la noche del tres de diciembre en el Hôtel du Nord de una ciudad imprecisa, donde aparece el cadáver de Marcelo Yarmolinsky, «delegado de Podólsk al Tercer Congreso Talmúdico[45]» (*O.C.* I: 499). Cuando Lönnrot y Treviranus llegan al lugar del crimen, y alejándose en cierto modo del modelo del detective clásico, Lönnrot no quiere resolver el enigma con la explicación racional señalada por Treviranus por considerarla aburrida[46] y opta por una interpretación rabínica debido a una carta que

---

[45] Otra concomitancia con «La cruz azul» donde también tiene lugar un Congreso Eucarístico en Londres, motivo por el cual la cruz azul está en la ciudad.

[46] Sarabia (1992: 9) quiere ver este hecho como un elemento paródico que Borges lleva a cabo del relato policial:

Lönnrot «un puro razonador» irónicamente opta por una explicación nada lógica ante el primer crimen cometido. El Padre Brown —según palabras de Borges— quiere explicar

encuentran en la habitación de la víctima con la inscripción: «*La primera letra del Nombre ha sido articulada*» (*O.C.* I: 500)[47].

A pesar de la propuesta de Treviranus, Lönnrot decide leer los libros de materia judío-cabalística que se encontraban en la habitación de Yarmolinsky en busca de pistas para descifrar el misterio. Un mes más tarde, el tres de febrero, tiene lugar un segundo crimen en un suburbio de la parte occidental de la ciudad. El nuevo escenario es ahora una pinturería, en cuyo umbral encuentran yaciente a un hombre emponchado que resulta ser Daniel Simón Azevedo, «hombre de alguna fama en los antiguos arrabales del Norte, que había ascendido de carrero a guapo electoral, para degenerar después en ladrón y hasta en delator» (*O.C.* I: 501). En el lugar del crimen vuelve a aparecer una inscripción: «*La segunda letra del Nombre ha sido articulada*» (*O.C.* I: 501) que corrobora finalmente las sospechas de Lönnrot de un crimen de clave cabalística.

Exactamente un mes más tarde, Treviranus recibe una llamada de un tal «Ginzberg (o Ginsburg)» quien se ofrece, «por una remuneración razonable» a explicar los crímenes de Yarmolinsky y de Azevedo. Treviranus logra averiguar la procedencia de la llamada: una taberna de la Rue de Toulon situada al este de la ciudad. Allí, si bien no encuentran ningún cadáver, una nueva inscripción presencia el crimen: «*La última de las letras ha sido articulada*» (*O.C.* I: 502). Treviranus considera la posibilidad de que se trate de un simulacro, sin embargo, el escenario del crimen, lleno de símbolos judaicos alientan las conjeturas de Lönnrot quien, experto ya en la materia, recuerda que «El día hebreo empieza al anochecer y dura hasta el siguiente anochecer», por lo que todavía se puede producir el crimen anunciado en la taberna. La prensa comienza a comentar el caso y a pensar en la posibilidad de un «complot antisemita». Finalmente, la noche del uno de marzo, Treviranus recibe un sobre portador de una carta firmada por Baruj Spinoza y un plano detallado de la ciudad. En ella se rechaza la idea de un

---

mediante la razón un hecho inexplicable. Parodiando este proceso, Lönnrot invierte la situación y es a través de una intuición rabínica que quiere echar luz [sobre] un crimen explicable por la razón. (...) El inspector, irónicamente, acierta las causas del primer crimen y la posibilidad de que el tercero sea un simulacro. Cuando en realidad el género policíaco ha ridiculizado a este personaje quitándole todo poder de resolución lógica ante los hechos —parodia de parodia.

[47] Para Treviranus la muerte de Yarmolinsky puede explicarse racionalmente sin necesidad de simbología judaica. En la habitación contigua se hospedaba el Tetrarca de Galilea del que se sabía que poseía los más preciados zafiros del mundo, para Treviranus está muy claro que un ladrón quiso apoderarse de las joyas y por error entró en la habitación de Yarmolinsky, quien estaba redactando una carta en ese momento, y al que finalmente tuvo que matar.

cuarto crimen puesto que «la pinturería del Oeste, la taberna de la Rue de Toulon y el Hôtel du Nord eran 'los vértices perfectos de un triángulo equilátero y
místico'» (*O.C.* I: 503).

El comisario envía estos materiales a Lönnrot convencido de la pertinencia
de sus conjeturas. La revisión minuciosa del mapa le revela a Lönnrot la posibilidad de un cuarto crimen que trasformaría la serie triple en una serie cuádruple
construyendo un rombo geométrico perfecto. El rombo de cuatro lados se corresponde en la simbología judía con la palabra griega *Tetragrámaton*. Ayudado
por el compás, Lönnrot consigue descifrar el lugar del futuro crimen, que se debería producir simétricamente el cuatro de febrero. Convencido de haber dado
con el misterio, Lönnrot se dirige hacia el sur en un tren hasta llegar a la quinta
solitaria de Triste-le-Roy.

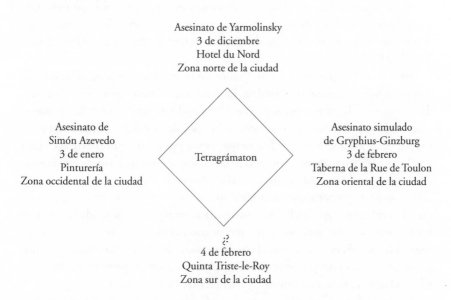

Asesinato de Yarmolinsky
3 de diciembre
Hotel du Nord
Zona norte de la ciudad

Asesinato de
Simón Azevedo
3 de enero
Pinturería
Zona occidental de la ciudad

Tetragrámaton

Asesinato simulado
de Gryphius-Ginzburg
3 de febrero
Taberna de la Rue de Toulon
Zona oriental de la ciudad

¿?
4 de febrero
Quinta Triste-le-Roy
Zona sur de la ciudad

Finalmente, Lönnrot, en el interior de la quinta, descubre que ha sido enre-
dado en una trampa y conducido hacia allí por el afamado Red Scharlach quien
le esperaba para asesinarle como venganza por el arresto de su hermano y por
haberle herido gravemente en una operación policial. Es en este justo momento
cuando el relato presenta el segundo argumento y el verdadero. Al igual que el
padre Brown confiesa todos los detalles de su plan al criminal Flambeau y a Valentin que escucha tras los árboles, Scharlach le revela a Lönnrot la verdad de los

acontecimientos. Finalmente, Lönnrot descubre haber sido guiado por un laberinto que le ha llevado a su propia muerte.

Si comparamos las dos historias de «La muerte y la brújula» y «La cruz azul» vemos cómo Borges ha infringido una de las constantes del género: el final exitoso del detective, el *happy end*. El motivo que se encuentra tras esta transgresión descansa en la voluntad de Borges de ingresar el relato policial en un terreno simbólico. Lönnrot ha sido dirigido por un laberinto como un ente determinado por un destino irrefutable. Esta interpretación del relato como una reflexión del determinismo humano, que ya señaló Alazraki[48], se apoya en un elemento aparentemente irrelevante para la historia, pero fundamental para su interpretación: la carta firmada por Baruj Spinoza.

Spinoza fue un determinista declarado. Para el filósofo sefardí-holandés todo lo que acontece está determinado por dos factores «la permanente naturaleza de Dios, es decir, las leyes de la naturaleza, y condiciones previas similarmente determinadas en un tiempo pasado que se remonta al infinito» (Honderich 1995/2001: 976).

Spinoza distingue entre varios grados de libertad humana en relación a la conducta física y mental del hombre. La conducta humana en su totalidad puede ser para el filósofo activa o pasiva. Una conducta activa procede en mayor grado del *conatus* (impulso o tendencia) interior del hombre. La conducta pasiva, por el contrario, se deja influir mayormente por meras causas externas. Una conducta activa trae como resultado para Spinoza «ideas adecuadas» que favorecen o constituyen un conocimiento más genuino, por el contrario, el resultado de la conducta pasiva conduce a ideas inadecuadas. Así, sólo en la medida en que el hombre, o mejor dicho, su conciencia mental y física dependan menos de los factores externos, éste podrá reducir su condición de siervo, es decir, será libre «en la medida en que le [haga] frente a la vida con un entendimiento o comprensión creadora de lo que mejor haya de servir a los propósitos que las ideas adecuadas determinen en nosotros» (Honderich 1995/2001: 976).

La teoría determinista de Spinoza puede verse aplicada en «La muerte y la brújula». Lönnrot es un siervo de su propia conducta mental. En contraposición a Treviranus, quien escucha su *conatus* e interpreta los hechos haciendo caso de su

---

[48] «Borges ha dicho de 'La muerte y la brújula' que es un cuento policial. Sí, lo es porque responde a la preceptiva del género, pero también excede sus límites. (...) La ilusión de haber descifrado el enigma de ese plan, cuando en verdad sólo ha ido cogiendo los cebos tendidos por Scharlach, presenta otra vez, desde otra perspectiva, el problema de la impotencia humana ante la fatalidad del destino» (Alazraki 1974: 71-72).

instinto razonador (la muerte de Yarmolinsky, el simulacro de los arlequines, etc.), Lönnrot deja llevarse por las causas externas. Los libros de la biblioteca de la primera víctima, el Congreso Talmúdico, la carta con la inscripción, etc., le llevan a optar por un modo de conocimiento no verdadero, causa de su condición de siervo, de marioneta conducida y dirigida irrefutablemente a un destino final.

En «La muerte y la brújula», Borges no sólo ha construido una trampa policial perfecta, si bien invertida, a través del recurso estructural del laberinto, sino que además ha extrapolado su historia a un terreno simbólico-metafísico en la imagen del destino humano como laberinto determinado, consiguiendo un paralelismo temático-estructural.

2.2.3. «Abenjacán el Bojarí, muerto en su laberinto»

«Abenjacán el Bojarí, muerto en su laberinto»[49] apareció en 1951 en la revista *Sur.* Por esta época el género se encontraba ya cerca de su agotamiento. Así lo reconoce Borges años más tarde en una conversación que mantuvo con María Esther Vázquez:

> La profecía es el más peligroso de los géneros literarios. Sin embargo, me atrevo a profetizar que cierto género policial clásico —digamos— está a punto de desaparecer. Esto se explica porque en el género policial hay mucho de artificio: interesa saber cómo entró el asesino entre un grupo de personas artificialmente limitado, interesan los medios mecánicos del crimen y estas variaciones no pueden ser infinitas. Una vez agotadas todas las posibilidades, la novela policial tiene que volver al seno común de la novela (Vázquez 1999: 141).

A pesar que la crítica ha puesto mayor atención a «El jardín de senderos que se bifurcan» y «La muerte y la brújula», «Abenjacán» puede considerarse el relato poetológicamente más importante de Borges en lo que al género policial se refiere[50]. Una gran parte de los estudios críticos dedicados al relato coincide en calificarlo de ejemplo de relato policial clásico[51]. Sin embargo, diferimos en este

---

[49] En lo sucesivo se citará como «Abenjacán».

[50] Para Brescia, en «Abenjacán» Borges «quiso condensar y problematizar al mismo tiempo las operaciones que había venido realizando con la narrativa policial durante más de quince años» (2000: 149).

[51] *Cfr.* Wheelock 1969: 165-166; Alazraki 1977: 63-64.

sentido, ya que, si por un lado «Abenjacán» recoge algunos postulados del género es precisamente para parodiarlos y evitar así el automatismo que el género en esta época estaba alcanzando y que Borges antes que nadie previó.

Movido por una intención desfamiliarizante en busca de originalidad artística, Borges se ha valido de diferentes procedimientos desautomatizadores que hacen uso de un discurso paródico.

En el texto hay una alusión extratextual al relato de Poe «La carta robada». Esta aparente inocente referencia de uno de los protagonistas, Unwin, es fundamental puesto que actúa como elemento familiar (ejemplo de relato clásico de enigma) que Borges va a transgredir. Al igual que en «La carta robada», en «Abenjacán» se presenta un misterio sin solución aparente. Dunraven cuenta a su amigo Unwin en los confines de Cornwall («tierra de sus mayores») las circunstancias, todavía sin esclarecer, del asesinato de Abenjacán, «caudillo o rey de una tribu nilótica» que murió en la sala central del laberinto de un edificio majestuoso, «ahora venido a menos» erigido en la ciudad hace un cuarto de siglo.

En la narración de Dunraven ya se transgrede el modelo de Poe, como advierte, por otro lado, el propio narratario intradiegético de la historia, Unwin, que como el lector conoce los ejemplos clásicos del género:

> —Hará un cuarto de siglo —dijo Dunraven— que Abenjacán el Bojarí, caudillo o
> rey de no sé qué tribu nilótica, murió en la cámara central de esa casa a manos de su
> primo Zaid. Al cabo de los años, las circunstancias de su muerte siguen oscuras.
> Unwin preguntó por qué, dócilmente.
> —Por diversas razones —fue la respuesta—. En primer lugar, esa casa es un laberin
> to. En segundo lugar, la vigilaban un esclavo y un león. En tercer lugar, se desvane
> ció todo un tesoro secreto. En cuarto lugar, el asesino estaba muerto cuando el asesi
> nato ocurrió. En quinto lugar...
> Unwin, cansado, lo detuvo.
> —No multipliques los misterios —le dijo—. Éstos deben ser simples. Recuerda la
> carta robada de Poe, recuerda el cuarto cerrado de Zangwill.
> —O complejos —replicó Dunraven—. Recuerda el universo (*O.C.* I: 600).

En contraposición al sencillo problema que el prefecto de la policía de París, Monsieur G., presenta al detective Auguste Dupin —la desaparición de una carta—, el misterio que Dunraven plantea a Unwin es demasiado complicado, sin embargo, Dunraven lo cree verosímil acorde con la complejidad del universo, razonamiento metafísico impropio de un detective del modelo clásico.

Esta última observación nos lleva a otro elemento parodiado: la figura del detective. Si Charles Auguste Dupin se caracteriza por su experiencia, su capacidad observadora (capaz de encontrar una carta en un lugar que había pasado desapercibido a la exhaustiva examinación policial) o su intuición racional, los detectives de esta historia son descritos por el narrador como «jóvenes, distraídos y apasionados»; características impropias de un detective encargado de descifrar un enigma de tal dificultad:

> Dunraven fomentaba una barba oscura y se sabía autor de una considerable epopeya que sus contemporáneos casi no podrían escandir y cuyo tema no le había sido aún revelado; Unwin había publicado un estudio sobre el teorema que Fermat no escribió al margen de una página de Diofanto. Ambos —¿será preciso que lo diga?— eran jóvenes, distraídos y apasionados (*O.C.* I: 600).

Como hemos visto, Dunraven y Unwin se diferencian del modelo del detective, pero, sin embargo y paradójicamente, establecen semejanzas con otro personaje de «La carta robada»: el ladrón. Borges ha invertido los modelos en su relato y ha otorgado a sus protagonistas las características del criminal de Poe, quien posee una doble capacidad: su calidad de poeta y de matemático.

Asimismo, Borges ha introducido ciertas variaciones que aumentan más, si cabe, la parodia del género. En «La carta robada», Dupin reflexiona sobre el caso con su amigo a quien le explica la burla que el asesino había logrado hacer a la policía de París. El éxito se debe para Dupin a su conocimiento de matemático y poeta. El matemático es un tipo de conocimiento aplicable a las formas y a la cantidad y el poético es un tipo de conocimiento aplicable a verdades abstractas. Por su conjunción, el asesino logra superar la investigación policial.

En «Abenjacán», estos dos tipos de conocimiento se repiten, pero no se conjugan en una misma persona, por lo que por separado suponen un conocimiento parcial. La desventaja de utilizar un tipo de conocimiento parcial ya lo señala el propio Dupin en «La carta robada», que por otro lado Unwin conoce, pero que no aplica a su propio caso:

> El gran error está en suponer que incluso las verdades de lo que se denomina *álgebra pura* constituyen verdades abstractas o generales. Y este error es tan enorme que me asombra se lo haya aceptado universalmente. Los axiomas matemáticos *no son* axiomas de validez general. Lo que es cierto de la *relación* (de la forma y la cantidad) resulta con frecuencia erróneo aplicado, por ejemplo, a la moral (Poe 1850/2004: 539).

Dos tipos diferentes de conocimiento dan como resultado dos reconstruc-
ciones diferentes de la historia de la muerte de Abenjacán. La primera versión la
presenta Dunraven, quien en parte recuerda como testigo de los hechos al mismo Abenjacán, a quien vio llegar en un buque, y en parte relata la versión que el
rector del lugar dio a conocer a las autoridades tras la muerte de Abenjacán.

Abenjacán, asistido por su primo Zaid, gobernó despóticamente unas tribus
del desierto. Como resultado estas tribus se rebelaron y los primos decidieron
escapar provistos de un tesoro. La desconfianza de Abenjacán le lleva a matar a
su primo, quien se le aparece en sueños y le promete venganza. Aterrado por la
visión, Abenjacán decide ir a Inglaterra y construir un gran laberinto que pueda
protegerle, para ello debe contar con el permiso del rector a quien relata su historia. Acompañado de su criado negro y de un león viven en reclusión hasta que
tiene noticia de la llegada del fantasma de Zaid. En este momento Abenjacán
pide ayuda al rector quien poco más tarde encuentra el cadáver de Abenjacán, el
de su esclavo y el del león en el laberinto, corroborándose la historia inverosímil
que el primero le había relatado.

La historia de Dunraven parece falsa a Unwin, quien durante la noche que pa-
san en la sala central del laberinto (movidos por un espíritu aventurero), conjetura
una historia más plausible que relata a Dunraven días más tarde en Londres:

> En Cornwall dije que era mentira la historia que te oí. Los *hechos* eran ciertos, o po-
> dían serlo, pero contados como tú los contaste, eran, de un modo manifiesto, men-
> tiras. Empezaré por la mayor mentira de todas, por el laberinto increíble. Un fugiti-
> vo no se oculta en un laberinto. No erige un laberinto sobre un alto lugar de la costa,
> un laberinto carmesí que avistan desde lejos los marineros. No precisa erigir un labe-
> rinto, cuando el universo ya lo es (*O.C.* I: 604).

A partir de esta historia y ayudado por su razonamiento matemático que
Dunraven parodia, Unwin propone una nueva versión: fue Zaid el que robó el
tesoro y enterrando una parte en el desierto, viajó hasta Inglaterra y erigió un laberinto muy visible para atraer a Abenjacán a quien pretendía asesinar para después recuperar la parte del tesoro que había enterrado. Sólo así es entendible el
carácter vistoso del laberinto. Zaid se hizo pasar por Abenjacán en Inglaterra y
por este motivo destrozó las caras de sus víctimas con una piedra para que no se
revelara su identidad. Esta versión convence en parte a Dunraven, experto en
novelas policiales, quien si por un lado veía en el recurso de la falsa identidad un
motivo recurrente del género, por otro lado no le parece convincente la idea de
un tesoro dividido:

—Acepto —dijo— que mi Abenjacán sea Zaid. Tales metamorfosis, me dirás, son clásicos artificios del género, son verdaderas *convenciones* cuya observación exige el lector. Lo que me resisto a admitir es la conjetura de que una porción del tesoro quedara en el Sudán. Recuerda que Zaid huía del rey y de los enemigos del rey; más fácil es imaginarlo robándose todo el tesoro que demorándose a enterrar una parte (*O.C.* I: 606).

Para Unwin, sin embargo, el tesoro que persigue Zaid no es económico sino espiritual: sentirse por un tiempo el rey Abenjacán, al que ha robado con su muerte la identidad.

Al final del relato, los personajes no consiguen más que una pluralidad de conjeturas con lo que se transgrede nuevamente un requisito fundamental del género clásico: una solución necesaria.

Resta mencionar, finalmente, que a nivel textual, Borges ha estructurado su relato en dos niveles narrativos. El primer nivel o nivel diegético presenta el enigma o misterio y los detectives que reflexionan sobre él. El segundo nivel o nivel metadiegético presenta las diferentes versiones del crimen. Esta estructura comunicativa binaria hace posible que los personajes reflexionen metaficcionalmente sobre el género policial mismo a través de los comentarios que hacen sobre sus propias versiones. Como resultado, Borges ha elaborado un relato policial que reflexiona sobre sí mismo en el interior de la ficción a través de diferentes alusiones explícitas a referentes extratextuales literarios que lo presentan, por otro lado, como novedad dentro del género. Objetivo éste, el de la novedad, que ha imperado en la elaboración del relato.

El análisis que acabamos de realizar de esta trilogía policial revela una postulación novedosa que, movida por el propósito fundamental de la originalidad y de la necesidad de crear el efecto intelectual que señaló Poe, ha renovado el género policial clásico de enigma que comenzaba a automatizarse.

Como Tomachevski advirtió, todo género literario se encuentra inserto en una evolución histórica que lo modifica y transforma. La postulación de Borges, siempre atenta a los procesos hermenéuticos del ámbito de la recepción, ha modificado conscientemente el molde genérico llevando al relato policial a un terreno simbólico-metafísico.

En un intento de desautomatización, Borges ha infringido ciertas leyes del género multiplicando los misterios, invirtiendo la estructura perseguidor/perseguido, evitando una solución final, etc. Como resultado, el autor ha logrado extrañar, sorprender, desautomatizar una vez más las expectativas de lectura de un lector docto en los artificios del género, a quien estos relatos vuelven a ofrecer un pulso a su inteligencia.

3.

Última intervención de Borges en el género cuento: *El informe de Brodie* y *El libro de arena*

Tras la edición aumentada de *El Aleph* en 1952, el interés de Borges se centra fundamentalmente en los géneros ensayo y poesía. En 1952 publica *Otras inquisiciones*, al que sigue en 1960 una miscelánea que reúne mini-ficciones y poemas: *El hacedor*[1] y tres obras líricas: *El otro, el mismo* (1964), *Para las seis cuerdas* (1965) y *Elogio de la sombra* (1969).

A finales de los años sesenta, Borges retoma el género con la producción de relatos como «La intrusa» (1966) «Historia de Rosendo Suárez» (1969) y «El encuentro» (1969), que agrupará posteriormente en su volumen *El informe de Brodie* (1970) al que seguirá finalmente *El libro de arena* (1975).

Es una constante en los estudios borgianos el olvido o desatención de esta última etapa narrativa del autor. Este hecho puede explicarse, por un lado, por la gran sombra que lo que se conoce como puramente borgiano, a saber, *Ficciones* y *El Aleph*, explayó sobre el resto de su producción cuentística. Por otro lado, hay que tener en cuenta que si en la década del cuarenta en el panorama argentino es el género cuento el que disfruta de mayor apogeo, a partir de los sesenta la novela emerge como género predilecto no sólo para los escritores, sino para la crítica que dirige su atención fundamentalmente hacia él.

Nuestro trabajo, sin embargo, no quiere cooperar en este olvido y se propone apuntar las innovaciones estéticas que esta tercera y última etapa narrativa llevó a término.

Comenzaremos primeramente por las opiniones del propio Borges sobre esta fase de su narrativa que presentó en dos paratextos: el prólogo a *El informe de Brodie* y el epílogo a *El libro de arena*.

Como de costumbre, Borges no desaprovecha la oportunidad de aclarar los postulados estéticos más importantes que han sido aplicados en la elaboración de sus cuentos y de ese modo ofrecer un marco de lectura para los mismos.

---

[1] Las ficciones incluidas en *El hacedor* (1960) no serán tratadas por nuestro estudio dedicado exclusivamente a los «cuentos» del autor debido a su hibridez genérica.

«HE INTENTADO, NO SÉ CON QUÉ FORTUNA, LA REDACCIÓN DE CUENTOS DIRECTOS»[2]

Como en los prólogos a *HUI* o a *Artificios*, en el prólogo a *El informe de Brodie* Borges revela el modelo narrativo que «ha imitado». En esta ocasión señala los últimos relatos de Kipling que, como los de este volumen, son «cuentos directos». Esta definición es bastante imprecisa. Sin embargo, puede aclararse a partir de una conversación que años más tarde Borges mantuvo con Oswaldo Ferrari, a tenor de *El libro de arena*:

> Pero ahora abrigo esa modesta ambición: quiero ser legible. Y aunque mis cuentos son complejos —ya que no hay nada en el mundo que no sea complejo— puesto que el mundo es inexplicable, trato de que lo que yo escriba parezca sencillo, y tomo una precaución fundamental: la de eludir palabras que puedan aconsejar al lector la consulta de un diccionario. Y en esto, claro, me opongo a todos nuestros hábitos lingüísticos actuales; (...) yo trato de usar palabras sencillas, y además quiero contar el cuento de un modo que logre que el lector se pregunte ¿y ahora qué? Me parece que es importante eso; uno tiene que pensar en un texto que le sea, diría, muy interesante (Borges; Ferrari 1999: 43).

Además de una cuestión lingüística, el nuevo propósito de Borges concerniente a una narrativa más directa supone necesariamente un alejamiento del hermetismo que caracterizó sus relatos anteriores de los años cuarenta fundamentalmente. A partir de los años sesenta, Borges reduce en sus ficciones las largas digresiones metafísico-filosóficas que pueblan los relatos de *Ficciones* y *El Aleph*[3]. Este cambio a favor de un modo de narrar más directo se evidencia en el cotejo de dos etno-ficciones procedentes de las dos etapas aludidas: «El inmortal» (1947) y «El informe de Brodie» (1970).

Son diferentes los paralelos existentes entre ambos relatos. Las historias proceden de manuscritos en lengua inglesa que una primera voz narradora extradiegética heterodiegética —que sirve de marco narrativo— traduce. En «El inmortal» es la princesa de Lucinge la que recibe del anticuario Joseph Cartaphilus de Esmirna, «los seis volúmenes en cuarto menor (1715-1720) de la *Ilíada* de Pope» (*O.C.* I: 533) en cuyo último tomo halla un manuscrito en inglés repleto

---

[2] *O.C.* II: 399.

[3] Se hace necesario llamar la atención sobre la diferencia entre *El informe de Brodie* y *El libro de arena* al respecto, ya que en el último volumen las reflexiones metafísico filosóficas vuelven a reaparecer en la narración, si bien no en tan alto grado como en *Ficciones* o *El Aleph*. Piénsese en «El Congreso» o en «Utopía de un hombre que está cansado» por citar algunos ejemplos.

de latinismos en el que tiene noticia de un grupo de trogloditas que viven en la Ciudad de los Inmortales.

Paralelamente, en «El informe de Brodie», el manuscrito en el que se da noticia de la tribu de los Yahoo es hallado por el narrador-traductor extradiegético heterodiegético en el primer volumen de *Las mil y una noches*.

Ambos manuscritos llevan a cabo una descripción etnológica de estos grupos semi-humanos. Además de las diferencias étnicas, el modo mismo de narrar los acontecimientos se diferencia en gran medida.

En la narración sobre los Inmortales, la voz narrativa de Cartaphilus de Esmirna combina la descripción de las costumbres de éstos con digresiones metafísicas sobre la inmortalidad: «Ser inmortal es baladí; menos el hombre, todas las criaturas lo son, pues ignoran la muerte; lo divino, lo terrible, lo incomprensible, es saberse inmortal» (*O.C.* I: 540), o sobre otros conceptos afines como el laberinto, etc. No ocurre lo mismo en la narración del misionero escocés, Brodie quien reduce en gran medida el componente digresivo a favor de la narración expositiva de las costumbres de la tribu de los Yahoo.

Junto a la simplicidad lingüística y a la disminución del hermetismo fruto de la reducción de digresiones metafísico-filosóficas, la consecución de un modo de narrar más directo debe también al modelo comunicativo que Borges adopta para sus relatos. En *HUI, Ficciones* y *El Aleph* es frecuente encontrar un modelo comunicativo consistente en dos niveles diegéticos, un primer nivel suele introducir una historia a la que el narrador ha tenido acceso a través de una fuente escrita, casi siempre erudita, que se ve en la necesidad de comentar, reseñar e incluso traducir, y un segundo nivel diegético donde esta historia se reproduce a través de una traducción, un cita directa (introduciéndose un nuevo narrador) o indirecta de la misma.

No se puede silenciar, con todo, relatos de esta etapa carentes de marco narrativo como es el caso de «El Sur», «El fin», «Biografía de Tadeo Isidoro Cruz», «Emma Zunz» o «Funes el memorioso», sin embargo, la tendencia en estas colecciones de relatos suele tender al uso de una estructura marco que se vale de una fuente textual.

A partir de los años sesenta, en los relatos que recogerá finalmente el volumen *El informe de Brodie* comienza a producirse un cambio al respecto. Si bien la estructura marco sigue presente[4], el tipo de fuente va a pasar de ser textual a ser oral. Se sustituye «en el texto se dice» por «alguien me dijo»[5].

---

[4] Hay tres excepciones en las que el relato prescinde de todo marco narrativo. En los relatos «La señora mayor» y «El duelo» un narrador extradiegético heterodiegético omnisciente relata la historia desde el comienzo. Por su parte, en «El encuentro» un narrador testigo narra extradiegéticamente y homodiegéticamente la historia sucedida en su niñez.

Éste es el caso de los relatos «La intrusa»; «El indigno», «Juan Muraña», o «El otro duelo». Así, al comienzo de «La intrusa», el narrador afirma:

> Dicen (lo cual es improbable) que la historia fue referida por Eduardo, el menor de los Nelson (...). Lo cierto es que alguien la oyó de alguien, en el decurso de esa larga noche perdida, entre mate y mate, y la repitió a Santiago Dabove, por quien la supe. Años después, volvieron a contármela en Turdera, donde había acontecido. La segunda versión, algo más prolija, confirmaba en suma la de Santiago, con las pequeñas variaciones y divergencias que son del caso. La escribo ahora porque en ella se cifra, si no me engaño, un breve y trágico cristal de la índole de los orilleros antiguos (*O.C.* II: 401).

Este mismo sistema comunicativo se repite en el relato que aparece a continuación: «El indigno»: «me dijeron que don Santiago Fischbein, el dueño, había fallecido (...) Una tarde en que los dos estábamos solos me confió un episodio de su vida, que hoy puedo referir. Cambiaré, como es de prever, algún pormenor» (*O.C.* II: 405).

En otras ocasiones el narrador escucha la historia mediante la voz del propio protagonista en un diálogo que se reproduce en el texto como es el caso de «Historia de Rosendo Suárez» dando lugar a un tipo más directo de narración.

En *El libro de arena* el modelo comunicativo de los relatos ha prescindido de la estructura marco —a excepción de «La secta de los Treinta» y «Undr»— y en casi todos los relatos encontramos un narrador extradiegético autodiegético que cuenta su propia historia «directamente» y retrospectivamente sin hacer uso de una mediación ni textual ni oral. Éste es el caso de los relatos «El otro», «Ulrica», «El congreso», «There Are More Things», «Utopía de un hombre que está cansado», «El libro de arena» y «El disco»[6]. Finalmente, en *El libro de arena* también encontramos tres ejemplos de narración extradiegética heterodiegética en «El espejo y la máscara», «El soborno» y «Avelino Arredondo».

---

[5] Cabe señalar la excepción del relato «El informe de Brodie» que como vimos anteriormente se vale de una estructura marco en la que en el primer nivel narrativo se comenta una fuente escrita: el informe del misionero escocés Brodie.

[6] Se hace necesario señalar, sin embargo, el relato «La noche de los dones», dotado de una estructura marco y dos narradores distintos.

«Mis cuentos, como los de *Las mil y una noches*, quieren distraer y conmover y no persuadir»[7]

Tres décadas tras la publicación de *HUI*, colección narrativa en la que Borges aplica los postulados poetológicos del antipsicologismo, antisentimentalismo y antididactismo en la configuración de las historias cuyos protagonistas son verdaderos antihéroes, en el prólogo a *El informe de Brodie* vuelve a insistir en su intención antididáctica:

> Sólo quiero aclarar que no soy, ni he sido jamás, lo que antes se llamaba un fabulista o un predicador de parábolas y ahora un escritor comprometido. No aspiro a ser Esopo. Mis cuentos, como los de *Las mil y una noches*, quieren distraer y conmover y no persuadir (*O.C.* II: 399).

Asimismo, a lo largo de toda su producción narrativa, Borges entiende el arte como un arte autónomo. La intención de sus relatos es estética y no moral. En *El informe de Brodie* y en *El libro de arena* encontramos protagonistas antihéroes como los hermanos Nelson del relato «La intrusa» (*El informe de Brodie*) cuyo ejemplo es paradigmático al respecto.

Los Nelson son unos hermanos criollos de sangre danesa e irlandesa que fueron «troperos, cuarteadores, cuatreros y alguna vez tahúres» (*O.C.* II: 401). El amor para ellos no solía ser más que un episodio de «zaguán o de casa mala» hasta que el mayor de los hermanos trae a vivir con ellos a Juliana Burgos. Cristián con el tiempo propone compartir a la mujer que, como aclara el narrador, «era una cosa»[8] (*O.C.* II: 402) y se inicia así un triángulo amoroso que crea finalmente una rivalidad entre los hermanos. Cristián propone una solución para terminar con la rivalidad: vender a Juliana a un prostíbulo. Esta solución no termina con el problema puesto que los hermanos siguen «visitándola» clandestinamente. Finalmente el mayor de los Nelson mata a la Juliana para redimir esa relación fraternal que la compartida amante había convertido en discordia, banalizando este hecho monstruoso sin mostrar ninguna conciencia de culpa: «—A trabajar, hermano. Después nos ayudarán los caranchos. Hoy la maté. Que se quede aquí con sus pilchas. Ya no hará más perjuicios» (*O.C.* II: 404).

---

[7] *O.C.* I: 399.

[8] Atiéndase cómo la voz del narrador se funde con los pensamientos del protagonista alejándose de todo juicio moral y justificando los actos del protagonista.

En el relato «El indigno», Santiago Fischbein es también un antihéroe, en una narración retrospectiva recuerda la traición a Francisco Ferrari, un malevo que finalmente es capturado por la policía debido a un chivatazo de Fischbein, a quien Ferrari había instruido amablemente en los quehaceres del oficio. Asombrado, Fischbein reconoce no haber sentido ningún remordimiento: «Desde la madrugada del viernes, sentí el alivio de estar en el día definitivo y el remordimiento de no sentir remordimiento alguno» (*O.C.* II: 409).

En *El libro de arena* cabe destacar el relato «Avelino Arredondo», donde el protagonista, miembro del partido colorado, decide asesinar al presidente Idiarte Borda por traición al partido y tomar la justicia por su propia mano:

> —Soy colorado y lo digo con todo orgullo. He dado muerte al Presidente, que traicionaba y mancillaba a nuestro partido. Rompí con los amigos y con la novia, para no complicarlos; no miré diarios para que nadie pueda decir que me han incitado. Este acto de justicia me pertenece. Ahora, que me juzguen (*O.C.* III: 65).

Con respecto a este relato, en el epílogo a *El libro de arena*, Borges manifiesta su disconformidad con el acto llevado a cabo por su personaje, hecho que demuestra que Borges era consciente del significado de compromiso que para muchos lectores tiene la literatura y de este modo se ve en la necesidad de insistir en la autonomía de su texto y las acciones de sus personajes:

> Pese a John Felton, a Charlotte Corday, a la conocida opinión de Rivera Indarte («Es acción santa matar a Rosas») y al Himno Nacional Uruguayo («Si tiranos, de Bruto el puñal») no apruebo el asesinato político. Sea lo que fuere, los lectores del solitario crimen de Arredondo querrán saber el fin. Luis Melián Lafinur pidió su absolución, pero los jueces Carlos Fein y Cristóbal Salvañac lo condenaron a un mes de reclusión celular y a cinco años de cárcel. Una de las calles de Montevideo lleva ahora su nombre (*O.C.* III: 72-73).

«FUERA DEL TEXTO QUE DA NOMBRE A ESTE LIBRO (...) MIS CUENTOS SON REALISTAS, PARA USAR LA NOMENCLATURA HOY EN BOGA»[9]

Al carácter directo y no comprometido de sus cuentos, Borges añade en el prólogo de *El informe de Brodie* el de realistas. Esta definición sitúa a los relatos

---

[9] *O.C.* I: 399.

de esta etapa en las antípodas de lo que hasta ahora ha caracterizado la narrativa borgiana: el rechazo de la estética realista.

El rechazo de Borges al realismo se remonta a los años veinte. Como tuvimos oportunidad de comprobar, desde la trinchera ultraísta Borges se aleja conscientemente no sólo de los últimos coletazos del Modernismo, sino de la tendencia realista que reacciona ante él, vale decir, el Sencillismo. En los años treinta, sus esfuerzos por la canonización del relato fantástico y policial persiguen el mismo propósito. Este distanciamiento se hace evidente en mayor grado en su práctica narrativa en las colecciones de *Ficciones* y *El Aleph*, pudiéndose hablar de un postulado poetológico central tanto de su crítica practicante como de su práctica narrativa.

Las declaraciones de Borges al respecto de un cambio de estética a partir de los años sesenta repercutieron de diferente modo en la crítica. Frente a opiniones conformes, otros críticos como Rodríguez Monegal (1976: 179) contraponen que «el realismo queda totalmente excluido de su poética». ¿Ignoraba Monegal la última producción borgiana y los paratextos que la explican o Borges y Monegal manejan una definición diferente del término «realismo»?

En nuestra opinión, si por un lado es indudable la disminución de la tendencia fantástica en los relatos que recogen *El informe de Brodie* y *El libro de arena*, no se puede hablar, por otro lado, de una sustitución de estéticas. Ambas colecciones incorporan nuevos relatos que pueden definirse como fantásticos. En *El informe de Brodie* los relatos «Juan Muraña» y «El encuentro» admiten claramente —como advierte el propio Borges en el prólogo— una clave fantástica. En estos relatos un objeto inanimado, un cuchillo en «Juan Muraña» y dos armas blancas —«que en su manejo se habían hecho famos[a]s» (*O.C.* II: 416): un gavilán en forma de U y un cuchillo de cabo de madera— en «El encuentro», sufren un proceso de animación y actúan metonímicamente incitados por los espíritus de los dueños a los que pertenecieron.

En *El libro de arena* hay más ejemplos del género. El relato que encabeza la serie, «El Otro», retoma el tópico fantástico del doble. El personaje de nombre Jorge Luis Borges, que establece concomitancias biográficas con el autor real del relato, se encuentra consigo mismo. En este cuento se produce además de una duplicación de identidad, una transgresión temporal y espacial. Los dos personajes se localizan en espacios y tiempos diferentes que se superponen durante la brevedad del diálogo que mantienen: un banco situado frente al río Charles al norte de Boston en 1969 y un banco cerca del Ródano en Ginebra en 1914.

En «There Are More Things» lo fantástico, o mejor dicho lo maravilloso (se trata de un ser monstruoso) se deja insinuar. El relato no llega a solucionar la transgresión semántica que va creando con la presencia de lo monstruoso, sobrenatural en la cotidianidad asumida como real en la ficción. «Utopía de un hombre que está cansado» es un relato en el que se vuelve a producir una transgresión espacial fruto del viaje en el tiempo que el protagonista realiza hacia el futuro, transgresión que sitúa al relato en las antípodas del realismo. Finalmente, el relato homónimo que cierra el volumen también puede definirse como fantástico. Este cuento que concluye la producción narrativa borgiana retoma significativamente uno de los motivos fantásticos que se han repetido a lo largo de la misma: la imagen infinita del universo contenida en un objeto terrenal finito. Recordemos en este sentido el relato «El espejo de tinta» recogido en *Historia universal de la infamia*, o los relatos posteriores incluidos en *El Aleph*: «El Zahir» «La escritura de Dios» y «El Aleph». En «El libro de arena» es en un libro finito en el que se encierra el infinito. Un libro carente de principio y de fin y que termina siendo monstruoso para el poseedor que se ven en la necesidad de deshacerse de él.

El resto de relatos de esta etapa crean modelos correspondientes a la realidad, en mayor o menor medida cercanos a la dimensión histórico-factual en los que se integran, como actos literarios que son. Las historias que se construyen en «La intrusa», «El indigno»; «Historia de Rosendo Suárez», «La señora mayor», «El duelo», «El otro duelo», «Guayaquil», «Evangelio según Marcos», «Ulrica», «La noche de los dones»; «El soborno», «Avelino Arredondo»... prescinden de transgresiones semánticas a favor de representaciones de personajes, hechos, situaciones posibles en el marco de la realidad extraliteraria fáctica.

El motivo de este cambio hacia una disminución de lo fantástico puede deberse a un propósito desautomatizador siempre muy presente en la escritura borgiana. Así, en el prólogo a *Elogio de la sombra* (1969) Borges afirma: «A los espejos, laberintos y espadas que ya prevé mi resignado lector se han agregado dos temas nuevos: la vejez y la ética» (O.C. II: 353). Borges sabe lo que su «resignado lector» prevé antes de la lectura de *El informe de Brodie* y se decide a frustrar su *horizonte de expectativas* presentando historias tendencialmente más realistas y, por tanto, sorprendiendo nuevamente al lector con un nuevo modo de decir.

«UNOS POCOS ARGUMENTOS ME HAN HOSTIGADO A LO LARGO DEL TIEMPO;
SOY DECIDIDAMENTE MONÓTONO»[10]

En los paratextos que comentan las obras narrativas borgianas desde *HUI*, son comunes las declaraciones que, contra toda originalidad temática, señalan fuentes, posibles intertextualidades, simetrías, etc.

Como ya advertimos, no es ésta la originalidad que Borges persigue. Como para Poe, para Borges la originalidad reside en la búsqueda de nuevos modos de decir, en el *cómo* de los relatos frente al *qué* de los mismos[11]. Ciertamente, tanto en *El informe de Brodie* como *en El libro de arena* Borges retoma argumentos comunes a sus ficciones anteriores.

La temática criolla que Borges manejó por primera vez en el relato «Hombre de la esquina rosada» publicado en 1935 en *Historia universal de la infamia*, reaparece ahora en esta etapa en los relatos de *El informe de Brodie* («La intrusa», «El indigno», «Historia de Rosendo Juárez», «El encuentro», «Juan Muraña», «El otro duelo» y «La noche de los dones») y «Avelino Arredondo» de *El libro de arena*[12]. En ellos Borges tematiza la cuestión del coraje criollo en personajes no siempre de buena calaña. En «La intrusa» uno de los protagonistas tiene el coraje de asesinar aquello que ama para salvar su relación con su hermano Eduardo. En «El indigno» el protagonista Jacobo-Santiago Fischbein carece de este valor pero reconoce su importancia: «En aquel tiempo, y sobre todo en aquel medio, era importante ser valiente; yo me sabía cobarde» (*O.C.* II: 406-407). En el relato se convierte en antihéroe por traicionar al gran «héroe» por su valentía, el compadrito Francisco Ferrari, a quien todos los malevos temían.

En «El encuentro», a pesar de su clave fantástica, se tematiza del mismo modo el motivo del coraje. Por una afrenta en una jugada de cartas, dos amigos se retan a una pelea a cuchillo que termina saldándose con una muerte. En «Juan Muraña» el coraje del héroe sobrevive a su muerte misma y queda encerrado en la daga que utilizó tantas veces en situaciones valerosas, que vuelve a actuar en manos de su viuda en un acto heroico que termina resolviendo una afrenta. En «El otro duelo» dos gauchos de nombre Manuel Cardoso y Carmen Silveira, entre los que mediaba un gran odio, son nuevos ejemplos de hombre de coraje que

---

[10] *O.C.* II: 399.

[11] Véase el apartado II. 1. de la primera parte de nuestro estudio.

[12] En *Ficciones* y *El Aleph* también existen relatos criollos como «Biografía de Tadeo Isidoro Cruz», «El fin» o «El Sur» por citar algunos ejemplos.

hasta el momento de su muerte luchan por demostrar su valentía. «La noche de los dones» y «Avelino Arredondo» son otros ejemplos.

En ninguna de estas historias hay, como dijimos, un juicio moral sobre los resultados que llevan consigo los actos de coraje. Todo queda justificado. Se convierte en el único valor de los cuentos. En ellos hay mucho de irracional, una fuerza interior empuja a los personajes a su destino de «asesinos» que aquí se convierte en el de «héroes».

No es éste el caso del relato excepción del volumen: «Historia de Rosendo Juárez» que presenta una puesta en entredicho de este valor al que se le superpone el de vivir en armonía. Este relato puede considerarse una continuación de «Hombre de la esquina rosada» que funciona como hipotexto. En él se conoce la versión de Rosendo Juárez sobre los hechos acontecidos hacia «mil novecientos treinta y tantos» (*O.C.* I: 410) la noche en que mataron al Corralero. Rosendo Juárez le cuenta al narrador, al que encuentra en un bar, la historia de lo que realmente acaeció:

> —Usted no me conoce más que de mentas, pero usted me es conocido, señor. Soy Rosendo Juárez. El finado Paredes le habrá hablado de mí. El viejo tenía sus cosas; le gustaba mentir no para engañar, sino para divertir a la gente. Ahora que no tenemos nada que hacer, le voy a contar lo que de veras ocurrió aquella noche. La noche que lo mataron al Corralero. Usted, señor, ha puesto lo sucedido en una novela, que yo no estoy capacitado para apreciar, pero quiero que sepa la verdad sobre esos infundios (*O.C.* II: 410).

Rosendo Juárez relata los motivos que le llevaron a rechazar la afrenta del Corralero. Debido a la muerte de un mozo Garmendia que se produjo en una afrenta, Rosendo fue encarcelado; en la cárcel, la policía le propuso colaborar con el gobierno como «matón de comité» a cambio de su libertad (*O.C.* II: 413). A partir de este momento comienza a distanciarse de su antiguo modo de vida, que lleva a los hombres a la muerte: «Qué les estará pasando a esos animales, pensé, que se destrozan porque sí» (*O.C.* II: 413). En la noche cuya historia se propone rectificar, Rosendo se reconoce en el Corralero y en su provocación y siente vergüenza. Este reconocerse en el otro recuerda necesariamente al relato «Biografía de Tadeo Isidoro Cruz», donde Cruz, ya del lado de la policía, se identifica con Fierro y se pasa al otro bando para ayudarle. En este cuento la situación es inversa, el reflejo no produce una vuelta a la irracionalidad y al innato modo de vivir, sino al contrario, Rosendo se ve en el espejo de la otredad y se avergüenza de reconocerse. Es por este motivo que rechaza la provocación y por tanto rompe con el mito del coraje, un mito éste definido por impulsos irracionales que llevan a acciones valerosas aunque inmorales y con consecuencias como la muerte y la pérdida de libertad.

Otros temas de esta etapa que se repiten es la descripción étnica de otras civilizaciones como en «El informe de Brodie» donde se tiene noticia de otro grupo humano que vive al margen de la civilización. Este relato establece estrechas relaciones con «El inmortal» (*El Aleph*). Otro motivo que reaparece es el de las ansias del hombre de explicar el universo como ocurre en «El Congreso» que recuerda necesariamente a «Tlön, Uqbar, Orbis Tertius». El motivo del doble que se desarrolla en «El Otro» o del «otro que es el mismo» en «El duelo» ya aparece en otros relatos como «Biografía de Tadeo Isidoro Cruz», «Los teólogos» o «Tres versiones de Judas».

El relato «There Are More Things» establece concomitancias temáticas con «La casa de Asterión» por la presencia o la insinuación de lo sobrenatural (*El Aleph*). El propio Borges relaciona el relato «Undr» y «El espejo y la máscara» con «La biblioteca de Babel» (*Ficciones*): «'La biblioteca de Babel' (1941) imagina un número infinito de libros; 'Undr' y 'El espejo y la máscara', literaturas seculares que constan de una sola palabra» (*O.C.* III: 72).

Por su parte, «La Secta de los Treinta» puede relacionarse estrechamente con «Tres versiones de Judas» (*Ficciones*). En ambos relatos se reflexiona sobre la herejía que considera a Jesús y a Judas como elementos necesarios del plan divino y por tanto se absuelve de su culpa a Judas. Como novedad de esta etapa destaca el relato amoroso «Ulrica». Borges en el epílogo a *El libro de arena* señala esta anomalía en su narrativa: «El tema del amor es harto común en mis versos; no así en mi prosa, que no guarda otro ejemplo que *Ulrica*» (*O.C.* III: 72).

Un último aspecto que interesa destacar en esta revisión de la última intervención de Borges en el género cuento, atañe a la relación *narración/historia narrada* en la elaboración de los relatos que componen *El informe de Brodie* y *El libro de arena*.

En contraposición a las etapas anteriores donde el argumento goza de suprema primacía, a partir de este momento es fácil advertir el protagonismo que, frente a éste, la versión del narrador de la historia y los personajes de la misma adoptan[13].

Hasta la década de los cincuenta el relato para Borges es puro acontecimiento. Este concepto narrativo va a cambiar a partir de los años sesenta a favor de una revalorización de la importancia de la voz narrativa frente a lo narrado.

---

[13] Recuérdese la concepción del relato como acaecimiento puro que Poe y Borges —en su primera etapa— comparten.

En los propios relatos los narradores insisten en este hecho. Así, en «El due-lo», el narrador afirma: «Debo prevenir al lector que los episodios importan me-nos que la situación que los acusa y los caracteres» (*O.C.* II: 429). Esta aclara-ción se repite casi textualmente en boca del narrador del relato «El Soborno» quien declara:

> La historia que refiero es la de dos hombres o más bien la de un episodio en el que intervinieron dos hombres. El hecho mismo, nada singular ni fantástico, importa menos que el carácter de sus protagonistas (*O.C* III: 57).

En la misma dirección el personaje de «Utopía de un hombre que está can-sado» que dialoga con el narrador, comenta: «Pero no hablemos de hechos. Ya a nadie le importan los hechos. Son meros puntos de partida para la invención y el razonamiento» (*O.C.* III: 53).

Por su parte, el narrador de «La intrusa» no tiene problemas en reconocer las variaciones que llevará a cabo en «su versión» de la historia:

> La segunda versión, algo más prolija, confirmaba en suma la de Santiago, con las pe-queñas variaciones y divergencias que son del caso. La escribo ahora porque en ella se cifra, si no me engaño, un breve y trágico cristal de la índole de los orilleros antiguos. Lo haré con probidad, *pero ya preveo que cederé a la tentación literaria de acentuar o agregar algún pormenor*[14] (*O.C.* II: 401).

Borges no pretende presentar historias que asombren por el argumento como él mismo lo señala en el prólogo, sino que deleiten por su forma de ser na-rradas y por los personajes que presentan. En este sentido es interesante una mención más a «Historia de Rosendo Juárez». El lector de Borges ya conoce los acontecimientos: la muerte del Corralero y la huida de Rosendo Juárez, sin em-bargo, lo que importa es otra versión de la historia, otro modo de ver los acon-tecimientos que tras casi cuatro décadas a Borges interesa presentar.

Como conclusión se puede decir que en la última intervención de Borges en el género cuento se introdujo una serie de novedades en relación a su producción an-terior. En primer lugar sus relatos pretenden ser más directos. Para ello Borges no sólo simplifica el modo de decir desde el punto de vista lingüístico, sino que ade-más reduce las digresiones metafísico-filosóficas atenuando el hermetismo presen-te en sus ficciones de los años cuarenta y principios de los cincuenta.

---

[14] Cursiva nuestra.

Del mismo modo, en lo que al modelo de comunicación textual se refiere, puede advertirse una evolución que va desde la narración enmarcada que hace uso de la textualidad erudita en la construcción de las fuentes de sus historias, hasta la ausencia de estructura marco a favor de una narración más directa en *El libro de arena*, que necesita como paso intermedio un proceso de evolución de la textualidad a la oralidad que se lleva a la práctica en *El informe de Brodie*.

Finalmente, y como novedad más sorprendente para los lectores acostumbrados a *Ficciones* y *El Aleph*, en los relatos que comentamos destaca la tendencia al realismo que, si por un lado es constatable, por otro no lo es en tan alto grado como el autor lo señala en su prólogo a *El informe de Brodie*, ya que, como demostramos, no se produce una sustitución de estéticas, y lo fantástico sigue presente hasta el último relato que cierra la producción del autor: «El libro de arena».

Conclusión

A lo largo de nuestro estudio se plantearon cuatro cuestiones a las que hemos intentado dar respuesta en las páginas que anteceden a esta conclusión y que nos proponemos recopilar, brevemente, en este lugar.

En relación a la cuestión sobre la posible definición de Jorge Luis Borges como crítico literario, podemos afirmar que aceptamos sin vacilación la calidad de Borges como tal y reconocemos en su actividad crítica una coherente reflexión teórica sobre el género narrativo. El ejercicio crítico abarca todas las etapas de su producción y llega a sumar más de mil textos excluyendo conferencias y entrevistas. Hay que matizar, sin embargo, que su calidad de crítico no puede entenderse en un sentido académico del término, sino en un sentido práctico del mismo. Es decir, Borges fue un *crítico practicante* «que no sólo produc[e] una obra poética sino que encar[a] los problemas teóricos que tal producción supone» (Rodríguez Monegal 1981/1991: 52). Esta cercanía al objeto de su crítica le permitió ciertas licencias como la subjetividad o la tendencia promocional que lo desviaron de la crítica «tradicional», pero no por ello redujeron el valor de su producción.

La siguiente cuestión que este trabajo se propuso responder es si se puede hablar o no de una poética de la narración coherente en el corpus crítico del autor. A pesar de las contradicciones existentes debido —y en esto seguimos la tesis de Piglia (2001)— a la labor estratégica de su crítica, en general puede verse una línea argumental coherente que fue evolucionando desde posiciones tendencialmente inmanentistas hasta un acercamiento a la obra literaria desde postulados recepcionistas.

El conjunto de reflexiones críticas que Borges comete entre los años veinte y cuarenta manifiestan una concepción del hecho literario principalmente textual. Borges se interesa, fundamentalmente, por el texto aislado de su producción y recepción. Éstos son los años en los que el autor propone el género policial como ejemplo de relato de estructura rígida que se opone a lo caótico del psicologismo que dominaba en el panorama literario. Este inmanentismo borgiano es deudor de la poética de Edgar Allan Poe, quien puede considerarse el primer inmanentista de la historia literaria. A pesar de su formación romántica y gracias a la influencia de la poética ecléctica de Coleridge, Poe llega a definir el proceso de creación artística como hondamente formal, poniendo así en entredicho la concepción de la obra de arte como obra de genio que desde Kant dominaba en el panorama estético literario.

Como para Coleridge, para quien la poesía es poseedora de una lógica propia «tan rigurosa como la de la ciencia» (1817/1975: 4), para Poe es un engaño creer que la obra artística es mera cuestión de inspiración, olvidando el arduo trabajo racional por el que tiene que pasar el artista, quien debe «combinar cuidadosa, paciente y comprensiblemente» los materiales que compondrán su obra (Poe, citado por Cortázar 1956/1973: 24).

Borges también se aparta del radicalismo idealista en lo que se refiere al proceso de creación artística, y si bien acepta que éste comienza «por una suerte de revelación» (Borges, en: Ferrari 1992: 31-32), asimismo reconoce que después es necesaria la intervención racional del autor. Igualmente, tanto Poe como Borges entienden el relato como una serie de combinaciones formales. En concreto Borges lo define como hecho sintáctico y es centro de su interés crítico la construcción de la historia. Sin embargo, en esta tendencia inmanentista poiana y borgiana convive un postulado que anuncia ya una evolución hacia el recepcionismo, a saber, el reconocimiento del propósito efectista del relato literario.

Borges —siguiendo a Poe— considera como función de todo relato ficcional la producción de un *efecto intelectual* en el lector, para cuya consecución se hace necesaria la variación en el modo de decir, en el *cómo* del relato, desde el cual se define la originalidad del mismo. En el propio seno del análisis inmanentista se advierte así la importancia del lector en la elaboración del texto literario.

Pero a partir de los años cuarenta Borges se muestra insatisfecho con este acercamiento meramente formal a la obra literaria y redefine el hecho literario como hecho comunicativo, hecho semiótico. En esta evolución que manifiesta un cambio de paradigma desde «la hora del texto» hasta «la hora del lector» (Holub 1984: 3) desarrolla un importante papel la lectura que Borges hace de Valéry y coincide en la práctica crítica con los avances que en el seno del Estructuralismo llevó a cabo J. Mukařovsky, entendiendo la literatura como signo, estructura y valor (Jan Mukařovsky 1934/1977: 35) que a su vez cuenta como precedentes importantes con las aportaciones de F. de Saussure y de C. S. Peirce, cofundadores de la semiótica.

Pero si por un lado tanto Borges como Valéry adelantan las «posiciones claves de las teorías semiótico-estructuralistas contemporáneas» (Blüher 1986: 447) que entienden la obra literaria como un proceso comunicativo triádico que se establece entre *emisor, texto* y *receptor*, por otro lado, se apartan de éstas haciendo residir la comunicación artística fundamentalmente en dos de estos tres elementos: el *signe* y el *récepteur* para Valéry o el *texto* y el *lector* para Borges. De esta manera la poética de Borges vuelve a ser pionera en un campo de análisis textual que más tarde se desarrollaría en la Escuela de Constanza bajo el nombre de Estética de la recepción.

Ya en los años sesenta, lejos de toda concepción inmanentista de la literatura, Borges llega a afirmar que «la poesía está en el comercio del poema del lector». Incluso asegura que el hecho estético tiene lugar en la modificación que el contacto entre texto y lector produce en el último. Una vez focalizado el lector en su poética narrativa y tras dotarlo de una posición privilegiada, Borges desarrolla su concepto de «actitud *a priori*» que a lo largo de nuestro estudio hemos equiparado a la noción de «*horizonte de expectativas*» de Jauß, con una salvedad, la diferencia clara entre la colectividad y obligatoriedad del concepto de Jauß y la individualidad y voluntariedad lúdica del de Borges.

A partir de esta noción, Borges desarrolla su concepción del proceso hermenéutico que tiene lugar en cada lectura que un lector concreto lleva a cabo de un texto literario determinado. El proceso hermenéutico en la poética borgiana se explica mediante la suma de dos evoluciones, una lingüística y una histórico-cultural.

En conclusión, teniendo en cuenta dos momentos diferentes en las reflexiones narrativas de Borges, creemos que sí puede hablarse de coherencia en su poética narrativa, siempre atenta a las circunstancias histórico-literarias e influida por la lectura que Borges hace de otras poéticas como la de Valéry, que finalmente supone un cambio de pensamiento en Borges y por tanto una aparente contradicción.

Aceptando la existencia de una poética de la narración coherente en la actividad crítica de Borges cabe responder en este lugar a la cuestión sobre si esta actividad crítica fue elaborada conscientemente como marco de lectura para sus ficciones.

En diferentes lugares de nuestro estudio hemos insistido en el carácter funcional, estratégico de la crítica borgiana. En el capítulo 4 de la «Primera parte» pudimos comprobar la labor canonizadora y descanonizadora que Borges realizó como crítico, antólogo y editor; una labor que preparó el contexto literario rioplatense para la aparición de sus ficciones. A su llegada a Buenos Aires en 1921, el panorama argentino estaba dominado por dos tendencias para Borges extintas, el Rubenianismo (Modernismo) y el Sencillismo. Desde la trinchera ultraísta, a través de manifiestos y proclamas, Borges logra desestabilizar los pilares que sostenían estas tendencias. Frente a la crítica académica, prestigiosa, Borges y la «nueva generación» comienzan a actuar estratégicamente desde los márgenes (revistas divulgativas como *El Hogar*, o claramente no académicas y opuestas a la Generación del Centenario como *Sur*). Desde esta posición, en principio inofensiva, Borges consigue manipular el panorama argentino que tendía en este momento a un tipo de estética realista y comprometida con los acontecimientos sociales (recuérdese que en 1930 tuvo lugar el golpe militar de Uriburu).

Una vez dentro del debate literario —y en menos de dos décadas—, la literatura argentina se ve afectada por una serie de cambios de los que Borges fue responsable. En primer lugar redefine el concepto de lo criollo que la Generación del Centenario había identificado con lo nacional argentino y le había dotado de un tono nostálgico y localista simbolizado en la figura del gaucho. Borges innova un proceso de urbanización y de universalización sustituyendo el cronotopo del campo por el del arrabal y del gaucho por el de compadrito y se opone al color local.

Esta nueva redefinición de lo criollo que Borges lleva a término fundamentalmente en sus libros ensayísticos *Inquisiciones* (1925) y *El tamaño de mi esperanza* (1926), así como en la biografía ficticia de *Evaristo Carriego* (1930), antecede y prepara el camino para la aparición de sus relatos criollistas como «Hombre de la esquina rosada» (1935), ejemplo singular del criollismo urbano borgiano, y otros relatos posteriores que se alejan del color local —que «Hombre de la esquina rosada» no ha sabido evitar—, y del tratamiento nostálgico de la figura del gaucho como se deja ver en «El fin»; «Biografía de Tadeo Isidoro Cruz», «El Sur», etc., relatos pertenecientes a la segunda etapa narrativa borgiana.

En segundo lugar la tendencia realista es desplazada por la fantástica y policial. Estos dos géneros, considerados hasta el momento menores, no sólo experimentan un cambio de posición en la jerarquía del canon, sino que además sufren del mismo modo un proceso de redefinición.

Frente a la debilidad estructural de la novela psicológica, Borges defiende con su labor crítica el relato policial dotado de una rígida estructura. Durante la década de los treinta aparecen numerosos artículos y ensayos dedicados a este género que lo sitúan en la tradición de Edgar Allan Poe, considerado como inventor del relato de enigma o problema, y lo enfrenta a la tendencia que en ese momento se desarrollaba en Norteamérica, a saber, la novela negra o novela dura (Brescia 2000). Incluso en 1935 aparece un código del relato policial en la revista *Sur* que coincide cronológicamente y de manera «casual» con la publicación de su relato criollo-policial «Hombre de la esquina rosada» que respecta a la perfección el código propuesto por Borges ese mismo año.

Además de preparar la aparición de sus ficciones, la labor crítica de Borges en relación al género policial también cumple una tarea promocional, ya que el relato «La muerte y la brújula» se incluyó en la antología *Los mejores cuentos policiales I* y *II* que Borges preparó junto a Bioy Casares en el año 1962.

Como el género policial, el fantástico experimenta del mismo modo un proceso de redefinición. Hasta este momento lo fantástico se construye a partir de una mera transgresión semántica y suele confundirse con el terreno de lo psicológico. Borges plantea, sin embargo, un tipo de postulación fantástica que sólo se entiende a través de un conjunto de transgresiones que atañe a todos los niveles del texto, no sólo a la historia sino al discurso y al lenguaje mismo. La selección que como antólogo Borges realiza (junto a Silvina Ocampo y Bioy Casares) en la *Antología de la literatura fantástica* de 1940 evidencia este cambio de paradigma en cuanto a la postulación fantástica se refiere que además incluye —movido por un propósito promocional— el relato fantástico «Tlön, Uqbar, Orbis Tertius» (*Ficciones*).

A partir de 1940, cuando el género ocupa un lugar privilegiado en el debate literario argentino, comienzan a proliferarse las publicaciones en *Sur* de los relatos fantásticos de Borges: «Tlön, Uqbar, Orbis Tertius» (*Sur*, 1940), «Las ruinas circulares» (*Sur*, 1940), «La lotería en babilonia» (*Sur*, 1941), «El milagro secreto» (*Sur*, 1943), etc.

En general puede decirse que Borges aprovechó el espacio de la crítica para preparar el terreno a sus ficciones así como para promocionarlas. La revista *Sur* es el escenario testigo de esta labor. Aquí conviven paralelamente artículos de Borges sobre el género fantástico y policial y relatos fantásticos y policiales del autor pudiendo hablar de un propósito consciente de aunar labor crítica y práctica bajo un propósito común, a saber, centralizar su producción literaria.

Finalmente llegamos a la cuestión más importante, ¿cuáles son los postulados estéticos constantes en la práctica narrativa del autor que permiten ser reunidos bajo la denominación de «poética narrativa de Jorge Luis Borges»?.

Hemos llevado a cabo el análisis de una serie de relatos poetológicamente significativos recogidos en *Historia universal de la infamia*, *Ficciones*, *El Aleph*, *El informe de Brodie* y *El libro de arena*. Una revisión sintetizada de dicho análisis permite la exposición de los postulados estéticos narrativos que han permanecido constantes en la producción de Borges y que configuran su poética.

Comenzaremos con el postulado poetológico de mayor peso en la producción cuentística del autor: la tendencia a la brevedad. La poética narrativa borgiana valora la brevedad como principio estructurador de su escritura. Es este postulado el que opera en la elección del género y explica la rotunda oposición de Borges a la novela y al relato extenso. Asimismo, aclara el gusto de Borges por narrar lo absolutamente necesario, la tendencia a la narración en detrimento de la descripción, y el uso de técnicas narrativas como el resumen, la alusión o el comentario que quieren evitar todo ripio innecesario.

Hay que decir, sin embargo, que no es éste un postulado exclusivo de la poética borgiana, ya que se encuentra igualmente en las reflexiones teóricas y producciones narrativas de autores influyentes en Borges como Edgar Allan Poe, R. L. Stevenson o Macedonio Fernández y otros autores de la vanguardia como Huidobro que se proponen ir en contra de los géneros canónicos —en aquel momento la novela— y que, paradójicamente, siguen la línea inaugurada por el Modernismo y por el propio Darío en sus relatos brevísimos recopilados bajo el título «En Chile» (Lagmanovich 1996).

El postulado de la brevedad se relaciona estrechamente con el del anti-psicologismo. Todos los relatos analizados en este estudio muestran una configuración antipsicológica de sus protagonistas. El narrador nunca tiene acceso a los procesos psicológicos que tienen lugar en el interior de sus personajes sino que deja que éstos actúen. Así, los personajes de Borges se definen no por lo que piensan sino por lo que hacen. Repárese en los ejemplos claros «El atroz redentor Lazarus Morell», «El asesino desinteresado Bill Harrigan» o «Hombre de la esquina rosada» de *Historia universal de la infamia*. Si bien el aspecto visual disminuye en los relatos de las etapas posteriores, no podemos hablar en ningún momento de profundización psicológica ya que los personajes siguen siendo meros instrumentos del argumento (Lönnrot en «La muerte y la brújula»; Yu Tsun en «El jardín de senderos que se bifurcan», los Nelson en «La intrusa» o Santiago Fischbein en «El indigno», etc.).

Junto a la brevedad y el anti-psicologismo, el antididactismo es un postulado al que Borges permanece igualmente fiel a lo largo de toda su producción. Son frecuentes sus declaraciones en torno a la autonomía del arte, a la necesaria distancia entre autor y su obra para no hacer de la literatura un mero elemento sociológico pragmático —«[n]o menos irrisorio es hablar de poetas de tal secta o de tal partido» (Borges 1941: 9-10)—.

Historia universal de la infamia es un modo rotundo de defender este postulado desde el título mismo. Borges reúne a siete infames que, muy orgullosamente, merecen ser agrupados en esta historia universal. En los relatos no encontramos un juicio moral por parte del narrador sino todo lo contrario, es frecuente que dicha voz narrativa se funda con la del protagonista apoyando así los pensamientos viles del mismo. Esta tendencia no varía en obras posteriores, pobladas de infames o personajes moralmente cuestionables, que no sienten remordimiento alguno por sus actos. Repárese en los relatos «Biografía de Tadeo Isidoro Cruz» de *Ficciones*, en «Emma Zunz» de *El Aleph*, en «La intrusa» de *El informe de Brodie* o en «Avelino Arredondo» de *El libro de arena*, por traer a colación algunos ejemplos significativos.

Finalmente, cabe mencionar como otro elemento fundamental de la poética narrativa de Borges el propósito desautomatizador o desfamiliarizador. Como ya se señaló, Borges, como Poe, busca ser original en el modo de decir de sus cuentos, en el *cómo* de los mismos. Para ello sus relatos hacen uso frecuentemente de la narración paradójica, entendiéndose por la misma la que «contradice la doxa imperante y la expectativa que resulta de ella» (Lang 2006: 2). Lo paradójico en Borges se produce en dos niveles, un nivel textual a través de diversos procedimientos de anulación y transgresión de límites tanto a nivel de la historia como del discurso y un nivel extratextual en cuanto a la transgresión que sus relatos llevan a cabo en relación al molde genérico al que pertenecen en un principio.

Temeroso de un tipo de lector docto en el género policial y fantástico, Borges incorpora en sus relatos ciertas desviaciones, novedades que logran desfamiliarizar el texto y por tanto hacer fracasar el horizonte de expectativas del lector, lo que, por otro lado, supone del mismo modo un placer intelectual. Caso paradigmático de relato en el que ha operado el propósito desautomatizador tanto a nivel textual como extratextual es «Abenjacán el Bojarí, muerto en su laberinto».

Este propósito desautomatizador explica el giro estético que Borges efectúa a partir de los años sesenta, cuando los géneros fantástico y policial están de moda en Argentina y se multiplican los imitadores de Borges. En este momento el autor advierte el peligro de convertirse en un escritor no original y por tanto se acerca —en menor grado de lo que él mismo ha admitido— a la estética realista, alejándose de lo que hasta ese momento se conocía como puramente borgiano:

Ya estoy tan harto de los laberintos y de los espejos y de los tigres y de todo eso... Sobre todo cuando lo usan otros. (...) Es la ventaja de los imitadores. Sirven para curarlo a uno. Porque uno piensa; hay tanta gente que está haciendo eso que no es ne-

cesario que yo lo haga. Ahora que lo hagan otros, y que se embromen (Borges en:
Rodríguez Monegal 1981/1991: 212).

Sirva esta última cita de nuestra reflexión como muestra indudable de la
gran deuda que la poética narrativa de la cuentística del autor debió a su faceta
de crítico literario, siempre atenta a la evolución de las tendencias contemporáneas que terminaron siendo una imitación de lo que él consiguió instituir como
canon literario: su propia producción.

Bibliografía

TEXTOS

ARISTÓTELES: *Poética*, ed. de A. Villar Lecumberri. Madrid: Alianza 2004.

BORGES, Jorge Luis (1925): *Inquisiciones*. Barcelona: Seix Barral 1994.

— (1926): *El tamaño de mi esperanza*. Barcelona: Seix Barral 1994.

— (1928): *El idioma de los argentinos*. Madrid: Alianza 2000.

— ; HENRÍQUEZ UREÑA, Pedro (1937): *Antología clásica de la literatura argentina*. Buenos Aires: Espasa Calpe Argentina/Seix Barral 1998.

— ; BIOY CASARES, Adolfo; OCAMPO, Silvina (1940): *Antología de la literatura fantástica*. Barcelona: Edhasa 1997.

— (1940a): «Tlön, Uqbar, Orbis Tertius». En: *Sur*, nº 68, pp. 30-46.

— (1940b): «Tlön, Uqbar, Orbis Tertius». En: J. L. Borges, Silvina Ocampo y A. Bioy Casares (eds.): *Antología de la literatura fantástica*. Buenos Aires: Sudamericana, pp. 71-88.

— ; BIOY CASARES, Adolfo; OCAMPO, Silvina (1941): *Antología poética argentina*. Buenos Aires: Editorial Sudamericana.

— ; BIOY CASARES, Adolfo (1943): *Los mejores cuentos policiales,* I. Madrid: Alianza/Emecé 2003.

— (1951): *La muerte y la brújula*. Buenos Aires: Emecé.

BORGES, Jorge Luis (1961): *Antología Personal*. Buenos Aires: Sur.

— ; BIOY CASARES, Adolfo (1962): *Los mejores cuentos policiales*, II. Madrid: Alianza/Emecé 2002.

— (1968): *Nueva Antología Personal*. Barcelona: Bruguera 1980.

— (1972): *Obra poética 1923-1969*. Buenos Aires: Emecé.

— (1996): *Obras Completas*. 4 vols. Buenos Aires: Emecé.

— (1999): *Borges en Sur 1931-1980*. Barcelona: Emecé.

— ; FERRARI, Osvaldo (1999): *Reencuentro. Diálogos inéditos*. Buenos Aires: Sudamericana.

— ; DI GIOVANNI, Thomas (1999): *Autobiografía: 1899-1970*. Buenos Aires: El Ateneo.

— (1997): *Textos recobrados 1919-1929*. Barcelona: Emecé 2002.

— (2002): *Textos recobrados 1931-1955*. Barcelona: Emecé.

— (2003): *Textos recobrados 1956-1986*. Buenos Aires: Emecé.

CHESTERTON, Gilbert K. (1988): *El candor del Padre Brown*. Traducción de Alicia Bleiberg. Madrid: Alianza 2002.

COLERIDGE, Samuel Taylor (1975): *Biographia literaria*. Traducción e introducción de E. Hegewicz. Barcelona: Labor.

CORTÁZAR, Julio (1956): «El poeta, el narrador y el crítico». En: Edgar Allan, Poe: *Ensayos y críticas*. Madrid: Alianza 1973, pp. 13-61.

EICHENBAUM, Boris (1925): «Sobre la teoría de la prosa». En: Todorov, Tzvetan, (2004), *Teoría de la literatura de los formalistas rusos*. Traducción de Ana María Nethol. Buenos Aires: Siglo XXI 2004, pp. 147-157.

FERNÁNDEZ, Macedonio (1974): «Teorías». En: *Obras Completas*, vol. 3. Buenos Aires: Corregidor.

GIORDANO BRUNO (1585): *Los Heroicos Furores*. Introducción, traducción y notas de M. Rosario González Prada. Madrid: Tecnos 1987.

HUIDOBRO, Vicente (1934): *Cagliostro*. Madrid: Anaya/M. Muchnik 1993.

KANT, Emmanuel (1790): *Kritik der Urteilskraft*. Stuttgart: Reclam 1995

— (1790): *Crítica del juicio*. Edición y traducción de Manuel García Morente. Madrid: Espasa Calpe 2004.

NOÉ, Julio (1931): *Antología de la poesía argentina moderna (1896-1930) con notas biográficas y bibliográficas*. Buenos Aires: El Ateneo.

PLATÓN: *Ión*. En: *Ión, Timeo, Critias*. Traducción, introducción y notas de José María Pérez Martel. Madrid: Alianza 2004.

— *Fedro*. En: *Fedón. Fedro*. Traducción, introducción y notas de Luis Gil Fernández. Madrid: Alianza: 2005.

POE, Edgar Allan (1842): «Henry Wadsworth Longfellow». En: *Essays and Reviews*. New York, N. Y.: Literary Classics of the U.S. 1984, pp. 679-696.

— (1842): «Nathaniel Hawthorne». En: *Essays and Reviews*. New York, N. Y.: Literary Classics of the U.S. 1984, pp. 569-577.

— (1846): «The Philosophy of Composition». En: *Essays and Reviews*. New York, N. Y.: Literary Classics of the U.S. 1984, pp. 13-25.

— (1847): «Nathaniel Hawthorne». En: *Essays and Reviews*. New York, N. Y.: Literary Classics of the U.S. 1984, pp. 577-588.

— (1850): «The poetic principle». En: *Essays and Reviews*. New York, N. Y.: Literary Classics of the U.S. 1984, pp. 71-94.

— (1850): «La carta robada». En: Poe, Edgar Allan: *Cuentos I*. Prólogo, traducción y notas de Julio Cortázar. Madrid: Alianza 2004, pp. 525-546.

— (1956): *Ensayos y críticas*. Traducción y notas de Julio Cortázar. Madrid: Alianza 1973.

QUIROGA, Horacio (1993): *Todos los cuentos*. Nanterre/Madrid: Allca XX/Fondo de Cultura Económica.

REYES, Alfonso (1930): «Teoría de la antología». En: Reyes, Alfonso (1962), *Obras Completas*, vol. 14. México, D. F.: Fondo de Cultura Económica 1962, pp. 137-141.

TINIANOV, J. (1923): «La noción de construcción». En: Todorov, Tzvetan (1970-2004), *Teoría de la literatura de los formalistas rusos*. Traducción de Ana María Nethol. Buenos Aires: Siglo XXI, pp. 85-88.

— (1927): «Sobre la evolución literaria». En: Todorov, Tzvetan (1970-2004), *Teoría de la literatura de los formalistas rusos*. Traducción de Ana María Nethol. Buenos Aires: Siglo XXI, pp. 89-101.

TOMACHEVSKI, Boris (1982): *Teoría de la literatura*. Madrid: Akal Editor.

ESTUDIOS

ACOSTA GÓMEZ, Luis A. (1989): *El lector y la obra: teoría de la recepción literaria*. Madrid: Gredos.

AGUIAR E SILVA, Víctor Manuel de. (1972): «El formalismo ruso». En: *Teoría de la literatura*. Madrid: Gredos, pp. 397-412.

ALAZRAKI, Jaime (1970): «Borges: una nueva técnica ensayística». En: Kurt L. Levy/Keith Ellis (eds.), *El ensayo y la crítica literaria en Iberoamérica*. (Memoria del XIV Congreso Internacional de Literatura Iberoamericana, Univ. de Toronto, Toronto, Canadá, 24-28 de agosto de 1969.) Toronto: University of Toronto, pp.137-143.

— (1974): «Estructura oximorónica en los ensayos de Borges». En: *La prosa narrativa de Jorge Luis Borges*. Madrid: Gredos, pp: 323-333.

— (1977): *Versiones, inversiones, reversiones: el espejo como modelo estructural en los cuentos de Borges*. Madrid: Gredos.

ASENSI PÉREZ, Manuel (1998): *Historia de la teoría literaria*, I. Valencia: Tirant lo Blanch.

— (2003): *Historia de la teoría literaria*, II. Valencia: Tirant lo Blanch.

ASPER, Markus (1998): «Kanon». En: Ueding, Gert (ed.), *Historisches Wörterbuch der Rhetorik*, vol. 4. Tübingen: Niemeyer, pp. 869-882.

BAL, Mieke (1998): *Teoría de la narrativa. Una introducción a la narratología*. Madrid: Cátedra.

BALDERSTON, Daniel (1985): *El precursor velado: R. L. Stevenson en la obra de Borges*. Buenos Aires: Editorial Sudamericana.

— (2003): «Borges and *The gangs of New York*». En: *Variaciones Borges*, n° 16, pp. 27-33

BAQUERO GOYANES, Mariano (1970): *Estructuras de la novela actual*. Madrid: Castalia 1989.

BAREI, Silvia (1999): *Borges y la crítica literaria*. Madrid: Tauro.

BARRENECHEA, Ana María (1972): «Ensayo de una tipología de la literatura fantástica». En: *Revista Iberoamericana*, n° 80, julio-septiembre, pp. 391-403.

— (1997a): «Los textos de Borges van encontrando su voz, su escritura y su poética». En: *Orbis Tertius*, año II, n° 4, pp. 9-23.

— (1997b): «Detalle y tono en la crítica borgesiana». En: *Variaciones Borges*, nº 3, pp. 28-34.

BARTHES, Roland (1977): *Image, music, text*. New York: Hill and Wang.

BASTOS, María Luisa (1974): *Borges ante la crítica argentina, 1923-1960*. Buenos Aires: Hispamérica.

BAYER, Raymond (1965): *Historia de la estética*. México, D. F.: Fondo de Cultura Económica 1993.

BECCO, Horacio Jorge (1973): *Jorge Luis Borges: bibliografía total, 1923-1973*. Buenos Aires: Casa Pardo.

BERG, Walter Bruno; SCHÄFFAUER, Markus Klaus (eds.) (1999): *Discursos de oralidad en la literatura rioplatense del siglo XIX al XX*. Tübingen: Narr.

BESSIÈRE, Irène (1973): *Le récit fantastique. La poétique de l'incertain*. Paris: Larousse 1974.

BIOY CASARES, Adolfo (1942): «Jorge Luis Borges: *El jardín de senderos que se bifurcan*». En: *Sur*, nº 92, pp. 60-65.

BLÜHER, Karl Alfred (1986): «La crítica literaria en Valéry y Borges». En: *Revista Iberoamericana*, nº 135-136, abril-septiembre, pp. 447-461.

BOBES NAVES, María del Carmen (1985): *Teoría general de la novela. Semiología de «La Regenta»*. Madrid: Gredos.

BRESCIA, Pablo A. J. (2000): «De policías y ladrones: Abenjacán, Borges y la teoría del cuento». En: *Variaciones Borges*, nº 10, pp. 145-166.

CAMPRA, Rosalba (1981): «Lo fantástico: una isotopía de la transgresión». En: Roas, David (ed.), *Teorías de lo fantástico*. Madrid: Arco Libros 2001, pp. 153-191.

CASTELLANI, Jean Pierre (1989): «Jorge Luis Borges y la novela policiaca: Teoría y práctica». En: Polo García, Victorino (ed.): *Borges y la literatura: textos para un homenaje*. Murcia: Universidad de Murcia, pp. 45-55.

CÉDOLA, Estela (1987): *Borges o la coincidencia de los opuestos*. Buenos Aires: Eudeba.

CERVERA SALINAS, Vicente (1992): *La poesía de Jorge Luis Borges: historia de una eternidad*. Murcia: Universidad de Murcia.

CHRIST, Ronald J. (1969): *The narrow act; Borges' art of allusion*. New York: New York University Press.

CÓCARO, Nicolás (1960): *Cuentos fantásticos argentinos*. Buenos Aires: Emecé 1997.

COSTA PICAZO, Rolando (2001): *Borges, una forma de felicidad*. Buenos Aires: Fundación Internacional Jorge Luis Borges.

COZARINSKY, Edgardo (1974): *Borges y el cine*. Buenos Aires: Sur.

CRISAFIO, Raúl (2000): *De sueños y traiciones. Apuntes para una literatura de las orillas*. Salerno: Edizioni del Paguro.

CUESTA ABAD, José Manuel (1995): *Ficciones de una crisis: poética e interpretación en Borges*. Madrid: Gredos.

ECHAVARRÍA FERRARI, Arturo (1977): «'Tlön, Uqbar, Orbis Tertius': creación de un lenguaje y crítica del lenguaje». En: *Revista Iberoamericana*, vol. 43, n° 98-99, pp. 399-413.

— (1999): «Espacio textual y el arte de la jardinería china en Borges: 'El jardín de senderos que se bifurcan'». En: Alfonso de Toro; Fernando de Toro (eds.), *Jorge Luis Borges: Pensamiento y saber en el siglo XX*. Madrid/Frankfurt: Iberoamericana/Vervuert 1999, pp. 71-103.

— (1983): *Lengua y literatura de Borges*. Barcelona: Ariel.

— (2006): *Lengua y literatura de Borges*. Madrid/Frankfurt: Iberoamericana/Vervuert.

EPPLE, Juan Armando (1996): «Brevísima relación sobre el cuento brevísimo». En: *Revista Interamericana de Bibliografía*, vol. 46, n° 1-4, pp. 9-17.

ERLICH, Víctor (1974): *El formalismo ruso: historia-doctrina*. Barcelona: Seix Barral.

FERNÁNDEZ MORENO, César (1959): «La poesía Argentina de vanguardia». En: Arrieta, Rafael Alberto (ed.) (1958-1960): *Historia de la literatura argentina*. Buenos Aires: Peuser, Vol. 4, pp: 607-669.

FERNÁNDEZ VEGA, José (1996): «Una campaña estética. Borges y la narrativa policial». En: *Variaciones Borges*, n° 1, pp. 27-66.

FERRARI, Osvaldo (1992): *Diálogos*. Barcelona: Seix Barral.

FINE, Ruth (2000): *El concepto de desautomatización en literatura: su ejemplificación en «El Aleph» de Jorge Luis Borges*. Gaithersburg: Hispamérica.

FISHBURN, Evelyn; HUGHES, Psiche (1990): *Un diccionario de Borges*. Traducción de David Susel. Buenos Aires: Torres Agüero 1995.

FUNES, Patricia (2003): «*Leer versos con los ojos de la historia*. Literatura y Nación en Ricardo Rojas y Jorge Luis Borges». *História*, (São Paulo), vol. 22, n° 2, pp. 99-120.

GALLO, Marta (2001): «*Historia universal de la infamia*: una lectura en clave épica». En: *Variaciones Borges*, n° 11, pp. 81-101.

GARCÍA BERRIO, Antonio (1973): *Significado actual del formalismo ruso; la doctrina de la escuela del método formal ante la poética y la lingüística modernas*. Barcelona: Planeta.

GENETTE, Gérard (1964): «La littérature selon Borges». En: *Cahiers de l'Herne*, n° 4, pp. 323-327.

— (2004): *Me?talepse: de la figure a? la fiction*. Paris: Seuil

GIL GUERRERO, Herminia (2006): «Lo fantástico como transgresión. Postulación fantástica en los relatos borgianos». En: Grabe, Nina; Lang, Sabine; Meyer-Minnemann, Klaus (eds.), *La narración paradójica. «Normas narrativas» y el principio de la «transgresión»*. Madrid/Frankfurt: Iberoamericana/Vervuert, pp. 183-192.

GIUSTI, Roberto (1959): «La crítica y el ensayo». En: Arrieta, Rafael Alberto (ed.): *Historia de la literatura argentina*. Buenos Aires: Ediciones Peuser, vol. 4, pp. 485-509.

GRAMUGLIO, María Teresa (1997): «El ejercicio melancólico de las letras». En: *Variaciones Borges*, n° 3, pp. 46-53.

GUTIÉRREZ CARBAJO, Francisco (1992): «El relato policial en Borges». En: *Cuadernos hispanoamericanos,* n° 505-507, julio-septiembre, pp. 371-388.

HARSS, Luis (1966): «Jorge Luis Borges, o la consolación por la filosofía». En: *Los nuestros.* Buenos Aires: Sudamericana, pp. 129-170.

HART, Th. R. (1963): «The Literary Criticism of Jorge Luis Borges». En: *MLN,* n° 78, pp. 489-503.

HEGEWICZ, E. (1975): «Introducción». En: Coleridge, Samuel Taylor (1817-1975), *Biographia Literaria.* Barcelona: Labor, pp.1-8.

HOLUB, Robert C. (1984): *Reception Theory. A Critical Introduction.* London/New York: Methuen.

HONDERICH, Ted (ed.) (2001): *Enciclopedia Oxford de Filosofía.* Traducción de Carmen García Trevijano. Madrid: Tecnos 1995.

IBARRA, Néstor (1930): *La nueva poesía argentina, ensayo crítico sobre el ultraísmo, 1921-1929.* Buenos Aires: Imp. vda. de Molinari e hijos.

JAUß, Hans Robert (1970): *Literaturgeschichte als Provokation.* Frankfurt am Main: Suhrkamp 1979.

— (1976): *La historia de la literatura como provocación.* Traducción de Juan Godo Costa. Barcelona: Península 2000.

KEFALA, Eleni (2004): «Borges and Narrative Economy: conservative formalism or subversion of signification?» En: *Variaciones Borges* n° 18, pp. 219-228.

KOCH, Dolores (1981): «El micro-relato en México: Torri, Arreola, Monterroso y Avilés Fabila». *Hispamérica,* n° 30, pp. 123-130.

KRISTEVA, Julia (1969): *Sēmeiōtikē: recherches pour une sémanalyse.* Paris: Éditions du Seuil.

LAFFORGUE, Jorge; Rivera, Jorge B. (1996): *Asesinos de papel: ensayos sobre narrativa policial.* Buenos Aires: Ediciones Colihue.

LAGMANOVICH, David (1996): «Hacia una teoría del microrrelato hispanoamericano». En: *Revista Interamericana de Bibliografía,* vol. 46, n° 1-4, pp. 19-37.

LANG, Sabine (2006): «Prolegómenos para una teoría de la narración paradójica». En: Grabe, Nina; Lang, Sabine; Meyer-Minnemann, Klaus (eds.), *La narración paradójica. «Normas narrativas» y el principio de la transgresión.* Madrid/Frankfurt: Iberoamericana/Vervuert, pp. 21-47.

LOUIS, Annick; ZICHE, Florian (1996): «Bibliografía cronológica de la obra de Jorge Luis Borges». En: *Borges Center,* <http://borges.uiowa.edu/louis/intro.htm> (8.6.1996).

LOUIS, Annick (2001): «Definiendo un género. *La antología de la literatura fantástica* de Silvina Ocampo, Bioy y Jorge Luis Borges». En: *Nueva revista de filología hispánica,* vol. 49, n° 2, pp. 409-437.

— (2002): «Contre la description. La poétique de Borges, entre couleur locale et traits de circonstance». En: *Vox Poetica,* <http://www.vox-poetica.org/t/bor.html> (7.10.2002).

MAN, Paul de (1998): *La ideología estética*. Madrid: Cátedra.

MARÍ, Antoni (1989) *Euforión. Espíritu y naturaleza del genio*. Traducción de Carlos Losilla. Madrid: Tecnos.

MARTÍNEZ FERNÁNDEZ, José Enrique (2001): *La intertextualidad literaria: base teórica y práctica textual*. Madrid: Cátedra.

MARTÍNEZ, Matías; SCHEFFEL, Michael (1999): *Einführung in die Erzähltheorie*. München: C.H. Beck, 2003.

MATEO, Fernando (1997): *El otro Borges. Entrevistas (1960-1986)*. Buenos Aires: Equis.

MONTANARO MEZA, Óscar (1994): «La voz narrativa y los mecanismos develadores en *Historia universal de la infamia* de Borges». En: *Filología y lingüística*, vol. XX, n° 2, pp. 87-108.

MORA, Carmen de (2000): «La literatura fantástica argentina en los años veinte: Leopoldo Lugones». En: *En breve. Estudios sobre el cuento hispanoamericano contemporáneo*. Sevilla: Universidad de Sevilla, pp. 45-51.

MUKAŘOVSKY, Jan (1934): «El arte como hecho semiológico». En: Llovet, Jordi (ed.) (1977), *Escritos de estética y semiótica del arte*. Barcelona: Gustavo Gili, pp. 35-43.

NOE, Julio (1959): «La poesía». En: Arrieta, Rafael Alberto (ed.), (1959), *Historia de la literatura argentina*. Buenos Aires: Peuser, vol. 4, pp. 63-127.

NUBIOLA, Jaime (2003): «C. S. Peirce y Argentina: La recepción del pragmatismo en la filosofía hispánica». En: *Enfoques*, año XV, n° 2, <http://www.uapar. edu/enfoques/ano_xv_2_charles_peirce>.

NÚÑEZ GARCÍA, Laureano (2000): «El elemento cinematográfico en la revista *Grecia*». En: Alarcón Sierra, Rafael; Morelli, Gabriele (eds.), *Ludus: cine, arte y deporte en la literatura española de vanguardia*. Valencia: Pre-textos, pp. 415-429.

OLEA FRANCO, Rafael, (1993): *El otro Borges. El primer Borges*. México, D. F./Buenos Aires: El Colegio de México, Centro de Estudios Lingüísticos y Literarios/Fondo de Cultura Económica.

ORTEGA, Julio (1999): «El Aleph y el lenguaje epifánico». En: *Hispanic review*, n° 67, pp. 453-466.

PARODI, Cristina (2004): «El intrincado cronotopo de Tlön». En: *Variaciones Borges*, n° 18, pp. 81-113.

PASTORMERLO, Sergio (1997a): «Sobre la lectura del adorable catálogo. Borges crítico de los clásicos». En: *Orbis Tertius*, año II, n° 5, pp. 23-28.

— (1997b): «Borges crítico». En: *Variaciones Borges*, n° 3, pp. 6-15.

PAZ-SOLDÁN, Edmundo (2002): «Vanguardia e imaginario cinemático: Vicente Huidobro y la novela-film». En: *Revista Iberoamericana*, vol. 68, n° 198, enero-marzo, pp. 153-163.

PÉREZ, Alberto Julián (1986): *Poética de la prosa de J. L. Borges: hacia una crítica bakhtiniana de la literatura*. Madrid: Gredos.

PIGLIA, Ricardo (1997): «Los usos de Borges». En: *Variaciones Borges*, n° 3, pp. 17-27.

— (2001): «Borges como crítico». En: *Crítica y ficción*. Barcelona: Anagrama, pp. 149-169.

POZUELO YVANCOS, José María (1994): *Teoría del lenguaje literario*. Madrid: Cátedra.

PRIETO, Adolfo (1954): *Borges y la nueva generación*. Buenos Aires: Letras Universitarias.

PUCCINI, Darío (1970): «Borges como crítico literario y el problema de la novela». En: Kurt L. Levy/Keith Ellis (eds.), *El ensayo y la crítica literaria en Iberoamérica*. (Memoria del XIV Congreso Internacional de Literatura Iberoamericana, Univ. de Toronto. Toronto, Canada, 24-28 de Agosto de 1969.) Toronto: University of Toronto, pp. 145-154.

REISZ, Susana (1989): «Las ficciones fantásticas y sus relaciones con otros tipos ficcionales». En: Roas, David (ed.), *Teorías de lo fantástico*. Madrid: Arco Libros 2001, pp. 193-221.

RICOEUR, Paul (1984): *Temps et récit, II. La configuration dans le récit de fiction*. Paris: Seuil.

RODRÍGUEZ MONEGAL, Emir (1964): «Borges como crítico literario». En: *La palabra y el hombre*, nº 31, julio-agosto, 2/1981, pp. 343-351.

— (1981): *Borges por él mismo*. Caracas: Monte Ávila, 1991.

— (1976): «Borges: Una teoría de la literatura fantástica». En: *Revista Iberoamericana*, vol 42, nº 95, abril-junio, pp. 177-189.

RODRÍGUEZ PEQUEÑO, Mercedes (1991): *Los formalistas rusos y la teoría de los géneros literarios*. Madrid: Ediciones Júcar.

ROJAS, Ricardo (1948): «Resumen sobre los modernos». En: *Historia de la literatura argenina*, vol. 8. Buenos Aires: Losada, pp. 609-630.

RUIZ CASANOVA, José Francisco (2003): «Canon y política estética de las antologías». En: *Boletín hispánico helvético*, vol. 1, pp. 21-42.

SANTAELLA, Lucía (2001): «¿Por qué la semiótica de Peirce es también una teoría de la comunicación?». En: *Cuadernos* (Universidad de Jujuy), nº 17, febrero, pp. 403-414.

SARABIA, Rosa (1992): «'La muerte y la brújula'y la parodia borgeana del género policial». En: *Journal of Hispanic Philology*, vol. 17, nº 1, pp: 7-17.

SARLO, Beatriz (1977): «Borges, un fantasma que atraviesa la crítica». En: *Variaciones Borges*, nº 3, pp. 35-45.

— (1982): «Vanguardia y criollismo: La aventura de *Martín Fierro*». En: *Revista de Crítica literaria latinoamericana*, vol. 8, nº15, pp: 39-69.

— (1988): *Una modernidad periférica: Buenos Aires, 1920 y 1930*. Buenos Aires: Ediciones Nueva Visión.

— (1995): *Borges, un escritor en las orillas*. Buenos Aires: Ariel.

— (2001): «Borges, Crítica y teoría cultural». En: *Borges Studies Online*. J. L. Borges Center for Studies & Documentation, <http://www.uiowa.edu/borges/bsol/bsctc.htm> (14.04.2001).

SCHULZ-BUSCHHAUS, Ulrich (1988): «Kanonbildung in Europa». En: Simm, Hans-Joachim (ed.), *Literarische Klassik*. Frankfurt: Suhrkamp, pp. 45-68.

SIERRA, Ana (1997): *El mundo como voluntad y representación: Borges y Schopenhauer*. Potomac, Md. : Scripta Humanistica.

SPECK, Paula (1976): «*Las fuerzas extrañas*: Leopoldo Lugones y las raíces de la literatura fantástica en el Río de la Plata». En: *Revista Iberoamericana*, nº 42, pp. 411-426.

SUCRE, Guillermo (1972): «Borges, una poética de la desposesión». En: *Revista Iberoamericana*, vol. 38, nº 79, abril-junio, pp.187-198.

TOLEDO CHUCHUNDEGUI, Arnaldo (2002): «Teoría de lo fantástico en Hispanoamérica: la *Antología de la literatura fantástica* (1940) de Jorge Luis Borges, Silvina Ocampo y Adolfo Bioy Casares». En: *Islas*, vol. 44 nº 133, pp. 51-65.

VACCARO, Alejandro (1999): «Borges, lector y antólogo». En: Ricci Della Grisa, Graciela N. (ed.), *Borges, la lengua, el mundo: las fronteras de la complejidad: actas del coloquio internacional en homenaje a J. L. Borges*, Macerata, 2-3 diciembre de 1999, pp. 199-207.

VÁZQUEZ, María Esther (1999): *Borges, sus días y su tiempo*. Buenos Aires: Javier Vergara Editor/Grupo Zeta.

VERES, Luis (2003): «Borges y el género de la novela». En: *Espéculo. Revista de estudios literarios*. Universidad Complutense de Madrid. Año IX, nº 25, noviembre 2003-febrero 2004, <http://www.ucm.es/info/especulo/numero25/borveres.html>.

VIÑAS PIQUER, David (2002): *Historia de la crítica literaria*. Barcelona: Ariel.

VV. AA. (1967-1968): *Capítulo: historia de la literatura argentina*. Buenos Aires: Centro Editor de América Latina. Cuaderno nº 45, pp. 1057-1080.

WAISMAN, Sergio (2005): *Borges y la traducción; la irreverencia de la peiferia*. Buenos Aires: Adriana Hidalgo.

WALSH, Rodolfo (1953): *Diez cuentos policiales argentinos*. Buenos Aires: Librería Hachette.

WELLEK, René (1972): *Historia de la crítica moderna (1750-1950): los años de la transición*. Vol. 3. Madrid: Gredos 1991.

WHEELOCK, Carter (1969): *The mythmaker: a study of motif and symbol in the short stories of Jorge Luis Borges*. Austin, Texas: Universtiy of Texas Press.

YLLERA, Alicia (1996): *Teoría de la literatura francesa*. Madrid: Síntesis.

YUNQUE, Álvaro (1941): *Literatura social en la Argentina: historia de los movimientos literarios desde la emancipación nacional hasta nuestros días*. Buenos Aires: Claridad.

ZANGARA, Irma (1997): «Primera década del Borges escritor». En: Borges, Jorge Luis: *Textos recobrados 1919-1929*. Barcelona: Emecé, pp. 399-432, 2002.

ZAVALA, Iris M. (1998): «El canon y la escritura en Latinoamérica». En: *Casa de las Américas,* nº 212, julio-septiembre, pp. 33-40.

ZAVALA, Lauro (1996): «El cuento ultracorto: Hacia un nuevo canon literario». En: *Revista Interamericana de Bibliografía*, vol. 46, nº 1-4, pp. 67-77.

Otros libros sobre Jorge Luis Borges
publicados por Iberoamericana Editorial Vervuert

Aizenberg, Edna: *Borges, el tejedor del Aleph y otros ensayos*. 174 p. (Teoría y Crítica de la Cultura y Literatura, 9) ISBN 9788488906595

Echavarría, Arturo: *El arte de la jardinería china en Borges y otros estudios*. 176 p. (Teoría y Crítica de la Cultura y Literatura, 33) ISBN 9788484892366

Echavarría, Arturo: *Lengua y literatura de Borges*. Prólogo de Klaus Meyer-Minnemann. 194 p. ISBN 9788484892465

Olea Franco, Rafael: *Los dones literarios de Borges*. 192 p. (Teoría y Crítica de la Cultura y Literatura, 34) ISBN 9788484892472

Solotorevsky, Myrna; Fine, Ruth (eds.): *Borges en Jerusalén*. 220 p. (Teoría y Crítica de la Cultura y Literatura, 27) ISBN 9788484891048